国家社科基金
GUOJIA SHEKE JIJIN HOUQI ZIZHU XIANGMU
后期资助项目

供应链企业信任的
演化分析与实证研究

Evolutionary Analysis and Empirical Research of
Trust among Supply Chain Members

石岿然　马胡杰　著

中国财经出版传媒集团

经济科学出版社
Economic Science Press

国家社科基金后期资助项目
出版说明

后期资助项目是国家社科基金设立的一类重要项目，旨在鼓励广大社科研究者潜心治学，支持基础研究多出优秀成果。它是经过严格评审，从接近完成的科研成果中遴选立项的。为扩大后期资助项目的影响，更好地推动学术发展，促进成果转化，全国哲学社会科学规划办公室按照"统一设计、统一标识、统一版式、形成系列"的总体要求，组织出版国家社科基金后期资助项目成果。

全国哲学社会科学规划办公室

前　言

　　人类社会本质上是在相互信任和合作的基础上建立起来的一个人与人之间的关系网，信任与合作作为社会资本的核心内容，二者有着深刻的内在联系。大量经验研究表明，信任作为减少社会复杂性的一种机制，不仅对经济增长具有重要的推动作用，而且能够显著提高政府效率。同样地，供应链企业间的信任犹如润滑剂，有助于降低交易成本、加强相互协作、提高运作效率，在实现供应链合作中发挥着关键作用。

　　当前，我国正处于经济转型时期，社会的整体信任度偏低，供应链企业在利益驱动下所产生的机会主义倾向和败德行为屡见不鲜，突出表现在产品质量低劣、信息封锁、合同违约、商业欺诈等方面。作为市场经济的重要主体，供应链企业的失信行为使得正常的交易规则被破坏、良善的社会道德和价值观被驱逐，给整个社会发展带来了不可估量的损失。

　　如何解释这种信任困境？供应链企业之间的信任是怎样动态演变的？影响供应链企业信任的关键因素是什么？在中国情境下，信任如何影响供应链企业的策略行为调整？企业怎样进行应对来建立和维护伙伴信任关系？这些问题对供应链管理提出了新的挑战。面对这一挑战，理论界的反应略显迟缓。管理科学领域对供应链企业信任问题主要集中在模型构建、经验分析、调查研究以及实验数据的分析归纳，这些研究扩展了我们对信任的认识。但是，有关供应链企业信任问题的研究仍缺乏理论上的分析框架，同时大量经验研究是以西方文化为背景的，迫切需要以本土文化、本土企业为样本的实证分析。

　　本书正是在这种现实与理论背景下深入探索供应链企业信任问题，旨在通过行为演化的视角，系统地探讨模型化方法在供应链企业信任研究中的应用，为分析供应链企业之间的互动关系提供一个理论框架。同时考虑到基于因果关系的传统及量化实证在分析供应链信任问题时的可行性和有效性，本书着眼于中国企业实践，从更广阔的视阈，将经验、案例、计量和模拟等不同的研究方法结合起来，既体现理论体系的严整性，又尽可能还原信任在供应链管理中真实客观的作用。本书分为四部分，共十章，主要内容如下：

第一部分即第一章为绪论，阐述了选题的背景及意义，界定研究对象和主要概念，结合两个具体案例，分析从行为演化视角进行供应链企业信任研究的内在动因，提出本书的研究结构、主要内容和技术路线。

第二部分为上篇，主题为供应链企业信任的演化分析，共包括四章（第二～第五章）。

第二章通过建立供应链企业间的信任估值模型，研究供应商与制造商之间信任的维度、评估机制以及对合作的影响，在此基础上，构建供应商与制造商信任关系的演化博弈模型，分析信任演化的路径及预期收益、高信任的成本、公平、声誉、重视程度等因素对合作关系稳定性的影响。

第三章主要探寻制造商的质量投资决策对促进供应链企业信任的作用，从参与人的有限理性出发，构建制造商质量投资决策与零售商信任关系的演化博弈模型，研究不同的演化均衡结果。然后，建立包含双方质量努力水平的演化博弈模型，并考虑政府进行产品质量监管的情形，分析激励政策对于演化均衡的影响。

第四章将学习行为引入供应链企业信任问题的分析中，具体包含路径学习、模仿学习和信念学习等三种行为。首先，应用最优反应动态的学习规则，刻画供应链企业的行为特征并探讨了信任均衡与初始状态、信任基数的相关性；其次，考虑模仿学习行为，将噪声项引入复制动态方程中，得到一个非子博弈完美均衡，阐明如何促使供应链企业趋向于选择信任策略；最后，通过引入信念学习，研究O2O平台中消费者（买方）和企业（卖方）行为演化规律以及交易信任机制。

第五章在前面几章的基础上，将单一供应链拓展到双渠道供应链情形，通过引入互惠利他行为，构建直销渠道和零售渠道存在竞争时的演化博弈模型，分析渠道成员的学习能力、信任投资决策、风险补偿机制对于演化均衡的影响，并与传统双渠道供应链进行比较。结合苹果公司的案例和数值算例，阐明研究的理论价值与现实意义。

第三部分为下篇，主题为供应链企业信任的实证研究，共包括四章（第六～第九章）。

第六章探讨供应链合作中买方信任的前因，本章拟解决的关键问题为：我国供应链企业中存在何种信任？各种前因对不同类型信任的影响有何差异？不同信任对不同合作表现的影响程度如何？通过实证研究，阐明声誉、专用资产投资、沟通质量认知、共同的价值观、人际信任以及制度环境对买方信任的显著影响，进而对供应商与买方企业的信任机制构建提出管理建议。

第七章研究依赖关系和专用资产投资对策略弹性的作用，本章以策略弹性为结果变量，基于本土企业的样本数据，分别从买方和供应商两个角度来探索依赖关系和专用性资产性投资对策略弹性所产生的影响，同时分析信任对策略弹性的直接影响效应，以及通过信息共享中介变量所产生的间接影响效应。

第八章分析不同维度买方信任对合约修改弹性的影响，将买方信任划分为合同信任、能力信任和善意信任，将合约修改弹性划分为修改弹性和退出弹性，基于偏最小二乘法的结构方程模型（PLS－SEM），对有关信任源起的西方理论在中国情境下的适用性进行实证检验，探索供应链不同维度的买方信任对不同维度合约修改弹性的影响，考察专用资产投资的调节效应。这对于深入理解中国情境下供应链的不同维度买方信任的源起以及信任与合约修改弹性间的复杂关系具有重要的启示作用。

第九章建立了供应链企业信任与合约修改弹性的一个多重中介效应模型。本章以组织信任为切入点，给出了信任的发展阶段模型，应用PLS－SEM方法考察了能力信任与合约修改弹性之间的关系并探索了合同信任与善意信任在此过程中的多重中介效应，全面比较了不同组织信任对合约修改弹性影响的传导路径，阐明了三种维度的组织信任之间的关联性和递进性，为处于不同发展阶段的供应链企业制定相应策略提供了理论依据。

第四部分即第十章，为结论与展望。在全书行文将结束的时候，对主要的工作进行回顾和总结，强调研究的意义、创新之处以及今后可以进行扩展的工作。

总体而言，本书站在一个不同于以往传统运作管理研究的新视角，改变了经济人自利的传统假定，从行为演化角度研究了供应链企业信任问题，研究对象既包括单一供应链，也包括双渠道供应链，既有传统供应链，也不乏新兴的O2O平台。通过构建演化博弈模型，系统地分析了供应商与制造商群体、制造商与零售商群体、新兴电子商务平台的卖方和买方之间的信任形成和演变过程，并以本土企业为样本，对供应链合作中买方信任的前因、信任对策略弹性的影响、不同维度的买方信任对合约修改弹性的作用、组织信任对合约修改弹性影响的传导路径等问题展开了实证研究，力图较完整地展现供应链企业行为的多样性和复杂性。本书在一定程度上揭示了供应链企业的行为互动过程和信任形成的内在机理，为不同供应链结构下的企业决策提供了有价值的理论参考，并丰富了行为运作管理研究。

供应链企业信任问题的研究是一个相当宽泛的领域，限于时间、能力与水平，书中难免存在疏漏之处，敬请读者不吝指正。

目　录

上篇　供应链企业信任的演化分析

下篇　供应链企业信任的实证研究

第一章 绪 论

在人类社会的大棋盘上，每个个体都有其自身的行动规律。如果他们能相互一致，按同一方向作用，人类社会的博弈就会如行云流水，结局圆满。但如果两者相互抵牾，那博弈的结果将苦不堪言，社会在任何时候都会陷入高度的混乱之中。

——亚当·斯密（Adam Smith，1759）

第一节 问题的提出

人与人之间的信任，是人类社会文明的基础。在中国传统文化中，提倡"信乃个人立身之本"。[①] 英国著名自然科学家、教育家赫胥黎曾说过："诚信为道德之本"。[②] 自古以来诚信被视为个人道德修养水平的表征。同时，诚信也是市场经济制度的根基。自改革开放以来，中国的经济发展取得了举世瞩目的成就。但我们也要清醒地看到，在由计划经济体制向市场经济体制快速转变的转型时期，中国社会生活中各个领域中的信任问题不仅没有得到缓解，相反却有愈演愈烈之势。一方面，当前我国的信任危机表现为人际关系的恶化；另一方面，还表现为一些企业、部门和行业的失信行为比比皆是。如假冒伪劣、坑蒙拐骗和贪赃枉法，此类现象如毒瘤一样在我国迅速蔓延，或招摇于都城闹市，或隐没于山乡僻野，无处不在，无孔不入。对于中国来说，诚信缺失无疑加大了社会运转成本——严重影响了国家的政治、经济和文化建设，阻碍了社会文明的进步和发展。如何破解这种信任困境？是摆在国人面前一项长期而艰巨的任务。

---

① 东汉许慎说过："诚，信也"（《说文解字》）。宋代程颐也认为："诚则信矣，信则诚矣"（《河南程氏遗书》卷25）。可见，在古人看来，"诚""信"二字意思相通。

② 原文出自《赫胥黎论文集》第三卷《科学与教育》第八篇《现实的和理想的大学》（1874）。

人类行为中，信任是一种社会系统复杂性的简化机制，在我国，信任关系呈现出"差序格局"，使得公众信任感极为脆弱。① 尽管当前中国社会诚信状况很不乐观，但信任困境仍然可以通过一定努力来化解，所幸的是，中国社会信任制度体系建设正在有序进行。②

关于信任问题的研究，一直是学术界关注的主题。自 1900 年始至今，信任研究经历了沉寂、复苏、繁荣几个阶段，研究范围从单一的社会学研究，拓展至心理学、经济学、组织行为学等多学科视野的研究，学术界在对人际信任的产生机制及其道德基础的理论探源方面，已经取得了丰硕的成果。

行为经济学的研究充分表明，企业和个体一样，在商务关系和渠道关系方面是受信任和利他等行为驱动的（Fehr and Schmidt，1999；Camerer et al.，2003；Mariana et al.，2011；Jeffrey and Putman，2013）。不同于人际信任，企业是通过一系列合约将一定的经济资源组合起来，为了自身的利益而生产经营的组织。企业既是市场的制造者，同时也担当消费者和供应商之间的"中介"。③ 以消费者为中心、以满足其需求为目标的理念，应成为企业管理的核心内容，而追求企业之间的相互信任和深度合作是实现这一管理理念的根本途径。

20 世纪 90 年代以来，随着信息技术的发展和经济全球化进程的加速，企业所处的竞争环境发生了根本性的变化。社会分工更加精细化和专业化，单一企业已经不能完成从原材料到消费者获得最终产品的全过程，需要各个环节的企业组成供应链来共同完成某项活动。传统的单个企业以产品质量、功能和分销渠道为竞争焦点的情形已经扩展为包括物流、资金流和信息流"三位一体"的供应链竞争。面对消费者需求以及经济环境不确定性的日益增加，企业只有寻求相互信任的合作伙伴并与之建立长期稳定的战略伙伴关系，才能提高供应链的整体协作水平，并最终在产品竞争中占据先机。

供应链信任犹如润滑剂，在实现供应链合作中发挥着关键作用，典型案例是：沃尔玛通过与宝洁公司共享销售信息，宝洁公司则寻求通过降价

---

① 费孝通（1947）认为中国社会的传统人际关系如一个同心圆，以亲缘关系的远近依次向外扩展。这种信任关系形成的"差序格局"构成了中国社会其他组织结构和制度的基础。

② 中共十八大报告提出"加强政务诚信、商务诚信、社会诚信和司法公信建设"；2014 年 6 月 14 日，国务院颁布了《社会信用体系建设规划纲要（2014 - 2020 年）》。

③ ［美］丹尼尔·斯普尔伯. 市场的微观结构——中间层组织与厂商理论［M］. 张军，译. 北京：中国人民大学出版社，2002：35.

等方法增加商品销售量，使双方的利润最大化。然而，现实中企业在利益驱动下所产生的机会主义行为倾向和败德行为也屡见不鲜，如反思我国"三鹿奶粉"等重大食品安全事故，正是因为企业过分地重视市场份额而压榨了供应商的合理利润空间，才使得加入"三聚氰胺"成为供应商利润的源泉。① 我国现阶段市场诚信环境缺失的负面影响和我国特有的经济体制转型的背景，使得供应链的交易环境不确定程度大大提高，竞争更加剧烈，严重阻碍了经济的发展。这样一个历史与现实、文化与经济的交融矛盾迫切要求我们深入研究如何激励、引导和规范供应企业的行为。

信任是面对不确定性时彼此间的一种承诺和相互依赖，这就要求成员必须放弃一些独立性，而一方的信任极有可能被另一方所利用。造成参与人决策的复杂性越来越突出，延伸性影响越来越大。那么，供应链企业的行为在信任关系发展中如何动态变化？影响供应链企业之间的信任关系的关键因素有哪些？② 这些因素如何动态地对供应链企业信任产生影响？在中国情境下，信任关系如何影响供应链企业的策略弹性？怎样建立、维护和发展供应链企业间的信任关系？这些问题对供应链管理提出了新的挑战。以这些问题为起点，本书将展开一系列的研究，力图从不同的场景探索供应链企业之间的行为互动及其演化规律，并寻找出导致信任产生的机制及其原因。

作为整个研究的基础，本章首先给出基本概念。进一步地，通过"三鹿奶粉事件"和"丰田公司经验"两个案例阐明供应链信任难以构建的原因与成功应用的经验。最后，明确供应链企业信任的研究范式，叙述本书的研究结构、主要内容和技术路线。

第二节　信任概念与供应链企业信任

一、信任的概念

何为信任？尽管国内外学术界已经广泛地讨论了信任的形成及其对社会经济的影响，但由于不同的学者考察这一问题的视角不尽相同，对于信任的含义和内在规定性，并没有形成统一的界定。

---

① 关于"三鹿奶粉事件"这一案例的具体分析，将在本章第三节展开。
② 本书在下文中，将"供应链企业之间的信任关系"统一简称为"供应链企业信任"。

对信任理论的研究最早可追溯到 19 世纪末 20 世纪初德国社会学家格奥尔格·齐美尔（Georg Simmel），他认为信任是"社会中最重要的综合力量之一"。从 20 世纪 50 年代开始，信任问题引起了学术界的广泛关注，社会心理学家们采用实验和量表等实证研究方法，试图从人格、态度、动机、认知、人际关系等个人的心理实践着手，解释信任的发生机制。20 世纪 80 年代以来，伴随着新制度经济学、信息经济学以及行为经济学的发展，学者们开始重点关注信任问题的经济学意义。然而，经济学对信任的研究较为分散，往往是在论述某个具体问题时运用到信任的概念，通常以信任作为自变量来研究信任对经济活动的影响，但缺乏对信任形成机制的研究。管理学领域中的信任研究也面临着同样的问题。[①] 信任是经济交换的有效润滑剂，因此，对信任进行系统研究是极为必要的。从社会学的视野来看，信任是社会关系的一个重要维度，是与社会结构、文化规范紧密相关的社会现象，而心理学则主要关注发生在微观主体之间即人际间的信任，与组织之间的信任有所不同，但是其中的概念和方法值得借鉴。

表 1-1 将分别就心理学、社会学以及经济学等不同学科对信任的定义进行比较。

表 1-1   不同学科视野下的信任研究比较

学科领域	学术思路	核心观点	研究方法
心理学	研究个体在特定社会环境中产生的心理反应或形成的心理特质	信任是一种心理状态，应专注于人际信任的认知内容或行为表现	采用实验和量表等实证研究方法解释信任的发生机制
社会学	从社会整体出发来研究信任的本质和内涵及其产生和发展的规律	社会法律制度以及倡导信任的道德规范和价值观念已内化为人的自觉行动	采用经验分析和质性研究方法，结合田野调查探索人际信任和社会信任
经济学	在不对称信息背景下，分析如何有效地避免机会主义及规避风险	信任是理性计算的结果，应当找到恰当的激励方案来使合约得到有效履行	采用博弈论方法，探讨规避机会主义倾向的各种正式或非正式的机制

本书认为：信任是社会成员之间为实现一个共同的目标而进行合作的关键要素，可以有效降低社会经济关系中的不确定性和易变性。[②]

---

① 许科和刘永芳（2007）指出，多视野的研究在繁荣理论的同时，也带来了一些争锋，如信任是理性的还是非理性这一问题，一直是经济学家和社会学家争论的焦点。
② 关于不同学科对信任的研究，本书不打算详细进行讨论，信任研究范式可参见胡宝荣（2013）。

与信任最为相近的概念有诚信、信用二词。三者之间既有一定联系，也存在明显的区别。诚信的词源含义是诚实与信守诺言。关于诚信，存在两种不同的看法，一种认为，诚信是为减少交往的复杂性而采取的非理性行为；另一种认为，诚信是建立在利益计算上的理性行为。信用有三层含义：第一，其伦理含义是指人们在交往合作中信守诺言；第二，信用的经济含义是指信用体现为一种以偿还贷款为条件的特殊的价值运动；第三，信用的法学含义，当市场的发展突破本地范围时，现代信用制度的出现是为了解决信用信息的不对称问题。

诚信、信任与信用的概念内涵依次扩大，如图1-1所示。一般来说，诚信的含义限于个体的道德或人格诉求，信任的内涵侧重于社会关系，信任的概念则主要针对组织群体或公共关系，而信用的概念则以经济内容为主，对应政府与企业等市场主体的行为。

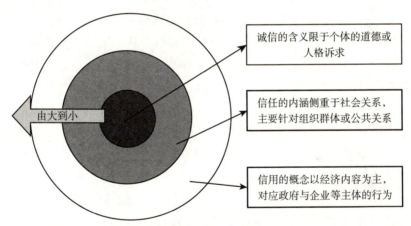

图1-1 诚信、信任与信用的概念内涵关系

二、供应链企业信任

供应链企业间的信任问题本质上是组织间信任问题，相关研究主要体现在企业间联盟治理和合作伙伴关系以及组织信任等方面。①

有关企业组织信任的研究中，安德森和纳拉斯（Anderson and Narus，1990）认为，信任是对另一个企业将采取对本企业有利的行为，且不做损害本企业利益的事情的一种预期。加尼森（Ganesan，1994）将信任定义

---

① 鉴于信任研究方面的文献非常丰富，这里重点梳理与供应链企业信任具有紧密关联的文献。

为对交易伙伴有信心而依赖该交易伙伴的意愿。梅耶等（Mayer et al.，1995）指出，信任是基于另一方将采取对施信方有益行为的预期，一方所持有向对方暴露脆弱点的意愿，取代了对另一方行为的管理和控制。乔和霍尔顿（Chow and Holden，1997）等将信任定义为对某人或某物的可依赖性与忠诚的期望水平或确定性程度。萨科和赫尔珀（Sako and Helper，1998）对信任的理解是，信任是一方所持有的关于交易伙伴将采取双方都可以接受行为的预期，包括任何一方都不会利用其他成员的脆弱性的预期。在他们看来，这种预期减少了可能的行为，因此降低了因为交易伙伴的行为所带来的不确定性。帕夫洛和吉芬（Pavlou and Gefen，2004）进一步阐述了组织间信任定义：组织成员集体评估组织的一种主观信念，组织的人员将会根据他们确信的期望完成可能的交易，他们有能力却放弃控制另一方。坎农等（Cannon et al.，2010）从社会心理学和营销学角度将信任定义为对于信任对象可感知的可信赖性以及仁慈。此外，还有学者认为，信任是由一个企业所持有的当对方面对机会主义行为选择时不会利用自己的脆弱性的预期（Krishnan et al.，2006）。从上述有关信任的定义可以总结出信任具有以下特点：施信的主体具有某种脆弱性，信任是一种预期，对方行为具有不确定性，机会主义行为是信任存在的条件。

学术界对于信任的不同定义导致了不同的信任维度划分，信任的维度经历了从单维度到多维度的演变。① 以往的大多数研究采取单维度测量的方式，近年来，随着对信任问题更加深入的研究，对信任维度的划分更趋向于多维度，埃伯特（Ebert，2009）对信任的维度的划分做出了详细的归纳。在信任的维度中，认知信任/情感信任、仁慈/可靠性、能力/善意、可靠性/可预测性等几种二维划分方式比较具有代表性。三维划分方式也比较常见，例如，梅耶等（Mayer et al.，1995）将信任维度划分为能力/仁慈/忠诚信任；戴尔和楚（Dyer and Chu，2000）将信任维度划分为可靠性/公平/善意信任。上述各种信任维度在不同的研究中呈现出不同的组合，此外，还有其他的信任维度，如合同型信任、制度信任等。通过细分信任维度，信任测量的更高准确性得以实现。

目前学术界对于供应链信任的定义尚无一致的理解，学者们根据研究需要，从不同的角度对信任进行了界定。鉴于供应链企业信任定义的多样性，本书对其加以整理，如表 1 - 2 所示。

---

① 信任维度的划分对于实证研究极为重要，本书的下篇采用的是实证分析方法。

表 1 - 2 有关供应链企业信任的定义

学者	定义
莫尔和斯皮克曼（Mohr and Spekman，1994）	两个独立的生产厂商彼此拥有共同的目标、追求共同的利益与相互高度依赖的一种规划的战略关系
奥拉肯等（Aulakn et al.，1996）	两个生产厂商之间建立的一种长期关系，这种关系是基于彼此信息共享、风险共担与利益共享的相互而稳定关系的长期承诺
兰伯特等（Lambert et al.，1996）	买卖双方之间建立的相互信任、诚实、风险共担和利益共享的企业关系，这种关系形成企业的竞争优势
盖斯肯等（Geyskens et al.，1998）	供应链成员之间认为对方是善意的并且是可信的，供应链信任已经成为内部组织关系的决定性影响因素
乔普拉和迈因德尔（Chopra and Meindl，2002）	供应链成员在每个阶段都对其他阶段的利益感兴趣，不会擅自采取措施而不顾对其他阶段的影响
唐纳德等（Donald et al.，2004）	以可靠性为基础的信任和以特征为基础的信任
李良（2004）	是一个自我强化的期望集，是成员彼此在不确定条件下能力和行为的稳定预期
杨静（2006）	在基于风险和相互依赖的前提下，合作双方相信另一方有能力并且有意愿去履行承诺，同时任何一方都不会利用对方的弱点去获取私利
殷茗和赵嵩正（2006）	在不完全监督的条件下，供应链成员认为供应链中他方能够完成其期望交易的主观信心
刘浩华（2009）	信任意味着按时交货、按时付款，保持一贯的高质量，严格遵守合同
谢卓君（2012）	预期对方有我方需要的能力，能履行自己的承诺（可靠），态度行为对我方也很友善

本书认为：供应链企业间的信任是指在基于风险和相互依赖的前提下，成员中一方相信另一方有能力并且有意愿去履行承诺。信任来自于契约的限制或利益的计算，或由双方行为的可预测性而产生，并与互惠、利他行为相关。[①]

信任是供应链企业防范成员机会主义行为和对抗不确定性的重要手段。供应链企业间的信任并不是成员企业单纯而盲目的利他行为的体现，善意或情感型信任只是其中一个方面。即使成员企业具有一定利己倾向，经过利益的计算也有可能最终会选择互惠行为，也会带来供应链企业间的

---

① 这一定义贯穿于全书。

信任。现实中，单向信任导致的结果是施信方因为暴露自身的弱点处于被动地位，最终导致合作关系的破裂。事实上，供应链企业间的信任大多来源于契约的限制或利益的计算以及双方行为的可预测性。施信企业就对方的可信度建立评价机制，这种机制主要基于能力、声誉、规模、创新性以及与自身的契合度等指标的判断，并且在双方进一步的互动过程中不断延续评价和利益计算，供应链企业间的信任在某种意义上可以说就是这种互动关系的产物。大量的研究探讨了供应链的这种互动关系，揭示了信息共享、相互依赖性、专用资产投资与信任以及供应链绩效等问题的重要性及其相互关系。

此外，供应链企业间的信任还受到社会制度和文化规范的影响。①早期的供应链联盟以企业家的关系网为纽带建立的企业间信任，在合作的初始时期发挥了一定的作用。然而由于企业的自利性以及外部环境的不确定性，靠这种松散的信任关系预防成员企业的不道德行为并维持高效合作显然不够。社会制度和文化规范对供应链企业间信任关系来说显得日益重要，通过正式制度与非正式制度来降低企业的机会主义行为，增加企业行为的可预测性，可以促进供应链企业间的长期合作。

第三节　供应链企业信任何以难为？
——"三鹿奶粉事件"的启示

一个典型的供应链由供应商、制造商、分销商、零售商和消费者组成，通过这些企业的共同活动来满足消费者的需求。供应链中任何一个环节出现问题，都会影响到其他环节。下面通过"三鹿奶粉事件"这一案例阐述供应链企业信任难以建立的原因。

如图 1 - 2 所示，乳品供应链包含了上游、中游、下游三部分，是一个以养殖、生产和销售为核心的复杂链条。其中，供应链上游包含了奶农、养殖场、合作社等原料奶提供环节；供应链中游包含生鲜乳的收集、加工、生产环节；供应链下游包括乳品的经销、批发、配送和零售等环节。

---

① 有关供应链企业信任的前因、作用机制和结果将在本书下篇的实证研究部分重点阐述。

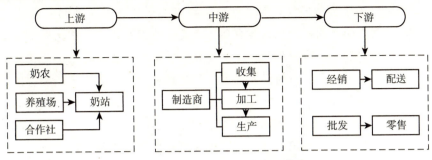

图1-2　乳品供应链主要环节

值得注意的是，乳品供应链涉及众多的实体、组织和个人，主要有：第一，奶农、养殖场、农民专业合作社组织、乳品生产加工企业等生产主体；第二，以批发市场、超市、连锁店为代表的组织化流通实体；第三，进行订单交易、直销、连锁配送的非组织化流通主体。① 这些个人和群体构成了乳品供应链的主体，每一个主体都可能对整条供应链产生影响，他们互相分享利益，共同承担风险。其中，核心生产加工企业具有举足轻重的地位。

三鹿集团股份有限公司的前身是"幸福乳业生产合作社"。1996年，石家庄三鹿集团股份有限公司正式成立，主营产品为三鹿系列奶粉、液态奶。2005年，新西兰恒天然集团注资8.64亿元人民币，认购了三鹿集团43%的股份，合资公司有五大主要股东。三鹿集团首创了国内"奶牛＋农户"管理模式，一度成为中国最大的乳制品生产企业，三鹿品牌曾被誉为中国500个最具价值品牌之一。2006年三鹿品牌价值149.07亿元，2007年三鹿集团销售收入达100.16亿元。正当成绩纷至沓来之际，2008年8月，三鹿奶粉被查出三聚氰胺含量过高，"三鹿奶粉事件"由此开端。9月，国家质检总局发布公告，决定撤销三鹿集团股份有限公司免检资格和名牌产品称号。至9月19日9时，全国下架退市的问题奶粉达3215.1吨。至此，"三鹿奶粉事件"波及整个乳制品行业"问题奶粉"事件共造成全国29.4万余患儿致病，至少有6643名重患婴幼儿。截至2008年10月31日财务审计和资产评估，三鹿集团资产总额为15.61亿元，总负债17.62亿元。三鹿集团于2009年2宣布破产，后被三元集团收购。这一事件使乳制品行业遭受的经济损失和信誉损失难以估量。

---

① 该问题也可以从利益相关者的角度进行分析。

究其原因，三鹿集团的原奶采购模式是"公司＋奶站＋农户"，散户奶农的牛奶通过奶站集中到三鹿集团的各家工厂。三鹿集团在各乳源地建多家奶源中转站，主要负责收集牧场、散户的牛奶，送往企业加工。奶站有不同的模式：第一种是奶农自筹资金兴建；第二种是与三鹿集团合资兴建；第三种是三鹿集团用自有资金建站。三种奶站都要经过其验收，收奶必须经过集团工作人员把关。三鹿"问题奶粉"事件之前，我国一直没有法律法规明确奶站的管理部门，奶站作为奶农自产自销的基地，属于农业、质监、工商"三不管"地带，以致奶站组织形式多样、管理方式复杂、质量监管缺失。据香港《大公报》报道，三鹿集团奶粉掺入三聚氰胺的可能性有两种：一是从原料加入，即三聚氰胺掺入鲜牛奶或奶粉的其他辅料中；二是在生产环节中加入。据调查，三聚氰胺在奶站加到原奶中有相当大局限。因而，问题的焦点在奶站，尤其是缺乏对奶站奶贩、验收人员、收奶人员的有效监督，奶源质量失控成为三鹿集团"问题奶粉"事件的主要原因。

进一步思考可以发现，三聚氰胺事件暴露了乳品供应链所存在失信风险。其一，企业和奶站信息不对称及信息搜寻成本高昂，导致奶站在企业和农户间骗上压下、掺杂使假，任意拖延和克扣奶农所得。其二，乳品生产企业在其中主导原奶收购的定价，同时理化卫生等检测指标也为企业所利用，以质论价难以实现，甚至出现了销售淡季优奶低价、销售旺季劣奶优价的不正常现象。其三，整个供应链中，奶农在利益分配结构下处于弱势地位，完全缺乏确定价格和质量标准的话语权，因而也会采用一些违背诚信的策略来降低生产风险，如抗生素的使用、降低饲料质量及违法添加等。

按照成本与收益、风险与收益的正比匹配原则，农产品产业链条的利润分配一般呈现技术研发、加工销售环节利润高，种植研制环节利润低的 U 型曲线（任大鹏，2009）。但乳品供应链的利益分配结构呈现"倒金字塔"模式，绝大部分利润集中在零售环节，其次是加工企业，奶站环节再次之，养殖环节成本利润率最低。液态奶产业链中乳品零售商（超市）的利润率远远高于乳品企业和奶农，奶农的收益状况受到乳品企业和零售商的双重价格转移的影响，这充分说明了乳品供应链中利益分配比例不均衡。

除"公司＋奶站＋农户"模式外，近年来还出现了"公司＋小区＋农户""公司＋基地＋农户""公司＋合作组织＋农户"等多种模式。每种模式对应的供应链各主体的关系和利益分配结构因契约不同均有一定差异，因而信任风险也各有不同（梁雪红，2015）。

资料来源：任大鹏. 农产品质量安全法律制度研究［M］. 北京：社会科学文献出版社，2009；梁雪红. 制度干预与诚信选择研究——以我国奶业为例［D］. 北京：中国农业大学，2015。

综上所述，当乳品供应链的各个主体之间存在着因生产要素、外部资源和市场有效信息的获得而产生的利益冲突，各个利益主体从不同角度追求自身利益最大化的时候，机会主义行为倾向以及道德缺失都会指向最终产品的质量这一公共目标。透过"三鹿奶粉事件"不难看出，供应链利润分配结构的不合理蕴含着很大的信任风险，形成供应链多个主体分工合作、良性互动的模式极为不易。①

第四节　供应链企业信任何以为之？
——丰田公司的经验②

相较于食品供应链，制造业供应链信任同样难以建立。以汽车为例，供应商提供的零部件的价值和服务占汽车总成本的50%～80%，有30%的质量问题和80%的产品交货期问题是由供应商引起的，显然，没有供应商的合作和努力，制造商将面临巨大的困境。双方必须在共同的利益基础之上建立起相互依赖的信任机制，合作才能持久（蔡建华，2011）。在供应链信任机制的构建和维护方面，丰田公司是一个成功的案例。

在供应商的数量选择上，丰田公司强调少而精。主要采取和部件供应商进行交易的方式，在部件供应商之下还有若干层次零部件生产商，所有的供应商是按照分级、分包的方式构成金字塔型结构，处于塔尖的丰田公司，只与第一层次的300家左右部件供应商建立信任关系。相比较而言，通用公司、福特公司的供应商则有1000～2500家左右。在供应商的选择标准上，丰田公司采用多维度进行全面衡量。具体来说，其指标有产品质量、生产批量与交换期、应变能力、位置、技术能力、规模、财务稳定性、可置换性、价格、企业改革共10

---

① "三鹿奶粉事件"值得总结反思之处颇多，如公司内部治理混乱、检测技术落后、政府监管不力等。

② 尽管丰田公司近年因陷入召回门事件而备受诟病，但是在构建供应链企业之间的信任关系方面，丰田公司确有许多值得学习的经验，这是本书选择其作为案例的主因。

个方面。这样，丰田公司一方面只与外部少数的供应商打交道，通过更多的交流便于形成共同的价值观，并部分消除信息不对称现象；另一方面通过全方位考察，有效地避免了逆向选择问题，使得更多合格的供应商入选，同时降低了交易成本。

在供应商的激励上，丰田公司非常注重资产专用性投资。具体包括三个方面：一是专用场所的投资，为了降低库存，丰田公司降低了物流的复杂性并省略掉多余的缓冲库存配送，要求供应商在地理位置上必须与装配厂保持适当的距离；二是专用人力资本投资，丰田公司的关系供应商向丰田技术中心派遣350多名客串工程师，这些工程师成为丰田公司产品开发部一员，与丰田的技术人员一起设计新车型与零部件；三是专用的技术以及实物资本投资，丰田公司的供应商为了在设计、制造过程中消除浪费、降低成本，向丰田公司提供了自己的设计、新技术开发、模具制造、专用设备、独有技术等；四是丰田公司向供应商输出精益生产，对供应商引进精益生产方式进行指导，提高其管理水平。通过以上四个方面进行投资，使得丰田公司和供应商之间的业务经营活动有更多的相互依赖性，增加了转换成本，形成了相互"人质"机制。

信息共享，有效沟通。双方相互信任的具体表现就是信息能否及时准确充分的共享，真正达到生产同步化，降低库存。丰田公司和供应商之间进行充分的信息交换，其交换的主要内容包括：一是产品设计，汽车厂出了重要的新车型或有了新的技术方面的问题，就要邀请零部件厂的技术人员来汽车厂同汽车厂的技术人员一起作为开发小组的人员工作。二是生产计划。丰田公司每月要对零部件厂商公布未来3个月的生产预定表，通过在供应商和制造厂之间建立起集团内部回路网进行交流，使得零部件数据与供应商之间达到同步传递享用。三是生产作业计划，靠协作看板来传递信息，为了使得各供应商的信息传递达准确，及时掌握各销售商持有的车辆库存信息，向销售商提供最近的畅销、滞销信息，以便销售商了解掌握。四是缩短生产作业周期。生产作业计划下达以天和小时为单位，每天每小时计划的变动上下波动的幅度不超过10%，在生产时，严格要求供应商按照看板提供的信息进行生产。丰田公司与供应商之间准确而适时的信息共享，使得彼此的信任程度大幅度提高。

长期合作，利益风险共担。丰田公司十分注重和供应商的长期合作，增加彼此之间信任，以消除供应中断风险。例如，在合同的期限上，一旦确认某合格供应商，与之订立合同的期限一般为4年，中间不轻易变更。在交易次数上，促进从一次交易向多次交易演变，如果供应商和丰田公司合作得好，下次新车型该供应商得到合同的概率在90%以上。所以，丰田公司采购额占40%的零部件供应商与丰田公司保持20年以上长期连续交易。在丰田公司和供应商关系上，许多供应商是由过去丰田公司分离出来的关联公司，有的还是相互持股的子公司，利用产权来激励，具有集团一体化的特点。

重视信誉，提升激励。丰田公司在供应链信任构建中非常注重对供应商的声誉激励，采用了给供应商颁发产品免检证书这一方式，凡是获得免检证书的供应商，其零部件无须经过数量和质量的检验，直接送到生产线上，这大大增加双方的信任感，同时降低了人工成本。

资料来源：蔡建华. 精益特流中供应链信任机制的构建——以丰田公司为例 [J]. 经济导刊，2011(8)：94 - 96。

总之，丰田公司通过建立优胜劣汰的优化机制、快而有序的转化制度、互惠互利的强化措施，将供应链总体战略目标细化以使合作各方分工明确、责权分明，形成各方均能接受的决策制度、分配制度、运作制度，让强烈的合作意愿转变为合作过程中彼此间的信任。

第五节　理论基础与研究方法

一、理论基础

本书主要从经济学和管理学的角度研究供应链信任问题，与此相关的理论主要有交易成本理论、不完全契约理论、制度理论与演化经济学。以下对这些理论进行简要叙述。

自科斯（Coase，1937）开创了对企业性质研究的新局面以来，交易成本理论得到迅速发展。企业作为一种资源配置方式，其显著标志是对价格机制的替代，企业的存在正是为了节约市场交易费用。在此基础上，张五常（2003）进一步阐释了企业节省市场交易成本的观点。但他同时指出，为了减少各种交易费用、降低交易成本，在生产要素所有者和最终产品之间出现了企业，生产要素所有者与企业家订立合约并服从指挥，这种要素市场合约与产品市场合约并无分别，确切地说，是要素市场契约替代了产品市场契约。① 威廉姆森（Willamson，1985）进一步提出了资产专用性概念，认为在有限理性、机会主义行为、不确定性和资产专用性条件下，市场作为一种资源配置方式在组织某种交易时有可能失败，因此企业作为另外一种组织交易的资源配置方式就有产生的必要。

在交易成本理论基础上发展起来的不完全契约理论是指，相对于完全契约的理论假设，现实中诸多因素（如交易成本、有限理性、私有信息）会导致契约的不完全性。契约不完全时引起的后果就是合约纠纷和"敲竹杠"等行为的发生，尤其是在达成专用性资产投资契约时，专用资产的属性决定了投资方对契约的履行期限和终止时间有一定的期待。② 当对方随意终止契约时，专用资产投资方便会因此而蒙受不必要的损失，专用投资的积极性也受到挫伤。契约的经济效率包含了对完备契约的理论假设和期待，但现实中往往受到多种因素的影响导致了契约最终的不完全性，相应的机制设计便成为克服契约不完备性的一种有效途径，也因此成为制度经济学研究的一项重要内容。

诺思（North，1994）则认为，制度是一个社会游戏的规则，或者说是人为设计的形成人们之间相互交易的约束。这些规则界定了人们的选择空间，也约束了人们之间的相互关系，从而减少了环境中的不确定性和交易费用，有助于实现资源有效配置。诺思（North，1994）将制度分为正式制度与非正式制度两种类型，明确指出制度是由非正式制度（意识形态、价值信念、道德观念、伦理规范、风俗习惯等）和正式制度（政治规则、经济规则和契约及由这一系列规则所构成的等级结构）组成。制度的形成一般有两条途径，一是自发演进，二是人为设计。当存在相互外部经济条件下个人的选择问题时，许多非正式制度安排便在人们长期的交往和"博弈"中为解决合作问题而自发形成。③ 然而，基于制度自发演进形成的多为惯例而非严格意义上的社会规则，无法解决社会群体面临的所有协调以及冲突。因此，制度的人为设计显得十分重要，它有利于纠正制度自发演进中的路径依赖现象。科尔曼（Coleman，1990）认为，当群体成员有个人动机采取减少群体总福利的行为时，关于行为的规范就会产生。换

---

① 张五常（2003）认为至少有四种交易费用的存在使得企业替代市场有利可图，其一，市场要发现价格则需要大量的交易，而每个交易都要分别定价；其二，了解产品信息所需的费用；其三，对交易物特征和属性的衡量所需的费用；其四，在达成价格协议中对贡献的分解所需的费用。

② 有关不完全契约理论的进展，参见：聂辉华. 声誉、契约与组织 [M]. 北京：中国人民大学出版社，2009：14-43.

③ [日] 青木昌彦. 比较制度分析 [M]. 周黎安，译. 上海：上海远东出版社，2001：5-6.

言之，任何制度都有其"合作性"的一面，企业也不例外。

这些深刻见解为我们认识企业的本质提供了独特的视角，但现有上述理论过分关注交易成本，也就不能完全洞察企业的本质。① 从已有研究来看，在理解企业的运行和决策二者之间的联系上还存在很多偏差。甚至可以说，理论研究和现实中的管理实践之间存在着鸿沟，管理者所做决策经常与理论模型所给出的最优解相去甚远。这些理论上的缺陷和不足使我们迫切需要新的理论和方法。通过有意识地努力探索它们之间的接口，才能提出一个研究框架，以便更好地支持未来的研究。

随着对新古典经济学的反思和批判，演化经济学审视并修正了新古典经济学关于完全理性、利润最大化和静态均衡等假设，克服了其机械的、还原的、简化的观念，对微观经济个体采用有限理性假说，以多样性和复杂性代替简单同质性，试图在心理学关于人的行为的研究基础上，深入探讨经济代理人的行为特征对其决策模式的影响（Nelson and Winter，1982；盛昭瀚和蒋德鹏，2002；贺京同和那艺，2007）。这些根植于新思维方式的认识论和方法论，从新的角度反映了经济行为人的互动关系，为我们研究供应链企业信任问题提供了全新的分析视角和坚实的理论基础。基于此，要实现上述研究任务，所采用的基本范式应当是行为、偏好与演化，而非关于成本、收益与均衡的传统分析范式。②

综上所述，本书的分析不再以交易成本为中心，而是以信任和合作为中心，以供应链企业促进相互信任的机制作为贯穿于全书分析的线索。立足关联互动的现实世界，在决策者和环境之间的互动过程中确定行为依据和对行为的描述框架，以勾画出更为丰富、全面、现实的人类行为图像，这将成为供应链信任管理研究走上希望之路的起点，同时也是本书力图贯彻始终的理论依据和构建模型的思想基础。

二、研究方法

（一）演化博弈建模

传统博弈理论建立在"理性经济人"之上，即博弈结构和理性是所有

---

① 企业的产生和存在的理由并不仅仅表现在交易费用的节约。人类的生产是一个人和人之间的协作的过程，完全独立的生产是不多见的。协作能够提高生产效率，能够完成单个人所不能完成的工作。此外，关于企业的规模的影响因素也存在争议。有学者认为，决定企业规模大小的因素不只是两种交易成本的对比，还有生产本身的原因。

② 近年来的研究表明信任发展是一个动态过程，信任的建立需要经历一系列等级层次的连续的阶段，例如，信任成长为更高水平，信任具有更强大、可复原的和变化的特征。

参与人的共同知识（common knowledge），理性人在博弈中可以理解和计算所有参与人的策略互动，能根据市场情况、自身处境和自身利益之所在做出判断，使所追求的利益最大化。通常，企业被假定是同质的，都以利润最大化为目标，这显然是对现实情况的高度抽象和概括。经济主体实际上被设定为没有调整偏好动机的特征，这就意味着个体是缺乏主观心智的。这种假设倍受社会科学家的质疑。[①] 合理吸收其他学科之长，以解释社会制度的变迁、社会习惯和社会规范的形成，成为博弈论发展的必由之路（Dixit and Skeath, 2003）。在这样的背景下，近年来演化博弈理论（evolutionary game theory）在国内外学术界受到高度重视。

演化博弈理论的主要观点是：参与者是有限理性的，这不仅体现在目的上，而且体现在过程中（Samuelson, 1993；Young, 1998；Bester and Güth, 1998）。在博弈过程中，参与者并没有经过仔细复杂的计算，而是简单地进行模仿，或者依赖过去的经验。部分个体行为的变化使系统结果产生变化，有限理性和学习过程会导致策略的偏差以及结果演变路径的随机性。由此可见，在演化博弈中，行为模式、外部环境和决策结果相互之间是互动的和关联的，存在一定反馈机制。在这些策略互动过程中，均衡在一些条件下被产生出来，并在和环境变化的互动中演化着，这就构成了参与者围绕均衡演化的学习过程（Bowles, 2006）。

演化博弈理论的核心概念是演化稳定策略（evolutionary stable strategy，简称ESS）。这一概念借鉴了生物学的自然选择理论，即生物进化是一个基因不断繁殖和适应的过程，适者生存，不适者被淘汰。类似地，博弈中某个策略是演化稳定策略，是指这种策略行为能击败任何变异，可以持续存在、不断地进行复制（Smith, 1982）。换言之，给定群体当前某种特定的行为方式，如果有另一种变异或者是突变的行为方式发生之后，这个侵入者会被淘汰，群体将会恢复到原来的状态，那么这种行为方式就叫作"演化稳定策略"。

演化博弈理论认为参与者认知能力具有局限性，强调策略作为一个学习过程而动态变化，演化过程中可能出现路径依赖，可能出现随机选择，这些基本假定构成了其与传统博弈理论不同的理论硬核。总的来看，演化博弈理论突破了传统博弈理论经济人自利模型的局限性和狭隘性，重新构建了模型的行为基础，进而改变了这些模型的逻辑本身，很好地处理学习过程中的随机性、路径依赖性等问题。经过三十多年的发展，演化博弈理论已被成功地

① 张维迎. 博弈与社会 [M]. 北京：北京大学出版社，2013：298.

应用于个体信念（Kim，2012）、企业创新（Zahra and Nambisan，2012）、产业集群（Smet and Aeyels，2012）、科学范式（Bornholdt and Jensen，2011）、社会规范（Bragin，2013）、制度变迁（Young，2011）等研究，深入刻画并完整展现了人类生活的丰富属性。可以说，演化博弈理论的形成及发展是经济学从"自涉－竞争－一般均衡体系"向"他涉－合作－演化均衡体系"扩展的一个理论基石，这既是对博弈论的重大理论贡献，也是经济学发展进程中的一个重要转折点。因此，本书以演化博弈理论为主要分析工具开展供应链企业信任研究具有天然的合理性和内在的必然性。

（二）实证分析

理论模型得到的结果能否得到经验数据的支持？这是学术界普遍关注的问题，尤其是对于供应链企业信任这样一类有着很强现实性的问题，不仅需要理论建模，也需要实证分析检验。二者应相互补充，相互印证。[①]从已有文献来看，近年来学者们综合运用实验室实验、实地研究和实证分析，在供应链信任研究上已经取得了颇具影响力的研究成果，实验方法和微观计量方法的广泛应用使得供应链信任问题可以在传统最优化方法的基础上，寻求各种非线性的和动态的求解和经验实证（Bendoly et al.，2006；Bolton and Katok，2008；Su，2008；Narasimhan et al.，2009；Chen et al.，2012；Narayanan et al.，2015；Özer et al.，2018）。

通过对供应链信任相关实证研究的回顾，不难发现大量研究是以西方文化为背景的，而经验研究也都以国外企业作为样本。由于中国文化是以儒家文化为代表的东方文化，是一个典型的"关系"社会，在这种文化背景下，基于西方文化背景的供应链信任研究未必适合中国企业。因此，在已有文献总结的基础上，通过实地访谈，以中国企业为样本进行实证研究非常必要，这有助于探寻供应链成员企业在管理理念、决策机制、竞争思路等方面实现创新的途径。事实上，这在一定程度上是将许多分散的工作进行有效的连接。

近年来，中国情境下供应链企业的信任关系引起了国内外学者的浓厚兴趣（Robb et al.，2008；Zhao et al.，2008；Liu et al.，2009；Cai et al.，2010；Özer et al.，2014）。刘丽文（2001）采用问卷调查和企业访谈相结合的方法，考察了我国企业供应链管理中的伙伴关系问题，提出了建立合作机制的前提是建立信任关系，应确定合作内容和程度、沟通的信息、沟通方式及组织形式。汤世强和季建华（2003）从交易成本理论出

---

① 理论建模能够很好地刻画和分析参与人的行为，但对于多个决策变量的描述存在局限性，实证分析则在一定程度上弥补了这一不足，因此本书试图应用这两种方法，而避免将其割裂开来。

发，指出企业应减少供应商数目。陈志祥（2005）对供应链协调绩效关联性的实证研究发现，我国企业与其供应商之间没有建立实质性的伙伴关系，主要反映在：信任不对称、浅层合作多、长期合作业务少。刘益等（2006）研究了供应商专项投资与其感知合作风险之间的关系以及契约和关系规范的调节作用。叶飞和徐学军（2009）以珠三角地区 141 家制造企业为调查对象，探讨了伙伴特性、伙伴关系与信息共享水平之间的关系。殷茗和赵嵩正（2009）提出了一个描述动态供应链协作信任的阶段理论模型，研究了不同阶段专用资产投资、制度与信任、合作意图之间动态差异性的关系。李忆和司有和（2009）基于 249 家供应商的实证研究表明，供应商的承诺意愿和承诺行动可以促进与零售商的合作。王强和储昭昉（2012）分析了依赖、信任和承诺对物流整合及其绩效的影响。李忆等（2013）研究了信任和依赖的调节效应。张旭梅和陈伟（2012）、陈伟和潘成蓉（2015）探究了供应链企业间知识共享对创新绩效的影响路径及作用机理。

当前，机会主义倾向和道德缺失对供应链成员关系提出了严峻考验，探索供应链企业信任成为一项紧迫而重要的课题。本书认为，企业的行为依赖于特定的情景，模型构建作为对现实的抽象和提炼，也会呈现出不同的行为特征，根据特定的情景选取不同的行为特征，才能更好地阐释传统运作管理无法解释的现象，本书的核心就是研究这样的问题：在何种情形下供应链企业能够达成相互信任？供应链企业信任的前因是什么？供应链企业信任对于供应链系统的运行会产生什么影响？本书试图从行为演化的视角去阐释现实中的供应链信任，从而挖掘和探索合作行为背后的原因和机理，进而探索出企业通过信任建立供应链伙伴关系的途径，并发现企业间信任及合作的演化路径，将供应链环境下企业行为的多样性和复杂性展现出来。因此，无论是从理论角度还是现实角度而言，本书的研究主题都具有较强的理论意义和实践价值。

第六节　研究内容与技术路线

一、研究结构

本书根据供应链企业信任的本质属性和我国特定的社会经济环境，在定性分析和综合案例分析的基础上构建演化博弈模型，对供应链信任的行为特征、作用机理、有效性条件和文化的相容性展开研究，借助实证分析方法对中国情境下供应链信任的前因、形成及影响进行探讨，最后将理论研究与实践应用相结合，提升出管理意义上的理论指导。

　　本书旨在通过新的观察视角，较为系统地探讨模型化方法在供应链信任研究中的应用，为分析供应链成员企业的互动关系提供一个理论框架。同时考虑到基于因果关系的传统及量化实证在分析供应链信任问题时是可行的和有效的，本书着眼于中国企业实践，从更广阔的视阈，将经验、案例、计量和模拟等不同的研究方法有机结合，既体现理论体系的严整性，又尽可能还原信任在供应链管理中真实客观的作用，以期研究结论更具有借鉴和启发意义。全书除绪论和结论部分外，主要内容拟分为上、下两篇。其中，上篇为供应链企业信任的演化分析，下篇为供应链企业信任的实证研究。全书的研究内容和关系结构，如图1-3所示。

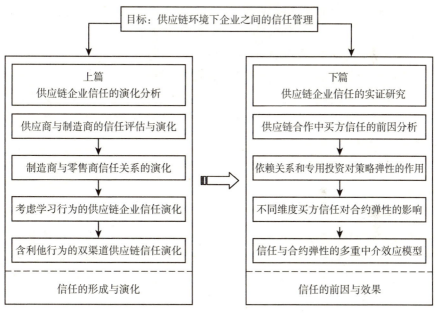

图1-3　研究内容与关系结构

二、主要内容

　　按照上述研究结构，本书分为四部分，共十章，各章的内容安排如下：

　　第一部分为绪论，阐述选题的背景及意义，界定研究对象和主要概念，结合两个具体案例，分析从行为演化视角进行供应链信任研究的内在动因，提出本书的研究结构、主要内容和技术路线。

　　第二部分为上篇，供应链企业信任的演化分析，共包括四章。建模部分研究结构，如图1-4所示。

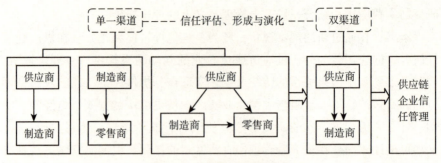

图1-4　建模部分研究结构

第二章建立了供应链企业间的信任估值模型，研究了供应商和制造商之间信任的维度、评估机制以及对合作的影响，在此基础上构建了供应商与制造商信任关系的演化博弈模型，分析了信任演化的路径及预期收益、高信任的成本、公平、声誉、重视程度等因素对合作关系稳定性的影响。

第三章探寻制造商的质量投资决策对促进供应链企业信任的作用，从参与人的有限理性出发，构建了制造商质量投资决策与零售商信任关系的演化博弈模型，研究了不同的演化均衡结果。然后，建立了含双方质量努力水平的演化博弈模型，考虑了政府进行产品质量监管的情形，分析了激励措施对于演化均衡的影响。

第四章考虑不同学习行为情形下对供应链企业信任进行演化分析，具体包含路径学习、模仿学习和信念学习等三种行为。首先，应用最优反应动态的学习规则，刻画了供应链企业的行为特征并探讨了信任均衡与初始状态、信任基数的相关性；其次，考虑了模仿学习行为，将噪声项引入复制动态方程中，得到了一个非子博弈完美均衡，阐明如何促使供应链企业趋向于选择信任策略。最后，通过引入信念学习，研究了O2O平台消费者（买方）和企业（卖方）行为演化规律以及交易信任机制。

第五章在前面几章的基础上，将单一供应链拓展到双渠道供应链情形，通过引入互惠利他行为，构建了直销渠道和零售渠道存在竞争时的演化博弈模型，分析了渠道成员的学习能力、信任投资决策、风险补偿机制对于演化均衡的影响，并与传统双渠道供应链进行了比较。结合苹果公司的案例与数值算例，阐明了研究的理论价值与现实意义。

第三部分为下篇，供应链企业信任的实证研究，共包括四章。实证部分研究结构，如图1-5所示。

第六章拟解决的关键问题为：中国供应链企业中是什么样的信任？信任的各种前因对不同类型信任的影响有何差异？不同信任对不同合作表现

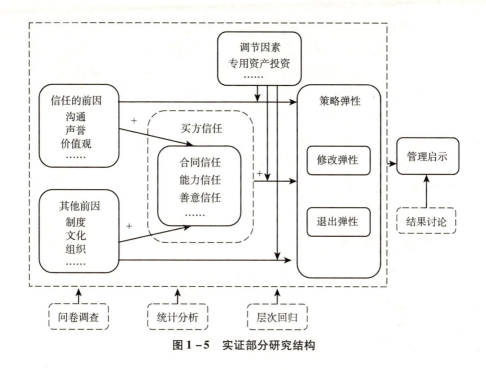

图 1-5　实证部分研究结构

的影响程度如何？以"信任"作为研究的切入点，运用定量分析模型对供应链企业的信任机制进行了较为系统和深入地研究。从供应商与买方企业的合作关系的视角探讨了供应链内企业间信任的建立机制、信任的维度以及信任对合作表现的影响，进而对我国供应商与买方企业的信任机制和合作伙伴关系的建立提供一些可行的策略建议。

　　第七章以策略弹性为结果变量，探索供应链企业信任对于策略弹性的影响。此外，通过实证分析对供应链合作中信任的建立与维持进行研究，以期为实现供应链成员间的协调提供有针对性的对策与建议。基于对信任及策略弹性的理论分析，结合已有研究成果及对多家企业的调研，构建了供应链企业间依赖关系、专用资产投资与信任、策略弹性之间关系的理论模型，其中包括了信任和信息共享的中介效应。

　　第八章分析不同维度买方信任对合约修改弹性的影响，本章将买方信任划分为合同信任、能力信任和善意信任，将合约弹性划分为修改弹性和退出弹性，基于偏最小二乘法的结构方程模型（PLS-SEM），对有关信任源起的西方理论在中国情境下的适用性进行实证检验，探索供应链不同维度的买方信任对不同维度合约修改弹性的影响，考察专用资产投资的调节效应。这对于深入理解中国情境下供应链的不同维度买方信任的源起以及信任与合约修改弹性间的复杂关系具有重要的启示作用。

第九章构建了供应链企业信任与合约修改弹性的一个多重中介效应模型，以组织信任为切入点，给出了信任的发展阶段模型，应用 PLS – SEM 方法考察了能力信任与合约修改弹性之间的关系并探索了合同信任与善意信任在此过程中的多重中介效应，全面比较了不同组织信任对合约修改弹性影响的传导路径，阐明了三种维度的组织信任之间的关联性和递进性，从而为处于不同发展阶段的供应链企业制定相应策略提供了理论依据。

第四部分即第十章，为结论与展望。在全书行文将结束的时候，对主要的工作进行回顾和总结，强调研究的意义、创新之处以及今后可以进行扩展的工作。

三、技术路线

本书的研究综合采用了模型构建、实证分析和计算机仿真方法，拟采用的技术路线如图 1 – 6 所示。

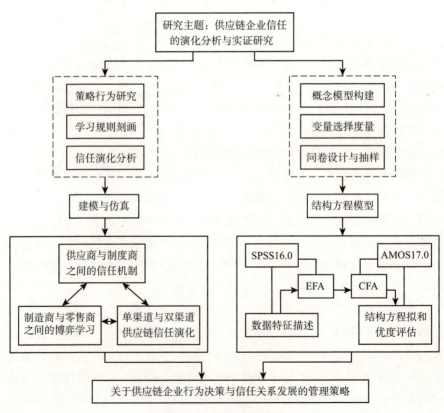

图 1 – 6 研究技术路线

本书首先进行现实问题观察和文献分析。在此基础上，建立研究的概念性理论框架，为模型构建、理论分析以及计算机仿真奠定基础。一方面，根据研究目的，构建了不同情形下供应链信任的演化博弈模型，研究了信任机制的形成、发展及演变过程；另一方面，为了验证、解释和补充理论分析中所得出的结论，通过实证分析对供应链信任的前因、中介因素以及供应链信任对策略弹性的影响进行了多层次、多角度、多属性的分析。

上篇 供应链企业信任的演化分析

信任广泛存在和产生于社会交换行为中。信任建立在个体行为之上，是考察人类行为社会性的核心元素。就供应链企业信任研究而言，一个可行的切入点和问题的关键在于加强微观主体行为的描述，选择合适的建模方法。

由于现实中供应链企业是有限理性的，不同主体间的相互信任具有不对称性，理性和信任均处于学习、适应和演化过程中，因此本篇通过构建一系列演化博弈模型，研究供应链企业信任的形成发展、表现形式、产生作用的条件和机理。

本篇建立和选定供应链企业信任分析的基准模型，然后逐步展开，内容主要涵盖：供应商与制造商间的信任评估及其演化，基于产品质量的制造商与零售商信任关系演化，考虑学习行为的供应链企业信任演化分析，含利他行为的双渠道供应链信任投入演化博弈模型。通过这些研究来解释和揭示供应链企业信任的演化机理和传导路径，以便更好地理解供应链企业之间的行为互动和内在关系。

第二章 供应商与制造商的信任
评估及其演化

> 人类就是这样于不知不觉中获得了对相互间的义务以及履行这些义务的好处的粗浅观念。如果大家需要共同完成一项工作，那么每个人都知道如何忠实地守着自己的岗位。
>
> ——让－雅克·卢梭（Jean Jacques Rousseau，1755）

　　随着社会分工的日益广泛和深化，供应链成员之间的依赖关系也日益加深。资源依赖理论指出，几乎所有企业都无力承担其生产所需的全部关键资源（刘益等，2003）。特别是随着知识经济的兴起，企业试图控制伴随竞争环境的变化而增加的各种资源变得相当困难，企业边界的扩大形式也逐渐由并购向合作过渡，有效的供应链管理作为企业提高竞争力的重要手段日益受到管理者的重视（黄小原，2007；Tang，2010；Ming et al.，2014）。而信任作为供应链得以有效运作的基础，其重要性日益凸显。正确把握和建立供应链企业信任关系是企业健康发展的保证，它不仅可以使企业赢得良好的声誉，而且还是企业长远利益的根本所在。

　　在供应链上，各环节参与者之间的合作关系本质上就是一种信任关系（Carter et al.，2007；叶飞和徐学军，2009；Meqdadi et al.，2017）。在大多数行业中，由于制造商的强势以及资产专用性、信息不对称、机会主义等因素的存在，供应商在与制造商的合作中处于弱势地位，其利益常常会受到制造商的侵害。[①] 在这样的背景下，供应商对制造商信任的形成显得更加困难。因此，建立信任评价机制对于双方的合作极为关键。

　　由于供应商拥有私人信息，制造商要做到每次均对其产品或服务完全核实的成本极高，越来越多的制造商已经认识到，与供应商建立长期稳定

---

　　① 以汽车制造业为例，整车企业与零部件供应企业之间关系封闭性极强，使得零部件供应企业在与整车企业的供应链关系中处于十分被动的地位。

的合作关系是至关重要的。过去制造商只专注于内部管理就可以获得竞争优势已经不复存在，随着竞争的加剧，制造商通常借助增强产品研发力度、降低库存来赢得优势。然而，这种独自挖掘潜力的竞争方式已经不能适应信息社会的要求，制造商必须将自己置于整条供应链中考虑自己的地位和价值，通过与供应商建立良好的信任关系，才能不断地提高反应能力和响应速度，以重塑竞争优势（Cachon，2003；Croson and Donohue，2006；鄢章华等，2010；葛泽慧等，2011；李亮等，2014）。由此可见，分析供应链企业之间尤其是供应商对制造商信任的形成及其演化，对于保障供应商利益、提高制造商竞争能力、维系供应链稳定均具有很强的现实意义。

本章内容安排如下：第一节为文献综述；第二节和第三节分别从供应商和制造商的视角研究二者之间信任的维度、评估机制以及对合作的影响；第四节应用演化博弈方法探索供应链成员间信任与合作的演化路径；第五节对本章内容进行总结。

第一节　相　关　文　献

由于信任的重要性，在已有文献中，不同领域的学者对信任进行了广泛研究。但是至今没有形成关于"信任"的统一定义。首先，信任被认为是交易伙伴之间的相互依赖促成的，信任同时也是维系合作的一种机制（Bradach and Eccles，1989）。麦德霍克（Madhok，1995）区分了交易合作伙伴之间信任的结构与行为。与此类似，古拉蒂（Gulati，1995）将信任划分为基于知识的信任和基于威慑的信任。张缨（2004）则将信任分解为心理和行为两个既相联系又不完全一致的层面。可以说，信任是所有交易的中心问题，信任不仅仅是供应链企业之间的润滑剂，更是一种黏合剂，没有信任，所有的交易活动便难以顺利完成，供应链之所以能够维持稳定和有效运作，其关键机制是供应链企业之间拥有一定程度的信任关系。

当前，关于供应链企业信任的研究主要通过实证和建模方法分析信任关系的形成。其中，实证研究包括"前因性"研究和"机制性"研究（Ali and Birley，1998）。前因性研究着力探寻影响信任的具体因素，一般将信任产生因素归纳为声誉、沟通、专用资产投入、成员间交往经历等。梅耶等（Mayer et al.，1995）指出，共同的价值观有助于信任关系的建立。权和徐（Kwon and Suh，2004）分析了沟通在促进信任产生中的作用，阐述了如何在企业间进行有效、及时信息的正式或非正式的共享。机制性研究则重点分析建立信任的过程，主要包括心理过程机制、判断过程机制、交往过程机制和其他外部机制。金玉芳和董大海（2004）将信任产生的机制分为四类：心理过程机制、判断过程机制、交往过程机制和其他外部机制。阮（Nguyen，2005）构建了转型经济下企业间信任发展的综合模型，将企业间的交易分为了解阶段和理解/认同阶段。拉特纳辛加姆（Ratnasingam，2005）通过考察电子商务环境下的企业间信任关系，将信任的产生分为五个过程，即能力过程、计算过程、可预测过程、有意图过程和转移过程。尽管国内外对于供应链企业间的信任问题研究颇多，但大多采用静态的、规范的方法（许淑君和马士华，2000；戚一鸣，2009；李秀起和赵艳萍，2010；王先甲和周鑫，2014），对于供应链企业间尤其是供应商对制造商的信任演化缺乏深入的分析。

在理论建模方面，自伯格等（Berg et al.，1995）应用博弈论研究经济个体间的信任与互惠关系以来，供应链中企业间信任的演化受到学者们的关注。近年来，国内一些学者已将研究扩展到演化博弈领域。杨慧等（2005）将供应链企业划分为互惠主义者和机会主义者，分析了两类个体在信任和背叛策略下的行为特征。朱庆华和窦一杰（2007）建立了绿色供应链上核心企业群体与政府群体之间的演化博弈模型，分析了双方实现长期共赢的途径。张旭梅等（2008）则应用委托－代理理论构建了供应链企业间知识市场的交易模型，充分说明供应链各节点企业应当加强相互信任与合作。倪得兵等（2009）在考虑企业利他行为的基础上，通过 Cournot 模型研究了企业的行为均衡以及均衡的整体福利状况。拉克索宁等（Laaksonen et al.，2009）揭示了企业间的信任可以降低交易成本，并提高伙伴关系的竞争优势。当前，随着行为运作理论的兴起，探讨复杂竞争环境下信任、互惠和公平等行为对供应链系统的影响成为研究的热点（Gino and Pisano，2008；刘作仪和查勇，2009；Bendoly et al.，2010；杜少甫等，2010；Rotemberg，2013；Chen et al.，2015）。[①]

通过文献梳理不难看出，目前关于供应链企业信任估值方面的研究非常缺乏。信任评估是信任关系建立的基础，对分析其后的信任演化具有基

---

① 国际管理科学界的权威杂志 Manufacturing & Service Operations Management（MSOM）于2008 年专门出版了关于行为运作管理的专辑，积极推动相关研究工作。2009 年，国家自然科学基金委管理学部召开了两次以“行为运作管理”为主题的学术讨论会，以推动行为运作管理在国内的研究。相关综述参见崔崟等（2011）、刘咏梅等（2011）。

础性的作用，此外，供应链企业间尤其是供应商和制造商的信任如何形成与演化也需要进一步深入探讨。

第二节　供应商对制造商信任的估值模型

对于影响企业信任关系的因素，国内外学者提出了很多具有解释力的观点。例如，萨科和赫尔珀（Sako and Helper，1998）认为促进信任的因素有长期承诺、信息交换、技术援助、声誉等。曹玉玲和李随成（2011）指出，影响信任最主要的三个因素分别是资产专用性、企业声誉以及能力。林强等（2012）将声誉、合作对象的数量、规模及共享信息作为信任的度量指标。

通过对以往观点的归纳总结，本书认为如果在供应商与制造商的交往过程中，在双方以往交易经验的基础上，如果充分考虑到双方的信息沟通水平、企业声誉以及信任投入水平，那么就能够更好地刻画双方的信任关系。因此，将供应商对制造商的信任计算归结为以下三方面的因素：一是基于过去的交易经验产生的信任；二是基于预期合作（承诺）产生的信任；三是基于声誉产生的信任。[1]

基于此，后续分析对以上三个因素进行模型化。供应商对制造商的信任评估包括基于过去的交易产生的信任 PT_{ij}，基于未来的预期交易产生的信任 FT_{ij} 以及基于声誉推测产生的信任 RT_{ij}。我们用 λ_{PT}、λ_{FT}、λ_{RT} 表示三者的信任权重因子，且满足 $\lambda_{PT} + \lambda_{FT} + \lambda_{RT} = 1$。于是，供应商 i 对制造商 j 的信任值可以表示为：

$$T(i, j) = \lambda_{PT} \times PT_{ij} + \lambda_{FT} \times FT_{ij} + \lambda_{RT} \times RT_{ij} \qquad (2.1)$$

若供应商 i 对制造商 j 有过交易记录，并存储了相关信息，则 i 将对 j 的可信任水平进行评估，我们称由此产生的信任为直接信任 PT_{ij}，对应于基于过去交易产生的信任。不妨设 $\{H_{ij}\}$ 为双方交易的历史记录集，在过去的 n 次交易中，分别以 1 代表交易成功，以 0 代表交易失败，记

$$x_{ij}(k) = \begin{cases} 1 & success \\ 0 & fail \end{cases}$$

---

① 这种划分与已有研究的观点是一致的，阿克塞尔罗德（Axelrod，1981）的研究充分表明：信任产生于多次博弈性交往中，为了保持关系的持续性，人们在多次博弈过程中更容易建立信任。

于是，$H_{ij} = \{x_{ij}(1), x_{ij}(2), \cdots, x_{ij}(n) \mid x_{ij}(k) \in \{0,1\}\}$。这样，根据贝叶斯公式可以得到 $PT_{ij} = P[\theta'_{ij} \mid H_{ij}]$，其中，$\theta'_{ij}$ 为供应商 i 对制造商 j 的历史交易记录评估引发交易成功的可能性。

设交易双方合作成功与失败的概率呈 β 分布①，在 l 次交易中成功和失败的次数分别为 s 和 f，则在 $l+1$ 次交易中成功和失败的概率分别为 $P[\theta'_{ij} \mid H_{ij}] = \dfrac{s+1}{s+\varphi f+2}$ 和 $\dfrac{f+1}{s+\varphi f+2}$，其中，$\varphi$ 为惩罚系数（Gintis，2008）。因此，当不考虑时间因素的影响时，直接交易信任值可以表示为 $PT_{ij} = \dfrac{s-f}{s+\varphi f+2}$（其中 $s \geq f$，否则 $PT_{ij} = 0$）。根据上述估值方法，可知供应商 i 对制造商 j 最近 l 次直接交易信任值可以表示为 $PT_{ij} = \{PT_{ij}^1, PT_{ij}^2, \cdots, PT_{ij}^l\}$，其中，$0 \leq PT_{ij}^k \leq 1$。

下面通过一个具体数值算例对此进行说明。假设惩罚系数 $\varphi = 2$，供应商 i 与制造商 j 之间曾经进行过 16 次交易，交易次数与交易结果如表 2-1 所示。

表 2-1 　　　　　　　供应商与制造商的交易次数与结果

次数	1	2	3	4	5	6	7	8	9	10	11	12	13	14	15	16
结果	1	1	1	0	0	1	1	0	1	1	1	1	0	1	1	0

根据表 2-1 以及直接信任估值公式，可以计算得到基于经验的信任估值，如表 2-2 所示。

表 2-2 　　　　　　　基于经验的信任估值

次数	PT_{ij}	次数	PT_{ij}
1	0.33	9	0.21
2	0.50	10	0.27
3	0.60	11	0.31
4	0.29	12	0.35
5	0.11	13	0.26
6	0.20	14	0.30
7	0.27	15	0.33
8	0.15	16	0.26

---

① β 分布是一个作为伯努利分布和二项式分布的共轭先验分布的密度函数，适合于描述统计学习和推断等方面的问题。

对惩罚系数分别取 $\varphi=2$ 与 $\varphi=4$，可以绘出不同惩罚系数下的基于经验的信任估值变化图，如图 2-1 所示。

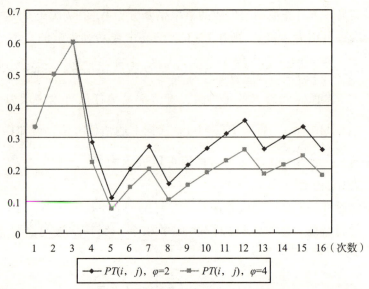

图 2-1　不同惩罚系数下信任估值的变化

通过图 2-1 可以看出，每次交易成功，供应商对制造商的信任都会有小幅度的攀升；但是一旦交易失败，供应商对制造商的信任则会大幅度下降，这说明信任的建立及其巩固是一个缓慢的过程，而信任的破坏则相对容易很多，这提醒供应链企业应当谨慎对待每一次交易。同时，由于信任关系建立的困难性，这也能够在一定程度上避免供应链成员试图在短期内累计信任，然后利用累计的信任产生机会主义行为的现象。从图 2-1可以发现，交易双方惩罚系数 φ 的大小会显著影响信任的可累加性。倘若φ 增加，对信任的巩固将更加困难，而对信任的破坏则更为容易。[1]

需要说明的是，上述讨论并未考虑时间因素的影响，但是由于近因效应的存在，历史交易中距离现在的时间越近，其越能影响供应商对制造商信任的估值。因此，可以得到基于直接交易记录的信任值更新为：

$$PT'_{ij} = (1-\gamma)\left[(1-\gamma)^l PT_{ij}^1 + (1-\gamma)^{l-1} PT_{ij}^2 + (1-\gamma)^{l-2} PT_{ij}^3 + \cdots + PT_{ij}^l\right]$$

$$(2.2)$$

---

① 许多信任博弈实验研究（Ortmann et al., 2000；Greig and Bohnet, 2008；Attanasi, 2016）表明，如果将信任投资认为是不确定条件下的投资选择，实际的实验结果是这种投资行为往往得不偿失。

其中，γ 为遗忘系数，则 $1-\gamma$ 可表示相应的记忆系数，$0<\gamma<1$。相当于将每一期直接交易所产生的信任估值"贴现"到第 l 期交易，最后再将其贴现到目前。该信任值更新的表达式说明，遗忘系数 γ 越大，过去交易经验对现在的信任评估影响越小；同时，交易发生的时间越远，对现在信任值的影响也越小。

注意到供应商与制造商间信任的形成，不仅依赖于过去的经验，也需要着眼于未来的合作周期。如果在预期的合作期内一方能够表现出足够的"诚意"，同样能够对信任估值产生重要的影响。这种"诚意"可以用信任投入来量化表示，包括专用投资、信息共享投入等，这是信任程度得以深化的重要途径。由于信任投入的大小决定了信任程度的大小，因此，可构造类似柯布－道格拉斯生产函数的信任函数，得到供应链企业在各个时期由于信任投入产生信任估值的一般形式，即

$$FT_{ij} = k \times \frac{(h-\theta)^{\alpha t}}{S}$$

其中，FT_{ij} 表示供应商 i 对制造商 j 基于信任投入产生的信任估值。k 为供应商在制造商特定信任投入水平下的预期信赖程度。h 表示制造商的合作诚意，由制造商的信任投入指代；θ 表示双方合作的信任投入底线，是供应链上得到认同的最低信任投入水平；显然，$h>0$、$\theta>0$，为了保证供应链企业成功合作，假设满足 $h-\theta>0$。S 代表制造商的资产规模，α 为信任投入水平对信任估值的弹性系数，且 $\alpha>0$。t 表示预期合作周期数，是预期合作成功水平的重要指标，$t\geq 1$ 且为整数，$t=n$ 表示 n 个预期合作周期。用信任估值弹性系数 α 与预期合作周期 t 相乘以描述信任投入的累积效应。于是未来 t 个时期内的信任评估现值之和可以表示为 $\left(\sum_{t=1}^{n}\delta^{t}\right)FT_{ij}$，其中，$\delta$ 表示贴现系数，用于将预期信任水平换算到现在以便于进行决策。

通过观察现实状况可以发现，对于信任投入很大的交易，其信任的增加速度应该变缓，以使其信任值不会无限制地增长。根据这样的考虑，对基于预期的信任估值模型进行改进，可得到改进的基于预期的信任估值模型：$FT_{ij} = \ln\left[k \times \frac{(h-\theta)^{\alpha t}}{S}\right]$。于是，信任评估的现值之和为 $\left(\sum_{t=1}^{n}\delta^{t}\right)\ln\left[k \times \frac{(h-\theta)^{\alpha t}}{S}\right]$。

下面通过数值例子予以说明，取 $k=2$，$\theta=10$，$S=200$，$\alpha=0.5$，$t\in[0,20]$，$\delta=0.8$，可以得到基于预期的信任估值如图 2-2 所示。

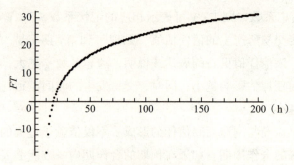

图 2 - 2 基于预期的信任估值的变化

若供应商与制造商尚未有过合作，双方也无专用资产的投入，则此时供应商对制造商的信任估值主要依赖于制造商的声誉水平。① 这种声誉来源有多种渠道，包括同行推荐、行业分析机构等第三方组织或个人。这种来源于第三方的信任估值称为基于声誉的信任评估值，记为 RT_{ij}。

第三方估值可以分为两类：真实的和带有欺骗性的。前者能正确反映制造商的可信赖程度，后者则会迷惑供应商。鉴于此，供应商不能简单地听从某个第三方机构或者个人的意见，而是应该综合多个第三方的意见并进行综合评估。

假设供应商在对制造商进行基于声誉的评估之前，曾经咨询了 n 个第三方组织或个人关于企业 j 的信任值，以下用 $PT(A_k, j)$ 表示第三方组织 A_k 对企业 j 的信任评估值。

同样根据贝叶斯概率估计公式，有 $PT(A_k, j) = p[\theta'_{k,j} \mid H_{A_k,j}]$，其中，$H_{A_k,j}$ 为第三方组织与制造商 j 的历史经验集合。$PT(i, A_k)$ 为供应商基于与第三方交往记录而产生的对于第三方的信任评估值，且有 $PT(i, A_k) = p[\theta'_{i,k} \mid H_{i,A_k}]$。于是可以得到供应商与制造商基于第三方的信任评估值为：

$$RT_{ij} = \sum_{k=1}^{n} \frac{PT(i, A_k) \times PT(A_k, j)}{n}$$

下面对此信任评估值模型进行扩展。如果第三方依然没有同制造商 j 直接交易的经验，那么其将通过第四方继续进行声誉信息的传递，在此基础上进行推导，可以得到如下形式基于声誉的评估值模型：

---

① 扎克（Zucker，1986）对信任的产生根源进行了系统总结，认为信任产生于三种机制，即声誉、社会相似性和制度，其中首要的就是声誉。

$$RT_{ij} = \sum_{k=1}^{n} \frac{PT(i, A_{k1}) \times PT(A_{k1}, A_{k2}) \times PT(A_{k2}, A_{k3}) \times \cdots \times PT(A_{kn}, j)}{n}$$

(2.3)

由于信任增强的难度远大于信任受到破坏的难度, 因此, 一旦供应商发现某第三方给出的信任估值与平均信任估值有较大差距, 那么其对该第三方的信任值将大幅下降; 反之, 则信任值略有上升。[①]

根据上述讨论, 可以给出对于第三方的信任更新公式:

$$PT(i, A_k) = \begin{cases} PT(i, A_k) + \dfrac{1 - PT(i, A_k)}{2} \times |PT(A_k, j) - \\ E[PT(A_k, j)]|, \quad |\Delta PT(A_k, j)| < \sigma[PT(A_k, j)] \\ PT(i, A_k) - \dfrac{1 - PT(i, A_k)}{2} \times |PT(A_k, j) - \\ E[PT(A_k, j)]|, \quad |\Delta PT(A_k, j)| > \sigma[PT(A_k, j)] \end{cases}$$

(2.4)

其中, $|\Delta PT(A_k, j)| = |PT(A_k, j) - E[PT(A_k, j)]|$。从式 (2.4) 可以看出当具有 "欺骗性" (无论出于主观还是客观因素的限制所导致) 的第三方推荐的信任值和交互结果不一致时, 它对于供应商信任估值的影响会逐渐减小, 这能够帮助供应商减少因为第三方推荐者的 "欺骗性" 而造成的危害。

根据上述分析, 可以得到供应商 i 对制造商 j 信任值的综合评估模型如下:

$$\begin{aligned} T(i, j) &= \lambda_{PT} \times PT'_{ij} + \lambda_{FT} \times FT'_{ij} + \lambda_{RT} \times RT'_{ij} \\ &= \lambda_{PT} \times (1 - \gamma)\left[(1 - \gamma)^i PT^1_{ij} + (1 - \gamma)^{i-1} PT^2_{ij} + \cdots + PT^i_{ij}\right] + \\ &\quad \lambda_{FT} \times \left(\sum_{t=1}^{n} \delta^t\right) FT_{ij} + \lambda_{RT} \times \\ &\quad \sum_{k=1}^{n} \frac{PT(i, A_{k1}) \times PT(A_{k1}, A_{k2}) \times \cdots \times PT(A_{kn}, j)}{n} \end{aligned}$$

(2.5)

注意到式 (2.5) 中 λ_{PT}、λ_{FT}、λ_{RT} 是动态变化的信任权重因子, 为了能够有效地进行信任估值, 需要建立完善的交易记录机制, 及时动态调整相关信息, 为企业做出正确决策创造良好的条件。

---

① 张维迎和柯荣柱 (2002) 关于人际信任一项实证研究支持这一结果。

第三节　制造商对供应商信任的估值模型

由上节的分析可见，信任评估模型充分反映了信任的主观性、可度量性以及参与人所面对环境的多变性和不确定性。供应商和制造商的相互关系中，供应商是供应链的源头，对于供应链的生存和发展起着至关重要的作用，因此制造商对供应商进行综合动态的信任评估是保证供应链正常运作的基础，具有显著的理论与现实意义。

与供应商对制造商的信任评估不同，由于供应商分布更加广泛，数量更多，平均规模相对更小，制造商对其了解程度更低，对供应商的信任评估面临的约束条件更复杂，信息不对称的情况也更为突出，因此不适合直接通过构建数理模型的方式模拟制造商对供应商的信任估值。现有对供应商进行信任评估的研究大多从企业间信任的含义出发，提出了一系列供应商选择和评估的标准，例如，供应商产品质量、风险、服务、成本等因素（徐刚和秦进，2015；牛景春和申利民，2015；Kim and Wemmerlov，2015）。本节在吸收现有研究成果的基础上，引入信任管理中的可信性评估方法，提出制造商对供应商信任评估的具体实现模型。

通常，制造商在决定对供应商的信任评价时会借助其他制造商的经验或者是自身先前的经验，进而更新沟通后的信任程度，此时信任程度对是否与供应商合作发挥至关重要的作用。同时，制造商也会尽可能使修正的、沟通后的信任程度与群体成员保持一致。因此，对供应商的评价，取决于制造商对合作的期望、过去的经验等多种因素。

制造商首先提取目标供应商的信任信息，在此基础上构建信任矩阵（见表2－3）对供应商进行动态综合信任评估，最后根据信任评估结果选择供应商，若没有符合要求的供应商，则流程结束，反之则进行合作，并基于交易结果对供应商的信任估值进行更新，如图2－3所示。

表2－3　　　　　　　　　　　　　信任矩阵

项目	信任值 μ_{trust}	信任发展趋势 μ_{trend}	信任一致性水平 $\mu_{consistency}$	综合信任评估结果
产品质量 w_Q	T_{ms1}	T_{r1}	D_{t1}	
交货时间 w_t	T_{ms2}	T_{r2}	D_{t2}	

项目	信任值 μ_{trust}	信任发展趋势 μ_{trend}	信任一致性水平 $\mu_{consistency}$	综合信任评估结果
价格 w_p	T_{ms3}	T_{r3}	D_{t3}	
售后服务水平 w_s	T_{ms4}	T_{r4}	D_{t4}	
加权得分	T_{trust}	T_{trend}	$T_{consistency}$	T_{com}

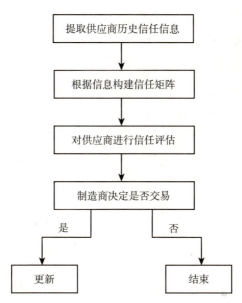

图 2 - 3　制造商对供应商信任评估流程

　　为了抓住市场机遇，制造商会根据自身需求，对供应商的产品质量、交货时间、产品价格、售后服务水平等因素赋予不同的权重，设相应的四个权重分别为 w_Q、w_t、w_p、w_s，且有 $w_Q + w_t + w_p + w_s = 1$，特别说明的是，上述权重根据制造商主观偏好的变化可以发生动态改变。由表 2 - 3 和图 2 - 3 不难看出，制造商对供应商的信任评估是一个序贯决策过程。也就是说，制造商对供应商的信任评估中每一个阶段的决策既依赖于当前的状态，又会直接对下一个阶段决策产生影响。制造商对供应商综合信任动态评估具体考虑因素规定如下：

　　（1）信任值。对于首次合作的供应商，制造商对各因素的初始信任值设为 $T_i = 50$，其中，$i = ms1$，$\cdots$，$ms4$，$T_{trust} = w_Q \times T_{ms1} + w_t \times T_{ms2} + w_p \times T_{ms3} + w_s \times T_{ms4}$。

　　（2）信任发展趋势。供应商近期的交易行为更能反映该供应商的真实状态，因此在对供应商综合信任进行动态评估时，要通过考虑供应商近期交易信任值的变化趋势，来对供应商的信任进行正确评估。对于各因素分项信任值呈上升阶段的供应商，制造商对该分项的打分为正，反之则为负，具体数值的大小取决于相邻两次信任值上升或者下降的斜率，记为 T_r，其中，$T_r = \dfrac{T_{trust}^t - T_{trust}^{tl}}{t - tl}$，若分项信任值未产生变化，则 $T_r = 0$。我们可以发现，随着交易频率的加快，$t - tl$ 的值变小，T_r 增长或者减小的速度都会加快，这与现实中信任的发展变化规律一致。

（3）信任一致性水平。信任评估时要通过供应商的历史交易信任记录来判断其信任一致性水平（记为 D_t），如果信任一致性水平越高，那么在其他条件相同的情况下就越可信，$D_t = -\sqrt{\dfrac{1}{n}\sum_{i=1}^{n}\left(T_i - \sum_{i=1}^{n}\dfrac{T_i}{n}\right)^2}$，其中，$T_i$ 为每次交易的信任估值，n 为交易次数，该指标能够用以平衡信任发展趋势的影响，避免因某次突发的信任情况好转对综合信任评估造成的影响过大，此外，如果某次突发的信任情况恶化则会对综合信任评估的结果造成更为不利的影响，这也能够在一定程度上反映现实中信任建立的困难性与信任破坏的脆弱性。

（4）综合信任评估。制造商对供应商的信任值、供应商信任发展趋势、对供应商信任一致性水平的加权得分分别记作 T_{trust}、T_{trend}、$T_{consistency}$，三者权重分别记为 μ_{trust}、μ_{trend}、$\mu_{consistency}$，其中 $\mu_{trust} + \mu_{trend} + \mu_{consistency} = 1$，由此可得到制造商对供应商的综合信任评估结果 $T_{com} = \mu_{trust} \times T_{trust} + \mu_{trend} \times T_{trend} + \mu_{consistency} \times T_{consistency}$。

下面结合数值算例对上述综合信任评估模型予以说明。首先，由 G1 法得到的产品价格、准时供货、服务水平、产品质量的主观权重为 W =（0.258，0.311，0.196，0.235）；然后，可以计算出信任值、信任发展趋势、信任一致性水平的主观权重 μ =（0.582，0.276，0.142），根据制造商对各因素的初始信任值及上述评估过程，可得制造商与某供应商 6 次合作的信任评估结果，如表 2 - 4 及图 2 - 4 所示。

表 2 - 4 　　　　　　　　　供应商综合信任评估

信任值/交易时间	1 ($t_1 = 1$)	2 ($t_2 = 2$)	3 ($t_3 = 2.5$)	4 ($t_4 = 4$)	5 ($t_5 = 4.6$)	6 ($t_6 = 5$)
价格	50	80	75	80	88	92
准时供货	50	70	50	78	70	75

信任值/交易时间	1 ($t_1=1$)	2 ($t_2=2$)	3 ($t_3=2.5$)	4 ($t_4=4$)	5 ($t_5=4.6$)	6 ($t_6=5$)
服务水平	50	60	62	70	77	80
产品质量	50	50	55	60	62	70
信任值 T_{trust}	50	65.92	59.977	72.718	74.136	79.191
信任发展趋势 T_{trend}	0	15.92	-11.89	8.49	2.36	12.64
信任一致性水平 $T_{consistency}$	0	11.26	8.04	9.63	9.91	10.69
综合评估结果 T_{com}	29.1	44.358	32.767	46.033	45.206	51.096

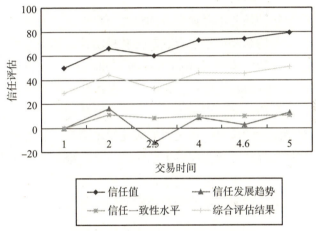

图 2－4　供应商综合信任评估过程

制造商对供应商的综合信任评估值 T_{com} 会随着时间递减，如果双方长时间没有交易，T_{com} 将趋向于 0，用 $T_{com}^s = \max\{0,\ T_{com}^{tl} - k(t-tl)\}$ 表示，其中，k 为信任衰减比例，决定了信任衰减的快慢。

第四节　供应商与制造商信任的演化博弈

由于受企业信息不对称、经营条件复杂的影响，博弈参与主体不可能在完全理性和完全信息状态下博弈，这样决定了供应链成员的间信任关系表现出复杂的特征。鉴于信任建立和巩固的缓慢性，使用演化博弈分析供应链成员间信任关系的演进具有合理性（王迅和陈金贤，2008；王世磊等，2010；张国兴等，2015）。因此，本节放松了对于博弈方理性的要求，考察在"物竞天择，适者生存"的自然选择法则下，供应商与制造商如何选择和调整各自的策略以及这种策略的稳定性，并在此基础上分析如何通过激励来改善均衡结果。

演化博弈理论包含了如下的假设：第一，采用高支付策略的博弈方与那些采用低得益策略的博弈方相比，更容易重复自己的策略，因而长期来看后者在人群中的比例将会减少。第二，博弈方具有模仿其他参与人的行为，而且支付与模仿的倾向间存在着相关性，这可以理解为博弈方模仿的概率与自己的概率负相关，而与他们要模仿的对方的支付正相关。第三，近视眼（myopia）思想。当某个博弈方变更策略时，总是将现在的策略分布作为已知条件，然后变更到与此相对应的一种最佳策略中（Weibull，1995；Gintis et al.，2003）。

演化博弈分析的核心不是博弈方的最优策略选择，而是有限理性博弈方组成的群体成员的策略调整过程、趋势和稳定性。其中有两个重要概念需要明确：即演化稳定策略（evoulutionary stable stragegy，ESS）以及复制动态（replicated dynamics，RD）。有限理性意味着系统达到均衡将是一个动态的过程，演化稳定策略就是该动态系统所能达到的，并对群体内少数成员偏离具有稳定性的策略，通过研究演化稳定策略可以考察供应链企业信任策略的演进过程并考察供应链上的激励效果。博弈方的速度较慢表现为向优势策略转变是一个渐进的过程，不是所有博弈方同时调整，复制动态就是一组用来描述博弈方策略调整速度的动态方程。

一、基本模型

考虑供应商和制造商两个群体，他们进行基于信任的策略交往。根据有限理性的假设，双方无法精确计算信任值，而仅能对信任水平做出大体的估计。考虑到信任的对立面未必是不信任，因此本节中供应商与制造商的策略空间均为 ｛高信任水平，低信任水平｝。① 下面，对高信任水平策略与低信任水平策略的具体含义进行界定。

参考拉克索宁等（Laaksonen et al.，2009）、李建斌等（2014）的研究并加以补充完善，供应商不同的信任水平将影响到他们的定价策略：当供应商采取低信任策略时，他们会索取较高的价格，因为供应商担心长期中制造商会损害自身的利益，故更加看重短期利益；当供应商采取高信任策略时，他们将寄希望于双方的长期合作并预期将来制造商会扩大购买

---

① 信任是委托人与受托人在不断重复的理性博弈过程中产生的一种风险行为，其程度是不断变化的。参见：［美］詹姆斯·科尔曼. 社会理论的基础［M］. 邓方，译. 北京：社会科学文献出版社，1999：121.

量，从而在长期内增加自身的利益。而制造商不同的信任水平将影响到他们购买量的决策：当制造商采取低信任策略时，长期来看他们也不会增加购买量，因为他们担心这样做会导致自己过于依赖该群体的供应商，而面临着供应商敲竹杠的风险；当制造商采取高信任策略时，长期来看一定会增加购买量，原因是他们将集中在该群体的供应商中进行购买，因此伴随着生产的发展，制造商必然会扩大购买量，而不担心供应商会采取机会主义行为。

设 r_s、r_m 为双方均采取低信任策略双方所能够获取的基础收益，如果供应商采取高信任策略而制造商采取低信任策略（不增加购买量），那么供应商由于制定较低的价格而损失的一部分潜在利益与建立新合同耗费的谈判费用、菜单成本之和 c_s，即为供应商单方面"高信任的成本"；如果制造商采取高信任策略而供应商采取低信任策略（不降低价格），那么制造商由于扩大购买量而增加的额外成本以及建立新合同耗费的谈判费用、菜单成本之和 c_m，即为制造商单方面"高信任的成本"。

如果供应商和制造商均采取高信任，双方会增加购买量、降低购买价格并且共同分担合作中的风险、降低交易成本、享受协同效应、减少信息搜集的成本，因此双方都会得到超额收益，分别为 Δs_s 与 Δs_m。这里需要强调的是，供应链企业间的信任博弈是一种重复博弈，经历多次行为交互后供应链成员的策略可能会发生改变。在长期中，供应商和制造商因为高信任水平而愿意降低的产品售价与增加的产品购买量是动态变化的，因此也将带来潜在收益、潜在成本以及超额收益间的动态变化。

考虑到供应商与制造商在博弈中的地位，双方的博弈和"鹰-鸽"博弈非常类似。根据"鹰-鸽"博弈的思想，建立供应商与制造商之间的支付矩阵，如表2-5所示。

表2-5　　　　　　　　　博弈双方的支付矩阵

供应商	制造商	
	低信任水平	高信任水平
低信任水平	r_s，r_m	r_s，$r_m - c_m$
高信任水平	$r_s - c_s$，r_m	$r_s + \Delta s_s$，$r_m + \Delta r_m$

由于信任是供应链合作的基础，没有信任，就没有合作，因此假定低信任水平表示供应链双方合作关系不稳定，高信任水平表示双方的合作关

系稳定。

假设供应商群体中选择高信任水平的比例为 $1-p$，选择低信任水平的比例为 p。制造商群体中选择高信任水平的比例为 $1-q$，选择低信任水平的比例为 q。

供应商采用低信任水平的适应度为：

$$U_s^l = qr_s + (1-q)r_s$$

供应商采用高信任水平的适应度为：

$$U_s^h = q(r_s - c_s) + (1-q)(r_m + \Delta r_s)$$

故供应商的平均适应度是：

$$\overline{E}_s = pU_s^l + (1-p)U_s^h$$

同理可得，制造商采用低信任水平和高信任水平的适应度以及平均适应度分别为：

$$U_m^l = pr_m + (1-p)r_m$$

$$U_m^h = p(r_m - c_m) + (1-p)(r_m + \Delta r_m)$$

$$\overline{E}_m = qU_m^l + (1-q)U_m^h$$

于是可以得到供应商选择低信任水平的复制动态方程为：

$$\frac{\mathrm{d}p}{\mathrm{d}t} = p(1-p)\left[-\Delta r_s + (c_s + \Delta r_s)q\right] \tag{2.6}$$

同理，制造商选择低信任水平的复制动态方程为：

$$\frac{\mathrm{d}q}{\mathrm{d}t} = q(1-q)\left[-\Delta r_m + (c_m + \Delta r_m)p\right] \tag{2.7}$$

两个复制动态方程的右边均不显含时间变量，故将两式联立得到的动力系统构成了一个自治系统。为了求得给定点在相平面上运动的轨迹，将两式相比并消去，得到微分方程：

$$\frac{\mathrm{d}p}{\mathrm{d}q} = \frac{p(1-p)\left[-\Delta r_s + (c_s + \Delta r_s)q\right]}{q(1-q)\left[-\Delta r_m + (c_m + \Delta r_m)p\right]}$$

即

$$\frac{\mathrm{d}p}{\mathrm{d}q} = \frac{p(1-p)(q-q^*)(c_s + \Delta r_s)}{q(1-q)(p-p^*)(c_m + \Delta r_m)}$$

其中，$p^* = \dfrac{\Delta r_m}{c_m + \Delta r_m}$，$q^* = \dfrac{\Delta r_s}{c_s + \Delta r_s}$。

给定一组初始值 p_0，q_0，可以求解得到 p 与 q 满足的隐函数关系式：

$$\left(\frac{1-p}{1-p_0}\right)^{(1-p^*)}\left(\frac{p}{p_0}\right)^{p^*} = \left(\frac{1-q}{1-q_0}\right)^{(1-q^*)}\left(\frac{q}{q_0}\right)^{q^*}$$

在以 $p-q$ 为坐标的平面上，可以绘出通过初始点并满足上式的相轨迹，如图 2 - 5 所示。值得注意的是，在系统演化过程中，$p - q$ 多次出现反向变化，这意味着一方的高信任策略未必能够带来对方的高信任策略。

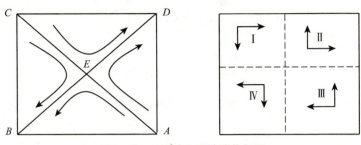

图 2 - 5 二维动力系统演化相图

上述微分方程（2.6）和方程（2.7）描述了这个二维动动态系统的演化状态，根据雅可比（Jacobian）矩阵的局部稳定性（Friedman，1991；肖条军，2004），可以得到这个动态系统的所有局部均衡点。事实上，该系统在平面 $M = \{(p, q) \mid 0 \leqslant p, q \leqslant 1\}$ 上共有 5 个均衡点，分别为不稳定点 $A(1, 0)$ 和 $C(0, 1)$，稳定点 $B(0, 0)$ 和 $D(1, 1)$，以及鞍点 $E\left(\dfrac{\Delta r_m}{c_m + \Delta r_m}, \dfrac{\Delta r_s}{c_s + \Delta r_s}\right)$。如图 2 - 5 所示，两个不稳定点 A、C 以及鞍点 E 连成的折线为系统收敛于不同状态的分界线。具体而言，在折线 AC 以上，系统收敛于高信任均衡；而在折线 AC 左下方，系统则收敛于低信任均衡。鉴于系统演化是一个长期的过程，因此供应商与制造商可能长期保持低信任水平与高信任水平并存的状态。

二、影响演化博弈结果的因素分析

复制者动态方程（2.6）和方程（2.7）演化博弈模型和图 2 - 5 动态演化相图清楚地显示，该系统完全具有复杂系统的演化特征，鞍点（p^*，q^*）是上述演化系统特性发生改变的阈值，如果 $\Delta r_m = c_m$，$\Delta r_s = c_s$，那么供应商和制造商选择高信任策略的预期收益等于高信任的成本，此时鞍点为 $E(0.5, 0.5)$，系统收敛于高信任均衡与收敛于低信任均衡的概率相等，具体如图 2 - 6 所示。因此以下从鞍点的表达式 $p^* = \dfrac{\Delta r_m}{c_m + \Delta r_m}$，$q^* = \dfrac{\Delta r_s}{c_s + \Delta r_s}$ 出发，分别讨论不同情况下各参数变化对于系统演化行为的影响。

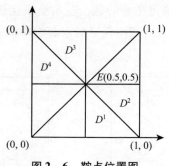

图 2-6 鞍点位置图

（1）若双方高信任策略的预期收益高于高信任的成本，即 $\Delta r_m > c_m$，$\Delta r_s > c_s$，双方高信任策略的预期收益高于高信任的成本，于是鞍点 E 向右上方移动，交易双方向高信任均衡演进，并最终收敛至稳定点（1，1），双方合作关系稳定。

（2）若制造商高信任的成本降低（或其高信任的预期收益增加），但供应商高信任的成本增加（或其高信任的预期收益减少），即 $\Delta r_m > c_m$，$\Delta r_s < c_s$。则可分为两种情况进行讨论：

①当 $\dfrac{\Delta r_m}{c_m + \Delta r_m} < \dfrac{c_s}{c_s + \Delta r_s}$ 时，此时鞍点落在 D^1 内，供应商高信任的预期收益低于高信任的成本，制造商高信任的预期收益高于高信任的成本，但制造商的相对收益低于供应商的相对成本，系统向低信任状态演化，并最终收敛至平衡点（0，0），双方合作关系不稳定。

②当 $\dfrac{\Delta r_m}{c_m + \Delta r_m} > \dfrac{c_s}{c_s + \Delta r_s}$ 时，此时鞍点落在 D^2 内，供应商高信任的预期收益低于高信任的成本，制造商高信任的预期收益高于高信任的成本，但制造商的相对收益高于供应商的相对成本，系统向高信任状态演化，并最终收敛至平衡点（1，1），双方合作关系稳定。

（3）若供应商高信任的成本降低（或其高信任的预期收益增加），但制造商高信任的成本增加（或其高信任的预期收益减少）。即 $\Delta r_s > c_s$，$\Delta r_m < c_m$ 时，此时也有两种情况：

①当 $\dfrac{\Delta r_m}{c_m + \Delta r_m} > \dfrac{c_s}{c_s + \Delta r_s}$ 时，此时鞍点落在 D^3 内，供应商高信任的预期收益高于高信任的成本，制造商高信任的预期收益低于高信任的成本，但制造商的相对收益高于供应商的相对成本，系统向高信任状态演化，并最终收敛至平衡点（1，1），双方合作关系稳定。

②当 $\dfrac{\Delta r_m}{c_m + \Delta r_m} < \dfrac{c_s}{c_s + \Delta r_s}$ 时，此时鞍点落在 D^4 内，供应商高信任的预期收益高于高信任的成本，制造商高信任的预期收益低于高信任的成本，但制造商的相对收益低于供应商的相对成本，系统向低信任状态演化，并最终收敛至平衡点（0，0），双方合作关系不稳定。

通过上述分析可以看出，在该演化博弈模型下，决定演化走向的根本因素是初始状态下参数 c_s，c_m，Δr_s，Δr_m 的相对大小，即高信任的成本与收益之间的相对关系，因而演化结果具有明显的路径依赖性，演化的结果未必具有帕累托效率。

三、考虑贴现因子的双方合作稳定性

为了使分析更加贴近现实情况，应当将供应商的预期收益进行贴现考虑（Fudenberg and Maskin，1986）。假设用 δ_s 和 δ_m 表示供应商与制造商的贴现因子，其中，$0 < \delta_s$，$\delta_m < 1$。令 $\Delta r = \Delta r_s + \Delta r_m$，根据罗宾斯坦（Rubinstein，1982）定理，如果制造商首先出价，则制造商与供应商讨价还价的结果为：

$$\Delta r_s = \frac{\delta_s(1 - \delta_m)}{1 - \delta_s\delta_m} \times \Delta r$$

$$\Delta r_m = \frac{1 - \delta_s}{1 - \delta_s\delta_m} \times \Delta r$$

将以上结果带入鞍点公式，可以得到以下结果：

$$p = \frac{1}{\dfrac{1 - \delta_s\delta_m}{1 - \delta_s} \times \dfrac{c_m}{\Delta r} + 1}$$

$$q = \frac{1}{\dfrac{1 - \delta_s\delta_m}{\delta_s(1 - \delta_m)} \times \dfrac{c_s}{\Delta r} + 1}$$

由以上计算可以看出，鞍点的位置还受到贴现因子以及双方高信任水平产生额外总收益的影响。

在这里，可以将贴现因子理解为供应链成员对于高信任产生预期收益的重视（依赖）程度，重视（依赖）程度与合作双方的诚意（信任投入）密切相关。当供应商与制造商合作诚意（信任投入）越高时，重视（依赖）程度越高，鞍点将向右上方移动，双方采取高信任策略的可能性提高，系统将向高信任水平演进，双方合作关系趋于稳定。反之，系统将向低信任水平演进，合作关系不稳定。

当双方采用高信任策略带来的预期总收益越大时（在本章中，预期收益主要包括协同效应引发的效益增加、信任带来的交易成本下降等），鞍点将向右上方移动，双方采取高信任策略的可能性提高，系统将向高信任水平演进，双方合作关系趋于稳定。反之，系统将向低信任水平演进，合作关系不稳定。

四、促进系统向高信任均衡演化的途径

以上分析了信任关系的多重均衡，并能够解释现实生活中存在的供应链成员间低信任关系长期存在的原因，但并未指明能否以及如何促使低信任均衡向高信任均衡演进以获取帕累托效率。下面分别从不同角度讨论如何通过一系列合理的制度安排促使系统最终达到高信任的演化稳定策略。

（一）预期收益

当双方采取高信任策略的预期收益增加时，鞍点将向右上方移动，于是高信任的概率增加，系统将向高信任水平演进。这需要供应商合理降低产品价格，制造商合理增加从该供应商群体的购买量，即要求供应商与制造商应该有长期合作的意愿，增强互惠互利的理念。此外，还应当从营销、管理效率、财务等角度加强协同效应并通过合理地利用电子商务技术降低交易费用，加强信息共享程度，减少信息扭曲现象。[①]

（二）高信任的成本

当双方采取高信任策略的成本降低时，鞍点将向右上方移动，双方选择高信任策略的概率将增加，系统向高信任水平演进。双方高信任的成本主要由两部分组成：其一为风险成本，为了有效地降低这种成本，双方应当尽可能搜集合作企业的相关信息，做好信任的评估工作。而为了降低搜集信息的成本，应当建立有效的声誉传播机制，帮助企业做出信任决策。此外，企业应该合理运用金融衍生工具，实现套期保值，规避风险的目标。其二为双方谈判、交流以及更改原合同产生的交易成本，在这部分成本中，文化因素起到了非常重要的作用，双方企业文化越相似，谈判难度就越小，交易成本就越低。因此，供应链成员应该审慎地选择合作对象以降低交易成本。

（三）公平

较高的超额收益与较低的信任成本为供应链成员向高信任演化创造了

---

① 企业过分依赖信息共享有时是不可靠的甚至是危险的，例如，思科公司因为过分依赖客户需求的预测，导致 21 亿美元的过量库存。

良好的条件，但是最终的均衡结果是否为高信任策略取决于双方绝对的投入产出比以及相对的投入产出比，即 $\Delta s_{s/m}/c_{s/m}$ 以及 $\Delta s/(c+\Delta s)$、$c/(c+\Delta s)$ 的相对大小。在对超额收益的分配过程中，很容易出现超额收益的"马太效应"，即强势一方利润积累不断增加，而弱势一方却无法从中获得好处，或者即使获得了"好处"，但是这种"好处"却并非自己所迫切需要的。在这样的情况下，制定公平并且有效的利益分配机制是必需的，最理想的结果做到双方高信任的成本均小于高信任的收益，使双方的付出得到"相应"的回报。现实生活中，这样的结果有时很难达到，原因是双方信息的不对称，导致双方通过高信任策略获得的收益均与预期收益"背离"。为此应该建立某种补偿机制，根据双方特定的利益诉求，对受损失的一方增加利益补偿（包括物质、技术以及营销信息等不同层面）或者降低信任成本。具体的社会实践中，应该做好调研和沟通工作，针对供应链成员特定的诉求进行收益分摊；同时供应商在首次选择高信任策略时应当小幅度的降低售价，与之类似的是制造商初次选择高信任策略时增加购买量的幅度也应该较小，并在以后的合作中进行动态调整，以达到降低高信任成本的目的。

（四）对于合作的重视程度

供应商和制造商双方对于合作的重视程度在本书中是通过贴现因子 δ 表现出来的，贴现因子 δ 越大，说明双方对于合作的重视程度越高，因此双方采取高信任策略的可能性越大，系统趋向于高信任均衡；贴现因子 δ 越小，说明双方更加重视短期利益，采取低信任策略的概率提高，系统趋向于低信任均衡。为了促进系统向高信任均衡演化，应当增强双方对于合作的重视程度。为了做到这一点，实践中应该增加信任评估中基于预期收益的信任的影响权重，为促使对方信任自己，双方信任投入量会相应增加。由于信任投入的资产专用性很强，因此双方对交易的重视程度会上升，合作意愿增强，合作关系也更加稳定。

第五节　本章小结

供应链中的合作关系中存在着很大的不确定性，企业的机会主义倾向给供应链的稳定运行带了威胁。因此，有效、准确地评估企业的信任度，对于维护企业利益、提高企业竞争力、保持供应链稳定具有重要的现实意义。本章充分考虑了过去的交易经验、预期合作（承诺）以及声誉三个重要因素，建立了供应商对制造商的信任估值模型，并基于可信性评估方法构建了制造商对供应商信任评估模型。在此基础上，分析了供应商与制造商信任关系的演化及合作关系的稳定性。研究指出，信任评估是信任演化的基础因素，只有明确自己的信任风险与收益，才能提高信任决策的准确性，提高供应链的稳定性。为使构建的信任估值模型发挥良好的效果，需要建立信任追踪机制，跟踪记录供应链成员的行为，及时修正模型数据，形成动态评价机制，有效抑制企业的欺诈和投机行为的发生。与已有的研究相比，本章既考虑了供应商对制造商的信任评估，同时也分析了制造商对供应商的信任估值，使得供应链企业间信任的评估更加全面、更为合理。

由于信任估值能够确定合作双方的初始信任程度，而在双方信任关系的演化过程中，考虑到供应商与制造商两个群体之间的信任博弈是一种重复博弈，具有远高于单次博弈的复杂性，进而构建了两群体演化博弈模型并分析了演化稳定策略。研究结果表明，长期中供应链成员的策略可能会发生改变，即供应商和制造商因为高信任水平而愿意降低的产品价格与增加的产品购买量是动态变化的，从而将带来潜在收益、潜在成本以及超额收益的动态变化，通过增加高信任的预期收益、降低高信任的成本、建立公平有效的利益与风险分摊机制以及提升双方对合作的重视程度能促进系统向高信任均衡演化。因此，必须把握影响演化路径的重要因素，通过合理的制度安排以最终达成这一目标。

第三章　基于产品质量的制造商与零售商信任演化分析

> 两人划船，不是靠相互承诺，而是凭着双方的默契或惯例。只有符合彼此的共同利益，才会使我们对他人的未来行为更具信心。
>
> ——大卫·休谟（David Hume，1739）

在市场竞争日趋激烈的环境下，产品质量直接关系到企业的声誉和销售，是企业获得竞争优势的关键要素。霍特曼等（Hottman et al.，2016）的研究显示，企业差异的50%～70%来源于产品质量，20%～25%来自产品种类，成本只贡献了不到25%。可以说，产品质量引起的需求差异是企业微观差异的本质体现。但在一些行业，商品质量低劣、售后服务不佳现象屡见不鲜，产品质量问题一直是公众关注的焦点。以服装业为例，据2014年央视"3·15"晚会披露，不仅是国内品牌，不少国际大牌如ARMANI、ZARA、H&M等国际大牌赫然登上质检总局黑榜。再如，食品质量安全更是连续多年成为最受民众关注的十大焦点问题之首，我国食品生产、加工的链条长、安全事故触点多，导致食品质量安全事件时有发生。[①]

达比和卡尔尼（Darby and Karni，1973）根据买卖双方在质量信息上的不对称程度，将商品的质量特性划分为三类：搜索质量（search qualities）、体验质量（experience qualities）与信任质量（credence qualities）。买方在购买前就能确知的质量特性称为搜索质量，例如，衣服的样式和尺寸；买方在购买前无法确知但在购买后就能确知的质量特性称为体验质量，如食品的口感和味道；信任质量则是那些即使在购买后也难以被买方

[①] 自2011年开始，食品安全已连续第四年登上"最受关注的十大焦点问题"榜首位置，可喜的变化是公众对于食品安全状况的满意度比往年提升了"一个档次"，并没有发生重大食品安全事件和系统性、区域性风险，各级监管能力也在逐步提升，监管法律法规等制度建设都在跟进。

确知的质量特性，如汽车维修、医疗等专家型服务的质量。换句话说，买方对信任质量的评定即使在购买后也需要进一步的高成本的信息。习惯上，我们将具有上述三类质量特性之一的商品分别称为搜索品（search goods）、体验品（experience goods）与信任品（credence goods）。① 无论是哪一类商品，都需要供应链企业应通过相互支持、配合和协调以提升产品质量。

现实中，制造商生产的产品质量直接影响到零售商的产品定价和销量，而产品质量反过来也会促进产品的销售。一般地，质量投资能够充分降低由于产品功能波动造成的损失和由于产品弊害项目所造成的损失，充分减小报废、返修和质量损失成本。企业通过质量投资降低过程变异，对过程改进、降低产品生产总成本有显著意义。通常，质量投资被普遍认为是由制造商做出的决策，随着零售业集中度的不断提高，零售商的买方势力的增强，短期内必然会对上游的竞争策略产生影响，而最直接一个问题即是下游买方抗衡势力对上游质量创新的影响（Tirole，1988；李凯等，2014）。② 从长远来看，零售商谈判实力的增大虽然可能损坏产品质量改进的动力，但在长期的质量合作关系下，存在产品质量改进投资均衡。因此，就产品质量而言，一方面，有必要考察制造商的质量投资策略对于加深与零售商之间的信任关系的作用；另一方面，也应分析双方在产品质量方面的努力而形成的合作关系。

当前，有关供应链中的产品质量问题已成为研究热点，主要集中在质量投资与控制策略、契约设计和质量信号传递等方面（刘强和苏秦，2010）。在产品质量投资研究方面，李丽君等（2004）采用委托－代理理论探讨了双边道德风险条件下的质量控制策略。赵等（Chao et al.，2009）分析了两级供应链中制造商与供应商质量控制问题，提出了如何进行质量改进激励和产品回购中的契约设计。谢和刘（Hsieh and Liu，2010）探讨了供应商和制造商均进行产品质量投资和检验的问题，给出了不同信息披露程度下双方的均衡策略。朱立龙和尤建新（2011）基于博弈论和委托－代理理论，研究了非对称信息条件下供应链节点企业间如何进行质量信号传递的问题。谢刚等（Xie et al.，2011）进一步分析了供应链之间竞争的情形下改进产品质量的措施。李永飞等（2012）探讨了一类基于客户质量

---

① 当然，现实中大多数商品并不完全按照该标准进行简单的归类，而可能同时具备上述三方面的特性，但这样的分类方法有利于进行理论分析。

② 事实上，大型零售商抗衡势力必然会对上游的竞争策略产生影响。如我国奶制品市场中，牛奶生产商强买方势力的压榨迫使奶农提供低质量原奶的现象屡被曝光。

需求的供应链协调问题。石岿然等（2014）分析了在制造商产品质量投资不确定以及不对称信息条件下，制造商产品质量投资、零售商销售努力的意愿水平以及销售成本分摊比例如何进行确定。

已有的研究表明，在一定条件下，如果团体成员之间相互信任度高，他们就会采取信任行为，效率更高，从而降低行动失败的风险（Prajogo and Olhager，2012）。由于信任的建立是一个长期、缓慢的过程，研究者倾向于应用演化博弈理论分析供应链成员间的信任关系。杨慧等（2005）通过考察互惠主义者和机会主义者群体在信任和背叛策略下的行为特征，探讨了惩罚机制下机会主义行为的演化。李壮阔（2008）研究了供应链节点企业的学习与调整过程，分析了供应链节点企业选择信任与否的影响因素。许民利等（2012）构建了食品供应链质量投入的演化博弈模型，指出了政府与企业实现共赢的途径。

本章从供应链成员企业的"有限理性"出发，构建制造商质量投资决策与零售商信任关系的演化博弈模型，分析不同的均衡结果。在此基础上，提出促进双方信任关系与加强合作关系稳定性的管理建议。此外，本章引入质量努力参数刻画双方质量努力策略，通过其演化均衡来考察制造商与零售商策略变化过程和趋势，考虑到质量管理及监督制度等问题。

本章的内容结构安排如下：第一节构建制造商质量投资与零售商信任关系的演化模型；第二节研究考虑努力水平的农产品质量安全演化博弈；第三节引入质量努力水平，分析了制造商和零售商的演化动态；第四节建立了政府激励制下的演化模型；第五节为结论和管理暗示。

第一节　考虑质量投资的制造商 – 零售商演化博弈

考虑制造商和零售商两个群体进行的博弈，风险中性的制造商生产产品并卖给风险中性的零售商，零售商将产品销售给顾客。设零售商的策略集为 {T（信任），D（不信任）}，制造商的策略集为 {I（投资），N（不投资）}。零售商选择信任策略的概率为 x，选择不信任策略的概率为 $1 - x$；制造商选择投资策略的概率为 y，选择不投资策略的概率为 $1 - y$。概率 x、y 也可以理解为群体中选择信任策略的零售商的比例和选择投资策略的制造商比例。

假定需求函数为 $D(p) = a - p$，制造商可以通过投资产品质量改变市场需求，投资成本为 I，且制造商投资总是有效的。设 m 为产品质量投资带来的需求增量，此时需求函数可进一步表示为 $D(p) = a - p + m$。制造商的投资决策为私有信息，其投资与否决定了其类型（高质量类型"H"或低质量类型"L"）。零售商对制造商类型的判断基于他对制造商的信任与否，在对产品质量水平不同的判断下，零售商会选择不同的产品价格出售给消费者，设低质量产品价格为 p_L，高质量产品价格为 p_H。

当零售商对制造商表现出信任时，总是相信制造商会进行产品质量投资，并给予制造商一定的转移支付 V，作为制造商产品质量投资成本的补偿。基于对制造商的信任，零售商以高质量产品价格 p_H 销售产品；当零售商对制造商表现出不信任时，总是相信制造商不会进行产品质量投资，并以低质量产品价格 p_L 销售产品。

在交易之前，制造商承诺为零售商提供高质量产品。当制造商提供低质量产品时会受到一定惩罚，制造商给予零售商单位产品补偿量为 r。此外，设制造商生产成本为 c，提供给零售商的产品批发价为 w。

基于上述假设，得到制造商与零售商博弈的支付矩阵如表 3-1 所示。

表 3-1　　　　　　　　　　制造商与零售商博弈的支付矩阵

零售商	制造商	
	投资（I）	不投资（N）
信任（T）	$(p_H - w)(a - p_H + m) - V$, $(w - c)(a - p_H + m) - I + V$	$(p_H - w + r)(a - p_H) - V$, $(w - c - r)(a - p_H) + V$
不信任（D）	$(p_L - w)(a - p_L + m)$, $(w - c)(a - p_L + m) - I$	$(p_L - w + r)(a - p_L)$, $(w - c - r)(a - p_L)$

一、零售商群体策略选择的复制动态方程

根据复制动态方程，即策略的增长率等于它的相对适应度，只要采取这个策略的个体适应度比群体的平均适应度高，那么这个策略的比例就会增长（Young，1998）。由表 3-1 可知，零售商选择"信任""不信任"策略时的适应度和群体平均适应度分别为：

$$u_R^T = y(p_H - w)(a - p_H + m) + (1 - y)(p_H - w + r)(a - p_H) - V$$

$$u_R^D = y(p_L - w)(a - p_L + m) + (1 - y)(p_L - w + r)(a - p_L)$$

$$\bar{u}_R = xu_R^T + (1 - x)u_R^D = x(p_H - w)(a - p_H) + (1 - x)(p_L - w)(a - p_L)$$

$$+ ym[xp_H + (1 - x)p_L - m] + (1 - y)r[a - xp_H - (1 - x)p_L] - xV$$

因此，零售商选择"信任"策略的复制动态方程为：

$$\frac{\mathrm{d}x}{\mathrm{d}t} = F(x) = x(1-x)\big[(m+r)(p_H-p_L)y - (p_H-p_L)$$

$$(r-w-a+p_H+p_L) - V\big] \qquad (3.1)$$

当 $V > (p_H-p_L)(a-p_H+m+w-p_L)$ 时，$\dfrac{\mathrm{d}x}{\mathrm{d}t}$ 是负值，这说明选择"信任"策略的零售商的比例持续减少。可见，过高的"信任成本"会让零售商望而却步，直到 $x=0$ 的平衡状态，$x=0$ 是演化稳定策略。

当 $V < (p_H-p_L)(a-p_H+m+w-p_L)$ 时，求得：

$$y^* = \frac{(p_H-p_L)(r-w-a+p_H+p_L)+V}{(m+r)(p_H-p_L)}$$

若 $y=y^*$，则 $F(x) \equiv 0$，这意味着所有水平都是平衡状态。若 $y \neq y^*$，令 $F(x)=0$，得 $x=0$，$x=1$ 是 $F(x)$ 的两个平衡点。对 $F(x)$ 关于 x 求导，可得：

$$\frac{\mathrm{d}F(x)}{\mathrm{d}x} = (1-2x)\big[(m+r)(p_H-p_L)y - (p_H-p_L)(r-w-a+p_H+p_L)-V\big]$$

由于演化稳定策略要求 $\dfrac{\mathrm{d}F(x)}{\mathrm{d}x} < 0$，因此以下考虑两种情况：

（1）当 $y>y^*$ 时，$\dfrac{\mathrm{d}F(x)}{\mathrm{d}x}\Big|_{x=1} < 0$，$\dfrac{\mathrm{d}F(x)}{\mathrm{d}x}\Big|_{x=0} > 0$，故 $x=1$ 是渐进稳定的平衡点。

（2）当 $y<y^*$ 时，$\dfrac{\mathrm{d}F(x)}{\mathrm{d}x}\Big|_{x=0} < 0$，$\dfrac{\mathrm{d}F(x)}{\mathrm{d}x}\Big|_{x=1} > 0$，故 $x=0$ 是渐进稳定的平衡点。

图 3-1 给出了不同情况下零售商群体策略选择的动态变化和稳定状态。

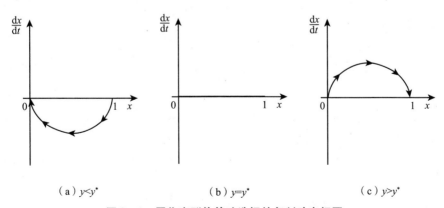

（a）$y<y^*$ （b）$y=y^*$ （c）$y>y^*$

图 3-1 零售商群体策略选择的复制动态相图

二、制造商群体策略选择的复制动态方程

类似地，制造商选择"投资""不投资"策略时的适应度和群体平均适应度分别为：

$$u_M^I = (w - c)[a - xp_H - (1 - x)p_L + m] - I + xV$$

$$u_M^N = (w - c - r)[a - xp_H - (1 - x)p_L] + xV$$

$$\bar{u}_M = yu_M^I + (1 - y)u_M^N = (w - c)[a - xp_H - (1 - x)p_L] + y(w - c)m$$

$$- (1 - y)r[a - xp_H - (1 - x)p_L] - yI + xV$$

因此，制造商选择"投资"策略的复制动态方程为：

$$\frac{dy}{dt} = F(y) = y(1 - y)[m(w - c) + r(a - p_L) - I - r(p_H - p_L)x] \quad (3.2)$$

当 $I > m(w - c) + r(a - p_L)$ 时，$\frac{dy}{dt} < 0$，这说明选择"投资"策略的制造商的比例持续减少。可见，过高的"投资成本"会让制造商放弃投资产品质量，直到 $y = 0$ 的平衡状态，$y = 0$ 是演化稳定策略。

当 $I < m(w - c) + r(a - p_L)$ 时，可求得 $x^* = \dfrac{m(w - c) + r(a - p_L) - I}{r(p_H - p_L)}$。若 $x = x^*$，则 $F(y) \equiv 0$，这意味着所有水平都是平衡状态。若 $x \neq x^*$，令 $F(y) = 0$，得 $y = 0$，$y = 1$ 是 $F(y)$ 的两个平衡点。对 $F(y)$ 关于 y 求导得：

$$\frac{dF(y)}{dy} = (1 - 2y)[m(w - c) + r(a - p_L) - I - r(p_H - p_L)x]$$

以下分两种情况进行分析：

（1）当 $x < x^*$ 时，$\left.\dfrac{dF(y)}{dy}\right|_{y=1} < 0$，$\left.\dfrac{dF(y)}{dy}\right|_{y=0} > 0$，故 $y = 1$ 是渐进稳定的平衡点；

（2）当 $x > x^*$ 时，$\left.\dfrac{dF(y)}{dy}\right|_{y=0} < 0$，$\left.\dfrac{dF(y)}{dy}\right|_{y=1} > 0$，故 $y = 0$ 是渐进稳定的平衡点。

图 3 - 2 给出了不同情况下制造商群体策略选择的动态趋势及其稳定性。

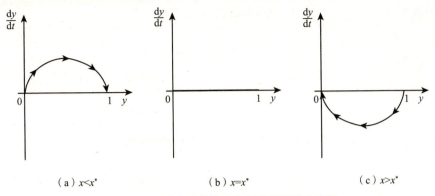

（a）$x<x^*$ （b）$x=x^*$ （c）$x>x^*$

图 3 - 2   制造商群体策略选择的复制动态相图

三、零售商群体和制造商群体的演化动态系统

由式（3.1）和式（3.2）得到了一个由零售商群体和制造商群体所构成的二维非线性动态系统：

$$\begin{cases} \dfrac{dx}{dt} = x(1-x)\left[(m+r)(p_H - p_L)y - (p_H - p_L)(r - w - a + p_H + p_L) - V\right] \\ \dfrac{dy}{dt} = y(1-y)\left[m(w-c) + r(a - p_L) - I - r(p_H - p_L)x\right] \end{cases}$$

$$(3.3)$$

系统（3.3）平衡点为 $(0, 0)$，$(0, 1)$，$(1, 0)$，$(1, 1)$，(x^*, y^*)，以下讨论各平衡点的局部稳定性。其中，$x^* = \dfrac{m(w-c) + r(a - p_L) - I}{r(p_H - p_L)}$，$y^* = \dfrac{(p_H - p_L)(r - w - a + p_H + p_L) - V}{(m+r)(p_H - p_L)}$。

根据弗里德曼（Friedman，1991）所述方法，系统（3.3）的雅可比（Jocobian）矩阵为：

$$J = \begin{bmatrix} (1-2x)(Ay - B) & x(1-x)A \\ -y(1-y)G & (1-2y)(E - Gx) \end{bmatrix}$$

其中，$A = (m+r)(p_H - p_L)$，$B = (p_H - p_L)(r - w - a + p_H + p_L) + V$，$G = r(p_H - p_L)$，$E = m(w-c) + r(a - p_L) - I$。各平衡点的局部稳定性如表 3 - 2 所示。

表 3 - 2 各平衡点的局部稳定性

平衡点	det$J$		tr$J$	局部稳定性
$(0, 0)$	$-BE$	$-$	$E - B$	鞍点
$(0, 1)$	$-E(A - B)$	$-$	$A - B - E$	鞍点
$(1, 0)$	$B(E - G)$	$-$	$B + E - G$	鞍点
$(1, 1)$	$(A - B)(E - G)$	$-$	$B - A + G - E$	鞍点
(x^*, y^*)	$x^*(1 - x^*)y^*(1 - y^*)AG$	$+$	0	中心点

由于平衡点 (x^*, y^*) 对应的特征根 λ_1、λ_2 为两个对称的虚数根，此时 (x^*, y^*) 可能为中心型不动点，也可能为焦点型不动点，因此需要对 (x^*, y^*) 的性质进行进一步的研究。

令 $H(x, y) = (E - G)\ln(1 - x) - E\ln x + (B - A)\ln(1 - y) - B\ln y$，则有

$$\frac{dH}{dt} = \frac{\partial H}{\partial x} \times \frac{dx}{dt} + \frac{\partial H}{\partial y} \times \frac{dy}{dt} = \left(\frac{G - E}{1 - x} - \frac{E}{x}\right) \times x(1 - x)(Ay - B)$$

$$+ \left(\frac{A - B}{1 - y} - \frac{B}{y}\right) \times y(1 - y)(Ey - G)$$

$$= (Gx - E)(Ay - B) + (Ay - B)(E - Gx) \equiv 0$$

这表明 H 在相空间的轨道上为常数。进一步分析可得：

$$\frac{\partial H}{\partial x} = \frac{G - E}{1 - x} - \frac{E}{x} = \frac{Gx - E}{x(1 - x)}, \quad \frac{\partial H}{\partial y} = \frac{A - B}{1 - y} - \frac{B}{y} = \frac{Ay - B}{y(1 - y)}$$

因此，$\dfrac{\partial H(x^*, y^*)}{\partial x} = 0$，$\dfrac{\partial H(x^*, y^*)}{\partial y} = 0$，且有

$$x \in (0, x^*), y \in (0, 1), \frac{\partial H}{\partial x} < 0; x \in (x^*, 1), y \in (0, 1), \frac{\partial H}{\partial x} > 0$$

$$x \in (0, 1), y \in (0, y^*), \frac{\partial H}{\partial y} < 0; x \in (0, 1), y \in (y^*, 1), \frac{\partial H}{\partial y} > 0$$

由此可知，(x^*, y^*) 在空间 $[0, 1] \times [0, 1]$ 是 H 的最小值点。

令 $K(x, y) = H(x, y) - H(x^* - y^*)$，当且仅当 $x = x^*$，$y = y^*$ 时，$K(x, y) = 0$，在其他情况下，$K(x, y) > 0$，故 $K(x, y)$ 为 $[0, 1] \times [0, 1]$ 上的非负函数，由李雅普诺夫（Liapunov）稳定性准则可知 (x^*, y^*) 是稳定而非渐进稳定的中心点。[①]

在 (x^*, y^*) 的邻域内取一点 n，假定 n 在轨道 L 上绕 (x^*, y^*)

---

① 技术细节参见：［美］萨缪·鲍尔斯. 微观经济学：行为，制度和演化 ［M］. 江艇，等译. 北京：中国人民大学出版社，2006：302 - 304.

螺旋转动，在 L 取两点 $n_1(x^*, \theta_1) \in L$，$n_2(x^*, \theta_2) \in L$，$y^* < \theta_1$，$\theta_2 < 1$。此时，$\dfrac{\partial H}{\partial y} > 0$，因此如果 $\theta_1 \neq \theta_2$，$H(n_1) \neq H(n_2)$，但 H 在轨道上为常数，因而有 $\theta_1 = \theta_2$，这表明轨道 L 为闭轨。根据以上分析，可以得到系统的相图如图 3-3 所示。

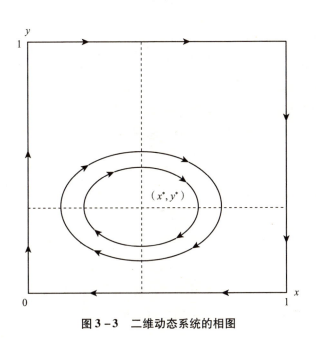

图 3-3　二维动态系统的相图

第二节　演化均衡的进一步分析

本节构建了制造商质量投资决策与零售商信任关系的演化博弈模型，通过研究不同的均衡结果，得出以下结论：

（1）零售商给制造商的转移支付与制造商投资成本都直接影响演化结果。过高的"信任成本"会让零售商望而却步，直到 $x = 0$ 的平衡状态；过高的"投资成本"会让制造商放弃投资产品质量，直到 $y = 0$ 的平衡状态。

（2）当制造商群体处于投资者比例较高的初始状态，即 $y > y^*$ 时，零售商群体中选择"信任"策略的比例逐渐增加，直到 $x = 1$ 的稳定状态；反之，当制造商群体处于投资者比例较低的初始状态，即 $y < y^*$ 时，零售商群体中选择"信任"策略的比例逐渐减少，直到 $x = 0$ 的稳定状态。

（3）当零售商群体处于信任态度者比例较高的初始状态，即 $x > x^*$ 时，制造商群体中选择"质量投资"策略的比例逐渐减少，直到 $y = 0$ 的稳定状态，可见，机会主义行为会在供应链上盛行；当零售商群体处于信任态度者比例较低的初始状态，即 $x < x^*$ 时，制造商群体中选择"投资"策略的比例逐渐增加，直到 $y = 1$ 的稳定状态，为了避免处罚，同时也为了自身的发展，制造商将会选择投资产品质量。

（4）两群体动态系统不存在演化稳定策略，而出现了围绕中心点型不动点的周期运动。这表明零售商与制造商两群体在博弈过程表现出一种周期行为模式，从另一个侧面也揭示了供应链成员之间建立信任关系的长期性、反复性与艰巨性。因此，供应链成员必须把握影响演化路径的重要因素，通过合理的决策机制促进成员关系向高信任程度演化。

第三节　考虑质量努力水平的制造商－零售商演化博弈

产品质量安全管理是一个复杂的系统工程，涉及多主体、多层面、多环节，由相互作用、相互联系的不同类型的活动过程构成，仅考虑单一主体或环节在质量方面的努力显然不够全面。以制造商和零售商构成的二级供应链为例，以上分析的是制造商进行质量投资的情况，事实上，零售商在产品质量方面并非无所作为。据统计，我国约60%的零售企业正在开发和销售其自有品牌，相应的产品主要集中在服装、饮料、卷纸、生鲜食品等低成本投入的日用易耗品。零售商自有品牌的生产与质量管理多基于贴牌代工或外包等委托生产模式，零售商买方势力由此逐渐形成。

通常，零售商在产品质量方面的努力可分为三类：一是采用"保守型策略"，不承担产品质量成本；二是采用"冒险型策略"，由零售商完全承担产品质量成本；三是采用"老练型策略"，即零售商适度承担产品质量成本。零售商具体采用何种策略，与消费者的购买行为相关，同时也决定了其质量努力水平的高低程度。①

产品质量决策是学术界和管理者关注的重点。早期研究者普遍认为低价策略是消费者购买自有品牌产品的首要动机，然而，随着产品质量管理研究的不断深入，学者们认为高质量低价格才是提高企业形象、增强消费

---

① 在某种程度上取决于零售商考虑短期利益还是长期利益，以及与制造商的质量投入成本分摊比例。

者信任和实现更大市场份额的根本保障（Kumar et al.，2010）。以往的研究中对供应链中制造商如何将产品质量以信号传递给零售商、零售商观测到质量信号如何调整其销售努力的问题涉及较少。陈瑞义等（2015）基于纳什谈判模型，研究零售商谈判实力不断增强下产品质量纵向合作策略选择问题。

相对于一般供应链，农产品供应链中的质量管理问题更为突出，因为农产品具有生产提前期长、生产过程难控制、销售季节短、期末残值低、价格和产量不确定等特点（孙玉玲等，2013）。如何提升农产品质量，保障农产品的稳定供给，实现供需平衡，成为农产品供应链迫切需要解决的问题。于辉（2009）从努力水平角度出发探索了各主体农产品质量安全策略，以提升农产品质量安全水平。波林斯基和沙维尔（Polinsky and Shavell，2012）分析了合作伙伴关系对于食品质量的促进作用，表明成功的伙伴关系能以最小的成本实现顾客诉求，是提升食品供应链的竞争力内在动力。陈家琳等（Chen et al.，2014）指出农业领域的纵向一体化协调就是未来的发展趋势，纵向一体化协调将影响交易特征和交易成本。艾洛等（Aiello et al.，2015）指出，农产品供应链易受到天气等气候因素的影响，存在诸多不确定性，应更加关注农产品质量安全控制，应用先进的信息技术系统能够提升整个农产品供应链的竞争优势。

农产品供应链上的主体，由于信息、知识、环境等条件的限制，无法做出"完全理性"的决策，以"有限理性"为前提分析农产品供应链成员的策略更有解释力。本节以演化博弈为分析工具，以制造商群体和零售商群体为研究对象，引入质量努力参数刻画双方质量努力策略，通过其演化均衡来考察制造商与零售商策略变化过程和趋势，并进一步分析考虑政府激励机制情形下的演化动态。

一、基本模型

一般地，参与者的努力水平具有外部正效应，即质量努力程度越大，产品质量安全水平越高，获得消费者信任越大。假设市场上存在制造商和零售市两个群体，随机各从群体抽取进行两两匹配博弈。制造商和零售商都是有限理性，双方通过不断修正当前策略，直至出现稳定的均衡策略。在质量体系上，双方可选择进一步对农产品质量安全进行投资，记为质量努力策略。这样制造商和零售商的行为策略空间为（努力，不努力），记为（E，N）。对于制造商而言，质量努力包括积极制定质量管理及监督制度，严格执行安全生产标准，引进更先进的生产工艺来保障及提高产品质量，对农产品供应链而言，还包括向农户宣传农产品质量安全知识，投资建立冷藏设施等方面的努力。零售商的质量努力体现在严格执行安全检测，及时更新检测技术，建立对制造商的质量评价体系，对农产品供应链而言，还包括建设冷链，建立生鲜专区，及时更新农产品状况，对消费者普及农产品安全相关知识，对上游制造商及时反馈农产品信息，进行安全生产进行固定资产投资等。本节参数及符号说明如下：

$\prod_M$，$\prod_R$ 分别表示满足基本质量要求下，制造商和零售商的收益。

$e_i(i=M，R)$ 表示单位质量努力带来的收益，对于制造商而言最直接的是采购订单的增加而带来的收入，对于零售商而言，收益来源于消费者信任度和购买意愿的提升，不仅会有农产品需求量的增加，还会带来其他商品的消费增长。

$c_i(i=M，R)$ 表示相应单位努力成本。

q 表示农产品采购量。

π_M 表示只有零售商进行质量努力投入时制造商所得的收益。此时，市场由于零售商的质量努力而需求增加，制造商不进行质量努力投入而实现搭便车收益（$\pi_M > \prod_M$）。

π_R 表示只有制造商进行质量努力投入时零售商所得的收益。此时，市场由于制造商的质量努力而需求增加，零售商不进行质量努力投入而获得搭便车收益（$\pi_R > \prod_R$）。

由此构建造商与零售商支付矩阵（M 表示制造商，R 表示零售商），如表 3-3 所示。

表 3-3 制造商与零售商博弈支付矩阵

制造商	零售商	
	努力（E）	不努力（N）
努力（E）	$\prod_M + q(e_M - c_M)$，$\prod_R + q(e_R - c_R)$	$\prod_M + q(e_M - c_M)$，π_R
不努力（N）	π_M，$\prod_R + q(e_R - c_R)$	$\prod_M$，$\prod_R$

假设在制造商群体中，选择进行质量努力策略的比例为 $x(0 < x < 1)$，零售商群体中，选择进行质量努力策略的比例为 $y(0 < y < 1)$，则制造商群体和零售商群体中选择不进行质量努力策略的比例分别为 $1-x$ 和 $1-y$。制造商选择质量努力策略的适应度为：

$$\mu_{1x} = \prod_M + q(e_M - c_M)$$

不进行质量努力策略的适应度为:

$$\mu_{1n} = y\pi_M + (1-y)\prod_M$$

制造商策略选择的平均适应度是:

$$\bar{\mu}_1 = x\mu_{1x} + (1-x)\mu_{1n} = x\left[\prod_M + q(e_M - c_M)\right] + (1-x)$$

$$\left[y\pi_M + (1-y)\prod_M\right]$$

根据复制动态方程,当制造商采取的策略 E 的个体适应度比群体的平均适应度高,那么这个策略就会增长,且制造商进行质量努力策略增长率 $\dot{x}$ 等于个体的适应度 μ_{1x} 减去平均适应度 $\bar{\mu}_1$,故可得制造商采取质量努力策略的复制动态方程如下:

$$\dot{x} = \frac{dx}{dt} = x(\mu_{1x} - \bar{\mu}_1) = x(1-x)\left[q(e_M - c_M) - y(\pi_M - \prod_M)\right] \quad (3.4)$$

同理可得,零售商选择质量努力策略的复制动态方程:

$$\dot{y} = \frac{dy}{dt} = y(\mu_{2y} - \bar{\mu}_2) = y(1-y)\left[q(e_R - c_R) - x(\pi_R - \prod_R)\right] \quad (3.5)$$

联立以上两式可得二维动力系统为:

$$\begin{cases} \dot{x} = \dfrac{dx}{dt} = x(\mu_{1x} - \bar{\mu}_1) = x(1-x)\left[q(e_M - c_M) - y(\pi_M - \prod_M)\right] \\ \dot{y} = \dfrac{dy}{dt} = y(\mu_{2y} - \bar{\mu}_2) = y(1-y)\left[q(e_R - c_R) - x(\pi_R - \prod_R)\right] \end{cases}$$

$$(3.6)$$

根据系统 (3.6),可得出系统的平衡点分别为 $(0, 0)$、$(0, 1)$、$(1, 0)$、$(1, 1)$ 和 (x^*, y^*),其中,$x^* = \dfrac{q(e_R - c_R)}{\pi_R - \prod_R}$,$y^* = \dfrac{q(e_M - c_M)}{\pi_R - \prod_R}$。

二、演化稳定性分析

系统 (3.6) 的雅可比 (Jocobian) 矩阵为:

$$J = \begin{bmatrix} \dfrac{\partial \dot{x}}{\partial x} & \dfrac{\partial \dot{x}}{\partial y} \\ \dfrac{\partial \dot{y}}{\partial x} & \dfrac{\partial \dot{y}}{\partial y} \end{bmatrix} = \begin{bmatrix} (M - yN)(1-2x) & -nx(1-x) \\ -By(1-y) & (A - Bx)(1-2y) \end{bmatrix}$$

为了便于计算,不妨令 $M = q(e_M - c_M)$,$N = \pi_M - \prod_M$,$A = q(e_R - c_R)$,$B = \pi_R - \prod_R$。这样可得到矩阵的行列式为 $\det J = (M - yN)(A -$

$Bx)(1-2x)(1-2y) - NBxy(1-x)(1-y)$，矩阵的迹为 $\text{tr}J = (M-yN)$ $(1-2x) + (A-Bx)(1-2y)$。

进一步分析，可以得到下列结论：

情形（1）当 $M < 0$，$A < 0$ 时，系统 I 的演化稳定策略（ESS）为 (N, N)；

情形（2）当 $M < N$，$A < B$ 时，系统 I 的演化稳定策略（ESS）为 (N, E) 和 (E, N)；

情形（3）当 $M > N$，$A > B$ 时，系统 I 的演化稳定策略（ESS）为 (E, E)。

证明 由系统（3.6）的雅可比（Jocobian）矩阵的迹和行列式的相关判定方法可得。且三种情况的稳定性分析如表 3-4、表 3-5 和表 3-6 所示。

表 3-4　　　　　情形（1）下的平衡点的局部稳定性

平衡点	$\text{tr}J$	$\det J$	局部稳定性
$(0, 0)$	−	+	ESS
$(0, 1)$	不定	−	不稳定点
$(1, 0)$	不定	−	不稳点点
$(1, 1)$	+	+	不稳定点

表 3-5　　　　　情形（2）下的平衡点的局部稳定性

平衡点	$\text{tr}J$	$\det J$	局部稳定性
$(0, 0)$	+	+	不稳定点
$(0, 1)$	−	+	ESS
$(1, 0)$	−	+	ESS
$(1, 1)$	+	+	不稳定点
(x^*, y^*)	0	−	鞍点

表 3-6　　　　　情形（3）下的平衡点的局部稳定性

平衡点	$\text{tr}J$	$\det J$	局部稳定性
$(0, 0)$	+	+	不稳定点
$(0, 1)$	不定	不定	不稳定点
$(1, 0)$	不定	不定	不稳点点
$(1, 1)$	−	−	ESS

由上述分析，可得到制造商和零售商在三种不同情形下的动态演化过程，图3-4中分别给出三种情形下的演化相位图。

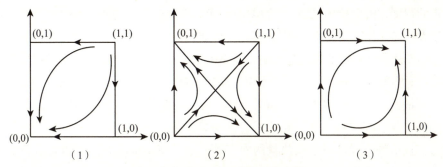

图3-4 三种情形下的演化动态相位图

三、结果讨论

通过图3-4中的演化相位图，可以得到以下分析结果：

首先，在情形（1）下，当$M<0$，$A<0$时，（N，N）是演化稳定策略，这意味着制造商和零售商都曾尝试进行质量努力，但是由于短暂的质量努力并没有得到市场及时的回应，且此时质量努力收益相比低于质量努力成本导致双方失去了努力的信心，从而都选择不进行质量努力投资。这种现象出现在制造商和零售商进行合作的初级阶段，由于双方并不能在短时间内建立一种稳固的信任关系，贸然进行质量努力投入必然会有不可预测的风险。以农产品为例，农产品不同于一般工业产品，随着时间的流逝价值损失很大且残值很低，在正常的运输条件下很难保障农产品的质量。一般而言，在合作初期，基于资金风险零售商对于制造商不会进行大量的质量投入，双方需要更进一步了解。

其次，在情形（2）下，即$M<N$，$A<B$时，由于M和A分别表示制造商和零售商选择进行质量努力投入时获得的收益，N和B分别表示当对方进行质量投入而自身不投资所得的"搭便车"收益。双方博弈过程中，一旦发现"搭便车"收益更大时，那么自身质量努力行为策略将会逐渐减少，从而坐享对方质量努力的成果。考虑农产品供应链情形，当前，大多数制造商都尚在发展之中，经济实力、市场运作能力、谈判能力相对偏弱。零售商可以通过高质量的农产品稳定消费者群体并扩大其声誉，此时，零售商相对制造商而言更有改善农产品质量的动机。一般做法是零售商输出一定的技术指导人员帮助制造商从选育种子、施肥管理、用药管

理、采摘、分拣、包装、贮藏直至零售商冷库全过程进行指导。这部分质量努力成本都是由零售商承担，而制造商策略是严格遵守指导没有投入其他成本，此时制造商稳定策略就是不进行质量努力。同样，当制造商发展到一定的程度，资金技术雄厚、产品具有特色、专业化程度高时，此时制造商对于农产品质量尤其看重，在与零售商合作时会处于主导地位，为了保证农产品的高质量，制造商愿意进行更多质量上的努力。此时，对于实力一般的零售商只需要发挥其市场窗口的作用就能分享农产品销售带来的利润。

最后，在情形（3）下，即当 $M > N$，$A > B$ 时，制造商和零售商的质量努力收益都相当可观。意味着合作的双方在市场上已经有了足够的影响力，且市场已经认可了高质量的农产品，对于高质量的农产品消费者愿意支付更高的价格。双方都会积极努力寻求提高农产品质量途径，此时的制造商与零售商的合作已经上升到更高的层面。制造商能够有效地保障农产品生产，零售商能够及时反馈消费者的需求。这样一种市场环境将使得双方采取质量努力策略成为稳定的选择。

通过分析制造商和零售商的演化动态，可知制造商和零售商的策略取决于其合作的深度，自身的实力，以及市场的反应。合作初期，双方都不会贸然进行深度投资，随着了解的深入，信任的增加，合作双方会逐步改变策略。当对接双方都建立一定的市场声誉，且市场对农产品建立了优质优价机制时，那么双方质量努力动机就会进一步强化。

第四节　政府激励下的制造商－零售商演化动态

在政府和市场关系这个政治经济学的核心理论命题中，政府管理和市场机制从来都是激发经济活力的基本要素，须臾不可分。一般来说，现代政府的基本职能包括经济调节、市场监管、社会治理、公共服务和环境保护，其核心是为各类经济主体提供良好制度环境，让市场机制在资源配置中更好地发挥作用。

在制造商与零售商互动博弈的进程中，宏观环境也会成为双方决策的重要依据（曾敏刚等，2014）。政府的相关调控具有强制性，能很好地规范市场行为，为市场建立良好秩序。[①] 例如，政府监管部门的质量抽查和质量信

---

① 农产品供应链中的质量投入具有外部正效应，给供应链上的参与者提供了很强的"搭便车"的动机，因此，需要借助政府宏观调控措施促使节点企业主动进行质量投入。

息披露，消费者有能力逐渐获取更多的关于产品质量的真实信息。为了更全面讨论其在宏观条件下的演化均衡，以下探讨政府激励对于双方质量努力的作用，考察正向激励作用，即通常采用的补贴手段对于双方演化策略的影响。[①]

假设政府能够很好观察到企业（制造商，零售商）的所有行为，对于进行质量安全努力的企业会进行补贴（企业效益来源之一），同时，对于那些不进行质量努力的企业进行严格监控，使其失去"搭便车"的机会。对于质量努力的企业，设政府的补贴为 R，此时，农民制造商与零售商博弈支付矩阵如表 3 - 7 所示。

表 3 - 7　　　　　　　政府激励下制造商与零售商博弈支付矩阵

制造商	零售商	
	努力（E）	不努力（N）
努力（E）	$\prod_M + q(e_M - c_M) + R$，$\prod_R + q(e_R - c_R) + R$	$\prod_M + q(e_M - c_M) + R$，$\prod_R$
不努力（N）	$\prod_M$，$\prod_M + q(e_M - c_M) + R$	$\prod_M$，$\prod_R$

通过计算复制动态方程可得二维动力系统如下：

$$\begin{cases} \dot{x} = \dfrac{\mathrm{d}x}{\mathrm{d}t} = x(\mu_{1x} - \bar{\mu}_1) = x(1 - x)[q(e_M - c_M) + R] \\ \dot{y} = \dfrac{\mathrm{d}y}{\mathrm{d}t} = y(\mu_{2y} - \bar{\mu}_2) = y(1 - y)[q(e_R - c_R) + R] \end{cases} \quad (3.7)$$

不难得出，系统（3.7）的平衡点共有 4 个：（0，0），（0，1），（1，0），（1，1），进一步得出雅可比（Jocobian）矩阵为：

$$J = \begin{bmatrix} (1 - 2x)[q(e_M - c_M) + R] & 0 \\ 0 & (1 - 2y)[q(e_R - c_R) + R] \end{bmatrix}$$

分别记 $K = q(e_M - c_M) + R$，$H = q(e_R - c_R) + R$，各平衡点的稳定性分析如表 3 - 8 所示。

表 3 - 8　　　　　　　　　系统（3.7）的平衡点分析

平衡点	trJ		detJ		局部稳定性
（0，0）	$K + H$	+	KH	+	不稳定点

① 当然，也可以考虑政府采用惩罚机制进行干预的情形。

平衡点	trJ		detJ		局部稳定性
(0, 1)	$K-H$	不定	$-KH$	–	不稳定点
(1, 0)	$-K+H$	不定	$-KH$	–	不稳定点
(1, 1)	$-K-H$	–	KH	+	ESS

由表3-8可知 (1, 1) 是系统演化稳定策略, 即在政府的激励和监管下, 制造商和零售商会逐步加大质量努力投入。在政府的强力支撑下, 市场环境也会越来越公正, 消费者的利益可以得到保障。

根据政府参与下的制造商与零售商质量努力演化动态可知, 只要政府积极扮演好管理者的角色, 运用好激励工具, 那么最终出现的会是高质量安全的稳态。这种稳态在这个食品安全问题频频发生的背景下是消费者所期待的。在实践中, 政府也是在鼓励有实力的零售商积极提升质量努力水平。① 可以说, 政府的补贴是保障农产品供应链成功运行的强劲后盾。

上述演化稳态现象在北京、上海、广州等我国一线发达城市实际上是存在的。因为在这些区域很多零售商和制造商具备了先进的管理理念和完善的管理结构, 合作双方能在多方面进行平等的谈判, 同时双方法律意识和契约精神都达到了较高的水平。同时, 在一线发达地区政府的执政能力强, 政策能及时落地。这样条件下政府调控有很强的导向作用, 企业也具有很强的学习力, 最终能迅速达到这种演化稳定状态。

但总的来说, 我国绝大多数区域的农产品供应链管理机制还不够完善, 农产品规模有待扩大, 需求供给不及时, 技术资金不到位等现象比比皆是。大多数中小零售商仍习惯于传统的采购渠道, 对于与制造商的合作没有深刻理解, 不敢轻易尝试, 也不愿贸然投资。在这种情况下, 政府应当主动帮助零售商和制造商成长, 投资基础设施, 为双方合作搭建信任平台。政府调控只有遵循市场规律, 维持市场公平, 才能起到积极的效果。

第五节　本章小结

为探寻制造商质量投资决策对促进供应链成员间信任关系的作用, 本

---

① 2013年底, 北京华联等零售商获得了商务部、北京市商委的补贴等共计562.24万元。

章从参与人的有限理性出发，构建了制造商质量投资决策与零售商信任关系的演化博弈模型。结果表明：单群体演化模型中，制造商质量投资成本与零售商对制造商的转移支付直接影响演化结果，系统的演化敏感地依赖于制造商群体和零售商群体的初始状态；两群体模型中不存在演化稳定策略，在一定条件下，系统的演化呈现周期性的特征。这一研究充分表明在二级供应链中，制造商的质量投资决策具有正向效应，该结论对于产品质量机制的建立和完善具有积极作用，进一步强调了信任作为一种减少复杂性的机制，在供应链企业协作过程中发挥着关键的作用，加强企业间的相互信任对于提高供应链管理水平具有重要的意义。

此外，通过引入质量努力水平参数，本章还研究了制造商和零售商对于农产品质量安全的策略选择，并构建了制造商和零售商产品质量投入的演化博弈模型。通过演化均衡分析，发现制造商和零售商质量策略会出现不同均衡，这几种均衡正体现了不同发展阶段，制造商与零售商的策略变化：合作初级阶段，双方都会持谨慎态度，不会进行太多质量投入；随着时间推移，有实力一方会主动加大质量努力，以获得更好的市场声誉和更大的市场份额；在合作双方处于稳定阶段时，提高农产品质量成为双方共同的目标。针对上述现象，在双方合作的不同发展阶段，政府应该采用不同的激励措施。事实上，恰当的政府激励能够进一步促使农产品供应链行为主体的质量努力向高水平方向移动。

第四章 考虑学习行为的供应链企业
信任演化模型

> 博弈的参与者不像我们的分析通常假定的那样聪明，所有的博弈规则都类似于均衡预期，它们是由有限理性和善于反思的个人或群体的社会长期经验的产物。
>
> ——大卫·克瑞普斯（David Kreps，1990）

国内外的管理实践已充分表明，供应链管理面临诸多现实困难，如供应链整合程度低，供应链管理绩效不明显，甚至成本增加，从而导致供应链项目失败等。造成上述结果的原因是多方面的，部分可能归因于供应链管理的复杂性。因为供应链管理不仅涉及企业内部的多个部门（采购部门、生产部门和物流部门等），而且涉及供应链上的多个企业（供应商、制造商、分销商和零售商等）。良好的供应链合作需要打破供应链企业间的隔阂，这就需要企业间长时间的互动以及组织间深层次的嵌入（Brink-hoff et al.，2015），这种嵌入不仅需要供应链结构上的融合，而且需要通过供应链企业间的学习来实现。①

正如 2010 年英国政府报告所指出的那样："学习不可能在商业活动中自发出现，除非供应链企业间能够形成一种信任、协作、互相依赖的新型的组织间合作机制，否则，供应链学习不可能形成和发展壮大"。基于这一实践的需要，国内外学术界开始进行供应链学习机制的相关研究，涌现了一些有价值的研究成果，主要包括以下三方面：

一是强化学习理论。主要研究作为决策者的智能体，如何在与环境的相互作用中通过学习以达到最优的问题，即如何将状态映射到行动使收益

---

① 传统意义上的供应链管理过于关注产品流，而忽视了组织间的联系，显然这将影响到供应链的整合和绩效。

最大化。① 罗斯和伊雷夫（Roth and Erev，1995）较早研究了具有企业预测评估机制时市场进入博弈的均衡结果。汤大为和王红卫（2005）研究了强化学习算法在供应链环境下库存控制中的应用。李随成和尹洪英（2005）探讨了由一个制造商和多个分销商组成的分销系统的最优订货策略问题，在外部顾客需求不断变化的情况下，以不断提高分销系统双方合作绩效为目标，基于 Q 学习算法来确定每个分销商的最优订货批量。张红会和徐军芹（2009）指出，学习是提高供应链适应能力的一个重要途径，并给出了供应链适应性的一个初步框架和演化模型。赵晗萍等（2010）借助于仿真方法，分析了经销商利用经验分布的预期随机需求的信念更新模式与最优反应的决策模式，为生产商分别设计了基于强化学习的信念更新模式与基于遗传算法搜索策略空间的决策模式。王雯等（2011）针对一类具有学习能力的离散制造业供应链系统，建立了启发式订货机制的竞争型供应链强化学习模型，研究其学习策略对系统复杂动力学行为的影响。

二是学习效应理论。学习效应是制造业中普遍存在的一种现象，指产品的加工者随着时间的推移和生产量的积累，其加工技术和熟练程度逐步提高进而导致单位产品的加工时间或成本呈现下降趋势（Fudenberg and Tirole，1983；Argote and Epple，1990；Tyre and Orlikowski，1996）。1936年，莱特（Wright）总结了学习曲线规律，随后这一学习曲线理论被广泛应用于管理科学领域。② 贾比尔和邦尼（Jaber and Bonney，2003，2007）研究了学习与遗忘对于生产量、订购成本及订购批量的影响。洪（Hung，2010）分析了有限计划期内订购固定成本具有学习效应的情形。蔡（Tsai，2011）分析了有限计划期内具有学习效应的易变质产品二级供应链的库存模型，假定上游制造商的生产具有学习效应，设计了二级供应链系统平均总成本最小的求解算法。徐健腾等（2013）进一步考虑了制造商生产过程以及分销商订购过程均具有学习效应，并建立了二级供应链系统决策问题的数学模型，证明了系统最优策略的存在性和唯一性。柏庆国和徐贤浩（2015）针对具有学习行为的双渠道供应链问题，研究了两种分销渠道并存下的最优库存策略，考虑了有限计划期内分销商通过传统销售和在线销售来满足下游顾客的需求的情形，结果表明当供应链系统中存在学

---

① 强化学习理论主要关注供应链的适应性，反映企业生存环境的动态多变性和供应链系统的复杂性。

② 在供应链管理中，人的行为对运作效率有着不可忽视的影响。由于学习效应理论强调了行为方法对于生产效率的提高，因此被广泛应用于制造管理领域并成为研究的热点。

习效应行为时，该系统能够获得更多的利润。

三是行为博弈研究。行为博弈通过在标准的策略行为理论中纳入实验结果与心理学理论，使博弈论对个人或团体在各种策略条件下的行动做出与实际更为一致的解释和预测。① 赵道政等（2010）建立了供应链上下游之间考虑退出威胁的讨价还价博弈模型，指出市场份额、信息量、学习能力和忍耐度等因素影响供应链成员讨价还价能力的内在机制。吴江华和翟昕（2011）构建了一个具有横向信息共享的两阶段供应链模型，考虑了学习效应的存在，第二阶段生产商的批发价格是第一阶段总订货量的减函数。零售商在观察到自身的需求之前，达成信息共享的协议。研究结果表明，当第一阶段的均衡订货数量低于需求时，零售商间无共享私有信息的动机，在一个总体需求稳定的市场中，信息共享的影响随着零售商数量的增加而递减。杨露露等（2015）针对集群式供应链协同采购影响因素的动态复杂性，采用计算实验方法模拟协同采购的形成过程，定义了系统主体间的学习交互规则，定量地研究了市场需求、采购企业密度和采购企业自利性三个因素对企业协同采购的影响。陈俊霖等（2015）研究了三人组供应链系统，通过区别设计个体自我学习以及社会学习的实验环境，对比考察备用供应商的公平关切程度，以及制造商和备用供应商学习曲线的特点，实验结果支持了学习效应存在的假设。

此外，贺峰等（2010）通过对长三角地区81家汽摩配件制造企业的实证研究，构建了供应链战略关系模型。解释了制造商如何从"契约""协议"的范式转变到"网络""创新"的范式，从信任和学习的角度阐明了不同组合程度对供应链竞争力的影响。陈凌峰等（2013）的实证研究发现供应商学习对大规模定制能力建设的作用极为关键。周飞等（2015）、朱庆华等（Zhu et al.，2017）阐明了客户关系学习对于供应链合作关系的价值。

在学习与进化理论中，有三个特定的动态调整过程最受关注。一是虚拟行动，参与人仅观察到他们自己匹配的结果，并且对行动的历史频率做出最优反应；二是部分最优反应动态，群体中固定部分的参与人每一阶段都将他们当前的行动转换为对前一阶段总体统计结果的最优反应；三是复制动态，即使用某一策略的参与人在群体中所占的比例以与该策略的当前

---

① ［美］科林·凯莫勒. 行为博弈——对策略互动的实验研究［M］. 贺京同，等译. 北京：中国人民大学出版社，2006：1.

支付成比例的速率增长。① 目前，大多数模型属于第三类（陈学彬，1999）。

事实上，供应链企业之间的合作是一个相互不断学习的过程，通过成员的策略调整，通过渐进的模仿和学习最终形成一种稳定的均衡选择。也就是说，供应链企业状态的变化是博弈学习的结果。

基于此，本章研究含学习行为的供应链信任演化问题，内容安排如下：第一节在最优反应动态的学习机制下，考察供应商和制造商之间信任策略的演化，对其均衡条件和结果进行讨论；第二节通过构建含噪声以及学习行为的供应商–制造商两群体演化动态模型，进一步解释渐近稳定策略的存在性；第三节分析新兴电子商务 O2O 平台中的消费者（买方）和企业（卖方）的行为互动以及交易信任机制；第四节总结本章内容并提出管理建议。

第一节　供应商–制造商部分最优反应动态

一、模型假设

本节构建制造商和供应商两群体的部分最优反应动态。假设在一定区域内分布可组成二级供应链的供应商群体和制造商群体，如图 4–1 所示。供应商和制造商均缺乏在复杂局面下的准确判断和全面预见能力，但是具备一定的学习能力，二者是有限理性的，这样的假设符合现实情形。在交易过程中，交易双方信任的表现包括：坚持诚信、公平、开放等行为标准，公布以往的交易记录，分享交易信息，高质量执行合同，体谅对方的困难、分担风险，愿意进行专用资产投资。假设信任是一个交易策略，且因为在区域内的交易个体具有一定学习能力，会比较周边行为主体的策略进而决定自身的策略。

假定供应商群体与制造商群体的成员两两随机配对相互博弈，每个博弈方都有两个策略信任（记为 T）、不信任（记为 N），当双方都采取不信任策略时，此时供应商和制造商的利润分别记为 π_S、π_M；双方都采取信任策略时，供应商和制造商的利润分别记为 π_S'、π_M'；当只有一方选择信

---

① ［美］朱·弗登伯格，戴维·莱文. 博弈学习理论 ［M］. 肖争艳，侯成琪，译. 北京：中国人民大学出版社，2004：7–8.

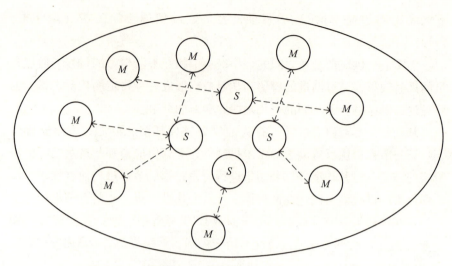

图 4 - 1   供应商群体与制造商群体组成的供应链网络

任时，信任方将损失一部分利润 $\Delta\pi$（专用投资、信息共享等），不信任方的"搭便车"行为将会获得信任方的损失值，双方信任时的收益与双方不信任收益的差值远大于"搭便车"的收益（$\pi'_S - \pi_S \gg \Delta\pi$，$\pi'_M - \pi_M \gg \Delta\pi$）。供应商和制造商在一定时期内进行重复博弈，供应商与制造商博弈的支付矩阵如表 4 - 1 所示。

表 4 - 1 供应商与制造商博弈的支付矩阵

供应商	制造商	
	信任（T）	不信任（N）
信任（T）	$\pi'_S,\ \pi'_M$	$\pi_S - \Delta\pi,\ \pi_M + \Delta\pi$
不信任（N）	$\pi_S + \Delta\pi,\ \pi_M - \Delta\pi$	$\pi_S,\ \pi_M$

由双方的支付矩阵易知，该博弈是一个"协调博弈"，有两个纯策略纳什均衡（T，T）和（N，N）。其中，（T，T）是帕累托最优策略。考虑到初次交易就建立高信任具有较高的风险，因此，一般而言，建立信任有个试探性的过程，可能需要付出一定成本，一旦度过试探期，双方在高信任状态下合作，将带来丰厚的回报。

二、部分最优反应动态

在重复博弈的过程中，伴随着时间的推移，供应商与制造商的策略不断地发生调整。在一段时间的交互作用后，两个群体可能形成某种均衡状态或者有规律的动态。假设供应商群体和制造商群体两两之间进行博弈，由于双方都是有限理性的，会对上一期的结果进行总结，并且做出相应的改变，以最大化本期的收益。同时，周边行为主体的策略都会直接影响当下的决策。具体而言，如果供应商观察到周边的制造商（供应商）在该期是信任策略时，那么下期该供应商也会采用信任策略。供应商和制造商的交易可以是多方的，即同一供应商可以同时与不同的制造商进行重叠交互交易。故而本节采用圆周博弈来进行分析，并遵从由特殊到一般的思路进行部分最优反应动态分析。①

假设在圆周的 5 个位置上分布着供应商和制造商，为了交易的正常进行，应保证至少存在一条链（供应商 - 制造商）。设供应商（制造商）与最临近的制造商（供应商）重复博弈，但其博弈策略总是会收到周边个体的直接影响。所以，在圆周上无论是供应商多于制造商还是制造商多与供应商，其分析都相同。每个博弈方可能采取 T 策略，也可能采取 N 策略。初始状态有 32 种，其中除了都采用 T 策略或都采用 N 策略外，其他情况两个策略都会出现。如图 4 - 2 所示，2 个供应商、3 个制造商只有一个 T 策略初次博弈最优反应动态。

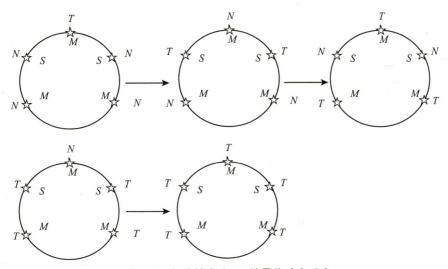

图 4 - 2　初次博弈为 1T 的最优动态反应

①　有关部分最优反应动态，参见：谢识予. 经济博弈论［M］. 上海：复旦大学出版社，2002；239 - 243。

假设 $x_i(t)$ 为在 t 时期（i 表示圆周上分布点），博弈方的周边博弈方中采用 T 策略的数量，有 0、1、2 三种情形（圆周博弈的结果）。相应地，采用 N 策略也有如上述 0、1、2 三个值。若以供应商作为分析的基点，则易知在第 t 时期，供应商选择 T 策略所得的支付为 $\pi'_S \times x_i(t) + (\pi_S - \Delta\pi) \times [2 - x_i(t)]$。同理进行分析可知，供应商选择 N 策略所获得的支付应为 $(\pi_S + \Delta\pi) \times x_i(t) + \pi_S \times [2 - x_i(t)]$。根据最优反应动态原理，当下列条件成立：

$$\pi'_S \times x_i(t) + (\pi_S - \Delta\pi) \times [2 - x_i(t)] > (\pi_S + \Delta\pi) \times \\ x_i(t) + \pi_S \times [2 - x_i(t)] \tag{4.1}$$

即 $x_i(t) > \dfrac{2\Delta\pi}{\pi'_S - \pi_S}$ 时，此时博弈方将在 $t+1$ 期采用 T 策略。由于 $\pi'_S - \pi_S \gg \Delta\pi$，则 $\dfrac{2\Delta\pi}{\pi'_S - \pi_S} < 1$，且 $x_i(t)$ 只能取 0、1、2 整数。实际上，如果在 t 时期只要临近的两个博弈方有一个采用 T 策略，那么，下期决策方将会采用 T 策略；如果没有一个 T 策略出现，那么下期决策方将会选择 N 策略。当只有 5 个博弈方时，除了初始状态都为 N 外，其他情况都最多经过 4 个时期的调整，最终将收敛于 T（信任）的稳定状态。

继续考察在圆周的 6 个位置上分布着供应商和制造商的情况，当初始状态只有一个博弈方采用 T 策略时，并没有出现如上文一样的收敛于 T 策略的稳定状态，出现的是一种 T 策略与 N 策略交替出现的动态。分析发现，当初始状态有相邻的博弈方同时出现信任状态时，则最终所有的博弈方将稳定于该状态。如果不相邻的两个博弈方采用了 T 策略（此两方之间存在另一个采用 N 策略的博弈方），而其他博弈方采用 N 策略，那么最优反应动态也不能使所有博弈方都收敛到全部使用 T 策略的稳定状态，而是处于 (N, T, N, T, N, T) 和 (T, N, T, N, T, N) 之间的周期变动。因此，这种情形下最终收敛于信任状态的前提条件是在调整过程中，会出现相邻的博弈方同时选择信任。

从以上给定奇数、偶数个博弈方扩展到一般情况：当存在 n 个博弈个体时，可以得到如下的结论。

命题 4.1 （1）当 n 个博弈方都采用 T（信任）策略或者 N（不信任）策略时，整个圆周会呈现一种稳态，即要么就是完全信任的环境，要么就是完全不信任的状态；

（2）当 n 为奇数时，只要出现一个信任状态，在通过很多期反复调整后，所有的成员将都会选择信任。等同于在全为不信任状态下的一个突变，最终出现了新的均衡；

（3）当 n 为偶数时，当只有一个信任状态出现时，并不会出现一个稳定的均衡，而是形成一个不稳定的动态。这种不稳定状态，实际是在不断地消耗供应链上的资源；

（4）n 个博弈方在策略调整的过程中，如果出现相邻的博弈方出现信任状态，最终将会使得整个博弈过程趋向稳定状态。

由上述分析可知，供应链所处区域的成员是否最终实现信任的稳定策略，与初始状态信任状况紧密相关。现实中，由于供应链企业初次交易以完全信任的方式有很大的交易风险，这种风险可能带来单方面的利润损失，从而引发供应链的不协调。由此可见，只要有供应链成员愿意尝试信任，这种尝试将会引发身边的成员的学习和模仿，短暂的损失可能换来长期高效的回报，最终实现信任的交易环境。但同时也有可能这种尝试不能得到一个良性的回应，最终将会不断消耗供应链的资源，这种状态可能比相互以不信任（仅计算自己的利益）的方式交易的状态更加不利于供应链的稳定和发展。①

此外，一旦出现一对稳定的信任方，那么将会使得信念学习机制迅速得以建立，使得区域交易环境高度信任化。在各项技术快速普及的社会环境中，通过控制自身的成本实现利益最大化的方式，已经达到了很高的水平。也就是说，仅从自身的成本中去挖掘利润，已不是提升利润的有效途径。从整个供应链上着手来降低成本，提升利润空间，才是问题的解决之道。供应链企业的不信任，本身就是一种成本，从另一个层面讲，从不信任到信任的转换，就是一个降低供应链成本的过程。如果企业能从这个角度去思考自身的战略，转变竞争方式，深化对信任的认知，无疑有助于供应链信任环境的营造。

在实践中，供应链上企业也并非只关注自身战略，而是时刻更新周边相关企业的发展信息，收集整个行业发展信息。通过与合作者或竞争者的博弈学习，会迅速调整竞争策略。当供应链中出现一种模式的创新，当这种创新会为企业带来利润增长时，这种策略将会迅速被学习和复制。例如，中国电子商务的快速发展中，伴随阿里巴巴、京东网、当当网等电商的崛起，传统零售巨头苏宁、国美也相应开发了各自的电子渠道苏宁易

---

① 该模型一定程度上印证了"信任是基于风险和行动的循环关系"的观点。参见：[德]尼克拉斯·卢曼. 信任：一个社会复杂性的简化机制 [M]. 瞿铁鹏，李强，译. 上海：上海人民出版社，2005：20－25。

购、国美在线。学习效应有时会带来无限的商机,有时会造成致命的发展危机。因为企业只具备有限理性,在建立供应链信任关系时,需要强化信任正向效用,让直观的效用促进成员的自发学习。

第二节　供应商与制造商的博弈学习模型

博弈学习理论认为,对获得成功的参与人的模仿形成了博弈过程中的一类学习过程,在模仿的情形下,影响着参与人的选择的概率。根据已有文献,可以将通过模仿学习的行动过程描述如下:参与人只能观察到其他人在上一期关于选择行动和收到支付的信息。那么,他就把该信息视为未来预期水平,从而去模仿那些可观测到的高于自身所获支付的行动(Vega – Redondo,2003)。

假定时间是离散的,每期长度为 τ。在每一期参与人以某一概率将其当前的支付水平与其预期水平 Ω 相比较,Ω 为服从 $[l, L]$ 上均匀分布的随机变量。如果通过当前使用的策略能够得到比 Ω 更多的支付,那么参与人将继续采用该策略。反之,如果支付水平低于 Ω,参与人将随机地选择另一个策略。记 $x_i(t)$ 为 t 时刻选择策略 i 的参与人的比例,$\prod_i(t)$ 为 t 时刻 i 策略的支付水平,$\overline{\prod}(t)$ 为所有参与人的平均支付水平。

受外部环境或自身条件的限制,参与人在博弈过程中可能存在学习障碍。如果假设每个参与人在每个时期以概率 δ 忽略学习过程,则可以将某些噪声引入复制动态方程。这样,在忽视了学习的情况下,参与人会以某一概率放弃当前的策略并随机选择一个新策略。假设策略 i 将以 θ_i 的概率被选中,由以上假设,根据离散动态连续化方法可得:[①]

$$\dot{x}_i(t) = (1 - \delta)x_i(t)\frac{\prod_i - \overline{\prod}}{L - l} + \delta[\theta_i - x_i(t)] \tag{4.2}$$

式(4.2)中,$\delta[\theta_i - x_i(t)]$ 为学习过程中的噪声项。以下将该模型引入供应商与制造商的博弈中。

假定供应商的策略集为 $\{D\ (不合作),\ C\ (合作)\}$,制造商的策略集为 $\{T\ (信任),\ N\ (不信任)\}$,用 π_k^{ij} 表示参与人 k 在策略组合 (i, j) 情况下的收益,其中,$k = S$(供应商),M(制造商),$i = D$(不合作),

---

① 参见:蒙特和塞拉(Montet and Serra,2003)。

C（合作），$j=T$（信任），N（不信任）。当供应商选择策略 D 时，其收益为 0，而制造商选择策略 T 和 N 的收益 $\pi_M^{DT}=\pi_M^{DN}$；当供应商选择策略 C 且制造商选择策略 T 时，两者的收益分别为 π_S^{CT} 和 π_M^{CT}；当供应商选择策略 C 且制造商选择策略 N 时，两者的收益相对于前一种情形均有所降低，分别为 $\pi_S^{CT}-\delta_S$，$\pi_M^{CT}-\delta_M$，这里 $\delta_S>0$，$\delta_M>0$。

基于以上假设，得到供应商与制造商博弈的支付矩阵如表 4-2 所示。

表 4-2 　　　　　　　　　供应商与制造商博弈的支付矩阵

供应商	制造商	
	信任（T）	不信任（N）
不合作（D）	0，π_M^{DT}	0，π_M^{DN}
合作（C）	π_S^{CT}，π_M^{CT}	π_S^{CN}，π_M^{CN}

令 σ_S 和 σ_M 分别为供应商和制造商的变异频率，供应商个体在没有学习过程的情况下以一定的概率 θ_i 选择任一可行策略 i（信任 T 或不信任 N），根据式（4.2），令 $L-l=1$，则供应商的复制动态方程为：

$$\dot{x}_i=(1-\sigma_S)x_i\left(\prod\nolimits_i-\overline{\prod\nolimits_S}\right)+\sigma_S(\theta_i-x_i) \qquad , \ i=D, \ C$$

类似地，对于制造商的复制动态方程为：

$$\dot{y}_j=(1-\sigma_M)y_j\left(\prod\nolimits_j-\overline{\prod\nolimits_M}\right)+\sigma_M(\lambda_j-y_j) \qquad , \ j=T, \ N$$

其中，策略 j 以 λ_j 的概率被制造商选中。由于概率 θ_i 和 λ_j 的确定是相当困难的，为分析方便起见，假定策略选择服从均匀分布，这样可以得到 $\theta_i=\lambda_j=\dfrac{1}{2}$。根据表 4-2 的支付矩阵，可得两群体复制动态系统：

$$\begin{cases} \dot{x}=(1-\sigma_S)\left[x(1-x)(\delta_S-\pi_S^{CT}-\delta_S y)\right]+\sigma_S\left(\dfrac{1}{2}-x\right) \\ \dot{y}=(1-\sigma_M)\left[y(1-y)(1-x)\delta_M\right]+\sigma_M\left(\dfrac{1}{2}-y\right) \end{cases} \qquad (4.3)$$

其中，第一个方程描述了选择策略 D 的那部分供应商的演化过程，而第二个方程描述的是采取策略 T 的制造商的演化过程。由于各参数都未知且参数之间的关系复杂，以下先进行直观描述。

图 4-3 和图 4-4 分别给出了噪声水平相同时（$\sigma_S=\sigma_M=0.01$）和噪声作用对制造商群体影响更大时（$\sigma_S=0.01$，$\sigma_M=0.1$）的相图。从这两个图形可以观察到，当 $\sigma_S=\sigma_M=0.01$ 时纳什均衡集 N 中没有一点是局

部吸引子，而当 $\sigma_S = 0.01$，$\sigma_M = 0.1$ 时则可以找到局部吸引子。

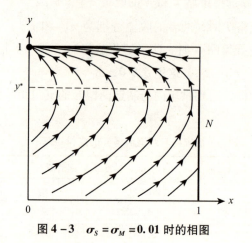

图 4-3　$\sigma_S = \sigma_M = 0.01$ 时的相图

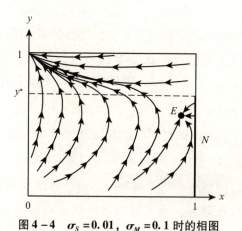

图 4-4　$\sigma_S = 0.01$，$\sigma_M = 0.1$ 时的相图

　　这意味着如果制造商群体的噪声水平高于供应商群体，那么供应商在其选择过程中可以使系统产生一个点，在该点建立起某种声誉而达到一个稳定均衡。

　　以下考察如图 4-4 中点 E 那类点的渐进稳定性，这里必须考虑变异频率接近于零时（例如，σ_U，$\sigma_O \to 0$）的系统（4.3）。为此，定义 $\Phi = \dfrac{(1-\sigma_S)\sigma_M}{(1-\sigma_M)\sigma_S}$，首先分析动态系统（4.3）的稳定点。令 $\dot{x}$ 和 $\dot{y}$ 等于 0，得到如下动态系统：

$$\begin{cases} -\sigma_S\left(\dfrac{1}{2}-x\right) = (1-\sigma_S)\left[x(1-x)(\delta_S - \pi_S^{CT} - \delta_S y)\right] \\ -\sigma_M\left(\dfrac{1}{2}-y\right) = (1-\sigma_M)\left[y(1-y)(1-x)\delta_M\right] \end{cases} \tag{4.4}$$

将系统（4.4）中两式相除并重新排列，则可得到 $\Phi = \dfrac{(1-\sigma_S)\sigma_M}{(1-\sigma_M)\sigma_S} =$

$\dfrac{\left(\dfrac{1}{2}-x\right)\left[y(1-y)(1-x)\delta_M\right]}{\left(\dfrac{1}{2}-y\right)\left[x(1-x)(\delta_S - \pi_S^{CT} - \delta_S y)\right]}$。集合 N 附近存在对应于 $x \to 1$ 的点，

由于我们的主要目标是寻求临近集合 N 的解，故 $\Phi =$

$\dfrac{-y(1-y)\delta_M}{(1-2y)(\delta_S - \pi_S^{CT} - \delta_S y)}$。

当 σ_U，$\sigma_O \to 0$ 时，必须要考虑两种可能的情况，如图 4-5 所示。[①]

情形 1：$\Phi < \dfrac{\delta_M}{\delta_S - 2\sqrt{\pi_S^{CT}(\delta_S - \pi_S^{CT})}}$

情形 2：$\Phi > \dfrac{\delta_M}{\delta_S - 2\sqrt{\pi_S^{CT}(\delta_S - \pi_S^{CT})}}$

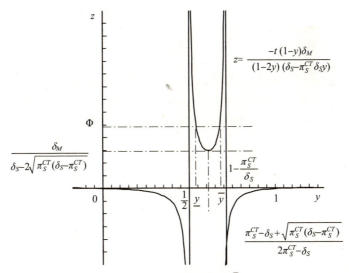

图 4-5　决策变量 $\underline{y}$ 和 $\bar{y}$

---

① 过一分析程较为复杂，具体技术细节，参见：盖尔等（Gale et al., 1995）。

上述两种情形与两个群体之间不同的噪声水平相联系。因而，情形 1 可以被视为只有供应商存在噪声的情形，而情形 2 则相反。

这个方程有 $\underline{y}$ 和 $\bar{y}$ 两个解，且必须满足如下条件：

当 $\Phi > \dfrac{\delta_M}{\delta_S - 2\sqrt{\pi_S^{CT}(\delta_S - \pi_S^{CT})}}$ 时，$\dfrac{1}{2} < \underline{y} < \dfrac{\pi_S^{CT} - \delta_S + \sqrt{\pi_S^{CT}(\delta_S - \pi_S^{CT})}}{2\pi_S^{CT} - \delta_S} < \bar{y} <$

$1 - \dfrac{\pi_S^{CT}}{\delta_S}$；

当 $\Phi < \dfrac{\delta_M}{\delta_S - 2\sqrt{\pi_S^{CT}(\delta_S - \pi_S^{CT})}}$ 时，方程没有满足 $0 \leqslant y \leqslant 1$ 的解。

由上述分析，可得出下面的命题。

命题 4.2 令 $A(\sigma_S, \sigma_M)$ 为系统（4.4）的渐进稳定状态集，并考虑在 Φ 给定情况下的 $A^* = \lim\limits_{(\sigma_S, \sigma_M) \to 0} A(\sigma_S, \sigma_M)$，则有如下结论：

（1）对于情形 1，集合 A^* 给出了唯一的极限点，即（0，1）；

（2）对于情形 2，集合 A^* 给出了两个极限点，（0，1）和（1，y）。

证明 以下主要就命题 4.2 中结论（2）给出证明，结论（1）类似可得。动态系统（4.4）的雅可比（Jacobian）矩阵为

$$J = \begin{bmatrix} (1-\sigma_S)(1-2x)(\delta_S - \pi_S^{CT} - \delta_S y) - \sigma_S, & -\delta_S(1-\sigma_S)x(1-x) \\ -(1-\sigma_M)y(1-y)\delta_M, & (1-\sigma_M)(1-2y)(1-x)\delta_M - \sigma_M \end{bmatrix}$$

当 $x > \dfrac{1}{2}$，$\dfrac{1}{2} < y < 1 - \dfrac{\pi_S^{CT}}{\delta_S}$ 时，矩阵的迹 $\mathrm{tr}J < 0$，以下判断行列式 $\det J$ 的符号。用 $2y-1$ 乘行列式的第二列，然后用 $2(1-\sigma_M)y(1-y)(1-x)\delta_M$ 代替 $\sigma_M(2y-1)$，并提出因子 $(1-\sigma_M)(1-\sigma_S)(1-x)\delta_M$，剩下的部分令 $\sigma_S = 0$、$x = 1$，得到如下矩阵 J'，且 $\det J'$ 符号与 $\det J$ 相同。

$$J' = \begin{bmatrix} \delta_S - \pi_S^{CT} - \delta_S y & \delta_S(2y-1) \\ y(1-y) & 2y^2 - 2y + 1 \end{bmatrix}$$

由此，容易计算出方程 $\det J' = 0$ 的根为 $\dfrac{\delta_S - \pi_S^{CT} - \sqrt{\pi_S^{CT}(\delta_S - \pi_S^{CT})}}{\delta_S - 2\pi_S^{CT}}$、

$\dfrac{\delta_S - \pi_S^{CT} + \sqrt{\pi_S^{CT}(\delta_S - \pi_S^{CT})}}{\delta_S - 2\pi_S^{CT}}$，进一步计算可知有如下结论成立：当 $y = \underline{y} <$

$\dfrac{\delta_S - \pi_S^{CT} - \sqrt{\pi_S^{CT}(\delta_S - \pi_S^{CT})}}{\delta_S - 2\pi_S^{CT}}$ 时，$\det J' > 0$，则 $\det J > 0$；当 $y = \bar{y} < 1 - \dfrac{\pi_{EC}^u}{\delta_U} <$

$\dfrac{\delta_S - \pi_S^{CT} + \sqrt{\pi_S^{CT}(\delta_S - \pi_S^{CT})}}{\delta_S - 2\pi_S^{CT}}$ 时，$\det J' < 0$，则 $\det J < 0$。由此可知，$\underline{y}$ 是渐进

吸引子。

命题 4.2 的结论表明，当 $\sigma_M > \sigma_S$ 时，一个非 SPE（子博弈完美均衡）点是渐进稳定的。这是因为当所有供应商不合作策略 D 时，使制造商选择信任策略 T 的压力就很小。而当部分供应商包含着噪声决策时，会使整个系统远离策略 D，供应商纷纷开始与制造商进行合作，并提高了制造商选择"信任"策略的可能性，在这种情况下达到了 SPE 点。然而，由于在模型中制造商同样受噪声的支配，制造商群体包括了选择 T 策略和选择 N 策略的参与人。面对这一混合群体制造商，如果选择不合作策略 D 的供应商足够多，则它将消减整个系统趋向 SPE 的趋势。这也从另一个侧面说明了只有当供应商群体中选择合作策略的个体越多，则越有利于促使制造商群体趋向于选择信任策略。

第三节　O2O 环境下的信念学习与信任机制

前述各章节的分析主要考察了系统供应链中供应商、制造商、零售商之间的策略互动，较少涉及供应链末端的消费者行为，也未研究新兴电子商务环境下的微观市场机制。① 本节研究另一类重要的学习行为——信念学习，并考察新兴电子商务背景下的消费者（买方）和企业（卖方）行为规律以及交易信任机制。

中国互联网信息中心发布的第 39 次《中国互联网络发展状况统计报告》显示，截至 2016 年 12 月，我国网民规模达 7.31 亿，互联网普及率达 53.2%，电子商务交易总规模已经超过 20 万亿元。据 Forrester Research 发布的数据显示，2016 年美国线上与线下的消费比例为 8% 和 92%，而中国该项数据则分别为 3% 和 97%。由此可见，线下消费的市场规模不可低估，市场潜力和发展空间巨大。

作为近年来迅速发展起来的一种新型电子商务模式，O2O（online to offline）主要采用"线上营销 + 线下消费"的商务模式，买方在网上查看产品信息和挑选，而后到实体店体验和消费，O2O 可以把线下的 90% 的消费者引入到线上消费去。O2O 商务模式在中国网络购物中的发展可谓如火如荼，两大电商巨头京东、阿里巴巴于 2014 年 3 月开始全线布局 O2O，

---

① 本节的研究一方面将信念学习模型化，使三类学习行为均纳入到研究范畴；另一方面也契合了当前互联网环境下商务模式快速发展的背景。

零售界大王万达亦不甘示弱，紧跟脚步大规模进军O2O领域。各大知名企业的举措都预示着O2O商业模式在21世纪的爆发。

当前，学术界关于O2O的研究非常缺乏，仅有的少数文献停留在案例分析或现象描述上，运用博弈论进行研究的尚不多见。事实上，O2O电子商务模式在迅速发展的同时，还面临着交易信任缺失的问题。国内外已有大量学者对电子商务中的信任问题进行了探讨，研究表明消费者拒绝网上交易的关键原因是信任缺失，引入信任机制可以有效提高交易质量。有学者进一步指出，信任在创建的过程中会不断进行调整，应加大法律、监督惩罚力度以提高卖家诚信概率（Dan et al.，2012）。

本节在传统B2B、B2C、C2C电子商务模式诚信管理研究的基础上，考察第三方O2O平台对商家的信任管理制度和消费者信任对商家诚信决策的影响。针对O2O平台的不诚信惩罚机制及多个消费者间的信任影响关系，研究两种不同情况下买卖双方的博弈问题。

一、基本模型

O2O电子商务涉及的参与者主要包括买房、卖方和O2O平台。这里将O2O平台企业视为一个垄断平台，消费者为买方，商家为卖方，买卖双方仅能通过平台进行交易行为，O2O电子商务模式交易流程描述如图4-6所示。

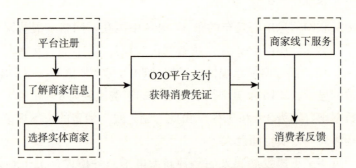

图4-6　O2O电子商务模式交易流程图

O2O电子商务交易中，卖方、买方和O2O平台的互动关系描述如下：

（1）卖方拥有实体店，并在O2O平台上发布商品，O2O平台对商家信息进行考核；

（2）卖方的高质量产品或低质量产品均为统一定价，同时设定消费时间或地点等条件；

（3）满足条件的买方在与卖方进行交互的基础上，决定是否购买商品；

（4）买方凭借消费凭证在线下进行实体消费，卖方对消费凭证进行核实、登记、统计；

（5）买方根据自身的感知收益，对卖方所提供的商品和服务在O2O平台上进行反馈；

（6）O2O平台依据概率 β 对卖方进行检查，对于不诚信行为进行惩罚，其他情况则不予处罚。

本节模型中的相关参数定义如表4-3所示。

表4-3 模型参数符号说明表

符号	说明
c_h、c_s、c_l	卖方的高质量产品的成本、每次交易的成本、低质量产品的伪装成本
p	卖方出售产品的定价
v、$-l$	卖方诚信和不诚信时买方的感知收益
β、f	O2O平台对不诚信卖方进行检查的概率及其对不诚信卖家的惩罚费用
w_0、σ	卖方不考虑买方信任时的未来收益及其时间贴现因子
θ_i、δ	第 i 个买方对卖方的信任度、买方信任度的折扣系数

二、均衡讨论

以下分两种情形进行讨论，首先分析买卖双方之间的一次性博弈情形。卖方与买方的博弈支付矩阵，如表4-4所示。

表4-4 O2O平台不诚信惩罚制度下买卖双方的支付矩阵

买方	卖方	
	诚信	不诚信
购买	v, $p-c_s-c_h$	$-l$, $p-c_s-c_l-\beta f$
不购买	0, 0	0, $-c_l$

为讨论方便，不妨令 $s_1 = p-c_s-c_h$，$s_2 = p-c_s-c_l-\beta f$。显然，当 $s_1 > s_2$，即 $c_h - c_l < \beta f$ 时，卖方诚信策略的收益高于不诚信策略的收益，该博弈的纯纳什唯一均衡为：买方选择购买，卖方选择诚信。要使得 $s_1 > s_2$，

可从提升卖方不诚信策略的成本 c_l 和 O2O 平台对卖方不诚信行为的惩罚力度（如增加检查次数和提高惩罚的费用）两方面入手。

以下分析 $s_1 < s_2$ 即 $c_h - c_l > \beta f$ 的情形。假设买方分别以 α 和 $1 - \alpha$ 的概率选择"购买"和"不购买"，卖方分别以 q 和 $1 - q$ 的概率选择"诚信"和"不诚信"策略。参考张维迎（1995）所述方法，不难得出当买方采取购买策略的概率 $\alpha < \dfrac{c_l}{c_h - \beta f}$ 时，卖方的占优策略为诚信；当 $\alpha = \dfrac{c_l}{c_h - \beta f}$ 时，卖方随机选择诚信与不诚信策略；当 $\alpha > \dfrac{c_l}{c_h - \beta f}$ 时，卖方占优策略为不诚信。当卖方采取诚信策略的概率 $q > \dfrac{l}{v + l}$ 时，买方的占优策略为购买，当 $q = \dfrac{l}{v + l}$ 时，买方随机选择购买或不购买策略，当 $q < \dfrac{l}{v + l}$ 时，买方占优策略为不购买。

命题 4.3 当 $c_h - c_l > \beta f$，博弈的混合策略纳什均衡解为 $\left(\alpha^* = \dfrac{c_l}{c_h - \beta f}, \ q^* = \dfrac{l}{v + l} \right)$。

通过以上分析可以得到卖方与买方的反应曲线，如图 4-7 所示。反应曲线 $\alpha = \alpha(q)$ 与 $q = q(\alpha)$ 的交点即为此博弈的混合策略纳什均衡。由此可见，买方的购买策略与高质量产品的价格、低质量产品的伪装成本以及 O2O 平台的检查频率及惩罚力度相当密切，事实上就是与卖方的支付有紧密联系。尤其是当 O2O 平台对于不诚信的惩罚力度加大时，买方认为卖方不诚信行为的支付将会减少，因此卖方有很大可能采取诚信策略，故买方购买的可能性上升。买方的购买有助于产品的销售，能促进卖方和 O2O 平台两者利益的增加，同时促进平台功能更好地实现。

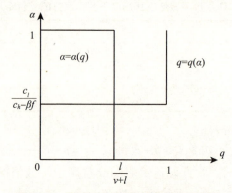

图 4-7 买卖双方的混合策略纳什均衡

上述过程考虑的是买卖双方进行一次性博弈的情形，混合策略纳什均衡似乎具有某种静态特征。我们也可将一个混合战略纳什均衡解释为一个随机稳定状态：参与者拥有过去行动被采用频数的信息（如"卖方在 $\frac{l}{v+l} \times 100\%$ 的阶段博弈中选择诚信策略，在 $\frac{v}{v+l} \times 100\%$ 的阶段博弈中选择不诚信策略"），买方使用这些频数信息去形成他的关于卖方未来策略选择的信念，因此可以系统地决定自己的战略选择。在均衡中这些频数随时间保持不变并且在这样的意义下是稳定的：给定稳定状态信念，由参与人用正概率选择的任何策略都是最优的。从这一角度来说，混合策略均衡的概念抓住了随机性规则。

事实上，从"信念学习"角度出发能够对这一问题给出更合理的解释。信念学习的大致思想是，参与者能够利用对方过去的选择与支付情况的信息，来更新当前博弈阶段他们对其他参与者的策略选择的信念。以下考虑多次博弈情形。

O2O 平台上，每一个买方的评价反馈都会对下一个买方的决策产生影响，因此卖方与买方间的博弈可看为多次博弈。这样，在多次博弈过程中，卖方选择策略时不仅要考虑当期收益，更要考虑未来收益。

本节的讨论中暂不考虑 O2O 平台的不诚信惩罚制度，那么卖方采取"诚信"策略时的收益为 $s_1 = p - c_s - c_h$，采取"不诚信"策略时的收益为 $s_2 = p - c_s - c_l - \beta f$。

最初买方并不了解卖方是否诚信，但随着交易次数的增加，第 $i-1(i \geqslant 1)$ 个买方购买后的评价将会对第 i 个买方的决策产生影响，设 θ_i（设 $\theta_0 = 0$，$\theta_1 = \theta$，$\theta_i \in [0, 1]$）为第 i 个买方根据第 $i-1$ 个买方的评价而对卖方产生的信任度，δ 为买方对卖方的信任度折扣系数，每次交易后，买方都会对卖方的信任度进行修正（吕绪华，2007）：

$$\theta_i = \begin{cases} \theta_{i-1} + \delta\theta_{i-1} & \text{当企业诚信交易} \\ \theta_{i-1} - \delta\theta_{i-1} & \text{当企业不诚信交易} \\ 1 & \text{当 } \theta_{i-1} \geqslant 1 \end{cases} \qquad (4.5)$$

假设卖方的收益为当次交易收益加上未来收益 w，其中未来收益 w 受到其每期的期望收益 $s(s>0)$ 和自身时间贴现因子 $\tau(\tau \in [0, 1])$ 的影响，卖方的未来收益为：

$$w_0 = s + s\tau + s\tau^2 + \cdots = \frac{s}{1-\tau}$$

考虑到买方信任度对卖方未来收益的影响后，卖方的未来收益函数为：

$$w(\theta_i) = \theta_i w_0 = \theta_i \frac{s_1}{1-\tau}$$

此时，在买方数量众多的情况下，企业采取诚信策略的收益为：

$$\pi_T = s_1 + w(\theta_i) = p - c_s - c_h + (\theta_{i-1} + \delta\theta_{i-1})\frac{s_1}{1-\tau}$$

企业采取不诚信策略的收益为：

$$\pi_N = s_2 + w(\theta_i) = p - c_s - c_l - \beta f + (\theta_{i-1} - \delta\theta_{i-1})\frac{s_1}{1-\tau}$$

命题 4.4　当买方对卖方的信任度 $\theta_{i-1} > \frac{1-\tau}{2\delta s_1}(c_h - c_l - \beta f)$ 时，卖方的占优策略是诚信。

证明　当 $\pi_T > \pi_N$ 时，企业将采取诚信策略，即：

$$p - c_s - c_h + (\theta_{i-1} + \delta\theta_{i-1})\frac{s_1}{1-\tau} > p - c_s - c_l - \beta f + (\theta_{i-1} - \delta\theta_{i-1})\frac{s_1}{1-\tau}$$

由上式可得，当 $\theta_{i-1} > \frac{1-\tau}{2\delta s_1}(c_h - c_l - \beta f)$ 时，卖方将采取诚信策略；当 c_h 和 c_l 间差距较小且存在一定的惩罚 βf 时，卖方的不诚信策略并无法为其带来较大的收益，故其采取诚信策略的概率加大；当卖方对未来的收益贴现值 τ 较大时，表示卖方看重未来的收益，其采取诚信策略的概率亦会加大；当买方的信任折扣度 δ 较大时，表明买方对卖方不诚信策略的敏感度较大，上一个买方的不良评价将导致下一个买方对卖方信任度的大幅下降，购买概率减小，因此卖方会加大自己采取诚信策略的概率。

事实上，当卖方的诚信度上升后，每次交易的期望收益也会逐步上升，其原因是上一个买方的良好评价会在一定程度上提升下一个买方的信任度，从而增加其购买概率。由 $\theta_{i-1} > \frac{1-\tau}{2\delta s_1}(c_h - c_l - \beta f)$ 可知，每次交易期望收益的提升将进一步使卖方诚信获利时，买方信任度所要达到的阈值下降。即只要买方的信任度达到一个较低的值，卖方也可获利，故卖方有动力采取诚信策略，买方有动力选择购买策略，两者间的博弈形成一个良性循环，双方皆获利，实现共赢。

由以上分析可知，买方的信任度对卖方的策略和获利情况有影响，然而买方的信任度又是建立在卖方诚信与否的行为基础上。因此，卖方在选择策略时不应仅考虑短期收益，更应考虑长期收益，提高买方的信任度，以长期获利。

三、演化分析

从淘宝颇受诟病的"低质低价"到乐天与亚马逊日趋激烈的"巅峰之战",从团购平台同质化竞争过于严重造成"千团大战"到苏宁等传统零售业的"华丽转型",近年来平台经济在迅速崛起的同时,众多平台企业也因管理决策不当以致养痈成患,不仅使自身面临诚信危机,同时给市场监管带来巨大压力。据 2015 年央视《每周质量报告》报道有消费者在京东购买到苹果翻新机,在去年央视"3·15"调查中,京东商城又被爆出"假水晶"事件。2016 年,电商代表淘宝命途坎坷,5 月 13 日被国际反假联盟(IACC)暂停了其会员资格,时隔一个月,在投资者会议上又受到了假货指控。2017 年两会期间,李克强总理在政府工作报告中提出"广泛开展质量提升行动,加强全面质量管理,健全优胜劣汰质量竞争机制"。基于上述背景,下面将充分考虑电子商务平台与其平台卖方的演化博弈关系,模型的基本假设如下:

假设 1 卖方的策略集为 {诚信,不诚信},卖方群体中选择"诚信"策略所占比例为 x,选择"不诚信"策略所占比例为 $1-x$;平台监管者的策略集为 {监管,不监管},选择"监管"策略的所占比例为 y,选择"不监管"策略的比例为 $1-y$。

假设 2 选择"诚信"策略的卖家投入成本为 C_h,其诚信获利 P_s,而选择"不诚信"策略的卖家投入成本加以伪装成本 $C_l (C_l < C_h)$,其获得的失信利润 $P_b (P_b > P_s)$。

假设 3 为维持平台的声誉,平台监管者会投入一部分资金进行监管,致力于提升平台的声誉,以为期带来更高的社会收益,设监管成本为 C_s,且平台以 β 的概率发现假货并处以 V 的罚款,若平台不予监管,则其会蒙受 R 的声誉以及由此造成的利益损失。

根据表 4 - 5,对于卖方而言,选择"诚信"和"不诚信"策略的期望支付分别为:

$$U_{1d} = y(P_s - C_h) + (1-y)(P_s - C_h) = P_s - C_h$$

$$U_{1n} = y(P_b - C_l - \beta V) + (1-y)(P_b - C_l) = -y\beta V + P_b - C_l$$

因而,卖方的平均期望支付为:

$$\overline{U}_1 = xU_{1d} + (1-x)U_{1n}$$

表 4 – 5　　　　　　　　平台卖方和监管者双方的支付矩阵

卖方	平台	
	监管	不监管
诚信	$P_s - C_h, \ -C_s$	$P_s - C_h, 0$
不诚信	$P_b - C_l - \beta V, \ -C_s + \beta V$	$P_b - C_l, \ -R$

对于平台监管者而言，选择"监管"和"不监管"策略的期望支付以及平均支付分别为：

$$U_{2d} = x(-C_s) + (1-x)(-C_s + \beta V) = -C_s + (1-x)\beta V$$

$$U_{2n} = (x-1)R$$

$$\overline{U}_2 = yU_{2d} + (1-y)U_{2n}$$

于是，卖方和平台监管者的复制动态方程分别为：

$$\dot{x} = \frac{\mathrm{d}x}{\mathrm{d}t} = x(U_{1d} - \overline{U}_1) = x(1-x)(P_s - C_h + y\beta V - P_b + C_l)$$

$$\dot{y} = \frac{\mathrm{d}y}{\mathrm{d}t} = y(U_{2d} - \overline{U}_2) = y(1-y)(-C_s + \beta V - x\beta V - xR + R)$$

由上述两个方程组成了二维动力系统：

$$\begin{cases} \dfrac{\mathrm{d}x}{\mathrm{d}t} = x(U_{1d} - \overline{U}_1) = x(1-x)(P_s - C_h + y\beta V - P_b + C_l) \\ \dfrac{\mathrm{d}y}{\mathrm{d}t} = y(U_{2d} - \overline{U}_2) = y(1-y)(-C_s + \beta V - x\beta V - xQ + Q) \end{cases} \quad (4.6)$$

对于系统（4.6），由 $\dfrac{\mathrm{d}x}{\mathrm{d}t} = 0$，$\dfrac{\mathrm{d}y}{\mathrm{d}t} = 0$，可得结论如下：

命题 4.5 动态系统（4.6）有 5 个平衡点，分别为 $(0, 0)$，$(0, 1)$，$(1, 0)$，$(1, 1)$，(x_D, y_D)，其中 $x_D = \dfrac{-C_s + \beta V + Q}{\beta V + Q}$，$y_D = \dfrac{P_b - C_l - P_s + C_h}{\beta V}$。

以下分析各平衡点的演化稳定性，动态系统（4.6）的雅可比（Jacobian）矩阵为

$$J = \begin{bmatrix} \dfrac{\partial \dot{x}}{\partial x} & \dfrac{\partial \dot{x}}{\partial y} \\ \dfrac{\partial \dot{y}}{\partial x} & \dfrac{\partial \dot{y}}{\partial y} \end{bmatrix} = \begin{bmatrix} a_{11} & a_{12} \\ a_{21} & a_{22} \end{bmatrix},$$ 其中，$a_{11} = (1-2x)(P_s - C_h + y\beta V - P_b +$

$C_l)$，$a_{12} = \beta Vx(1-x)$，$a_{21} = y(1-y)(-\beta V - Q)$，$a_{22} = (1-2y)(-C_s +$ $\beta V - x\beta V - xQ + Q)$。为方便分析，计算 5 个局部平衡点中 a_{11}，a_{12}，a_{21}，a_{22} 的具体取值，如表 4 – 6 所示。

表 4 – 6　　　　　　　　系统（4.6）各平衡点的计算结果

平衡点	a_{11}	a_{12}	a_{21}	a_{22}
$(0, 0)$	$P_s - C_h - P_b + C_l$	0	0	$-C_s + \beta V + R$
$(0, 1)$	$P_s - C_h - P_b + C_l + \beta V$	0	0	$C_s - \beta V - R$
$(1, 0)$	$-P_s + C_h + P_b - C_l$	0	0	$-C_s$
$(1, 1)$	$-P_s + C_h - \beta V + P_b - C_l$	0	0	C_s
(x_D, y_D)	0	M	N	0

其中，$M = \beta V \dfrac{-C_s + \beta V + R}{\beta V + R}\left(1 - \dfrac{-C_s + \beta V + R}{\beta V + R}\right)$，$N = \dfrac{P_b - C_l - P_s + C_h}{\beta V}$

$\left(1 - \dfrac{P_b - C_l - P_s + C_h}{\beta V}\right)(-\beta V - R)$。

表 4 – 6 中的 (x_D, y_D) 由于 $a_{11} + a_{22} = 0$ 与迹条件相矛盾，故 (x_D, y_D) 必然不是演化稳定的，由于 ESS 必须同时满足迹条件和雅可比（Jacobian）行列式条件。下面分别求出 4 个局部平衡点的雅可比（Jacobian）矩阵的迹与行列式的值，判断其局部稳定性。

命题 4.6　（1）当 $P_s - C_h - P_b + C_l + \beta R < 0$ 且 $C_s - \beta V - R < 0$，则 $(0, 1)$ 是演化稳定的；

（2）当 $C_s - \beta V - R > 0$，则 $(0, 0)$ 是演化稳定的。

证明　对于动态系统（4.6），求解其雅可比（Jacobian）矩阵的两个条件，当下列条件满足时 $P_s - C_h - P_b + C_l + \beta V < 0$ 且 $C_s - \beta V - R < 0$

结果如表 4 – 7 所示。

平衡点	$\det J$	$\text{tr} J$	局部稳定性
$(0, 0)$	–	不确定	鞍点
$(0, 1)$	+	–	ESS
$(1, 0)$	–	不确定	鞍点
$(1, 1)$	+	+	不稳定点

当 $C_s - \beta V - Q > 0$ 时，由于 $a_{12} = a_{21} = 0$，直接计算 a_{11}，a_{22} 即可。结果如表 4 – 8 所示。

表 4 - 8

平衡点	$\det J$	$\text{tr}J$	局部稳定性
(0, 0)	+	−	ESS
(0, 1)	不确定	不确定	非 ESS
(1, 0)	−	不确定	鞍点
(1, 1)	不确定	不确定	非 ESS

通过迹条件和行列式条件,很容易判断出平衡点(0,0)是演化稳定的。

对于动态系统(4.6)而言,求解其雅可比(Jacobian)矩阵的两个条件,当 $C_s - \beta V - Q < 0$ 且 $P_s - C_h - P_b + C_l + \beta V > 0$ 满足时,发现四个平衡点对应的 $\text{tr}J$ 符号不确定,而 $\det J < 0$,此时动态系统(4.6)不存在 ESS。于是,下列命题成立。

命题 4.7 当 $C_s - \beta V - Q < 0$ 且 $P_s - C_h - P_b + C_l + \beta V > 0$ 时,动态系统(4.6)不存在演化稳定策略。

为了进一步分析电子商务平台与卖方之间的策略互动,以下结合数值算例进行说明。

(1)各参数的取值分别为 $P_s = 2.5$,$C_h = 2$,$P_b = 3$,$C_l = 1$,$\beta = 0.5$,$V = 1$,$C_s = 3$,$Q = 5$,满足命题 4.6 中结论(1);当其他参数取值不变时,令 $Q = 2$,满足命题 4.6 中结论(2)。

如图 4 - 8 所示,当平台对于卖方失信的惩罚力度较低时,卖方对于平台的监督置之不理,这充分反映了之前平台只是宣称打假但并未采取实际行动,平台上假货泛滥,卖方与平台监管者双方均走向了两个极端。如图 4 - 9 所示,此时平台的监管成本较高,充分反映了现实中平台如果对于卖家监督力度过大,将会导致平台进驻商家量过少,影响平台的利润且卖方假货对平台造成的声誉损失较低,此时平台不会履行监管义务,而卖方也逐渐趋向失信,此时市场上假货泛滥。

(2)设参数 $P_s = 2.5$,$C_h = 2$,$P_b = 3$,$C_l = 1$,$\beta = 0.5$,$V = 6$,$C_s = 3$,$Q = 5$,满足命题 4.7。

如图 4 - 10 所示,当平台监管成本较低,且对失信卖家惩罚力度较大的时候,平台与卖方处于周期动荡的状态,此时不存在演化稳定策略。这与平台在假货泛滥时期,采取间断性的监管模式有关,这种监管方式只能暂时遏制假货问题,不能彻底解决假货问题。

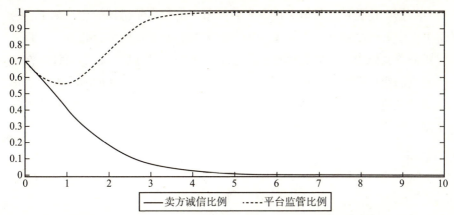

图 4 - 8　$P_s - C_h - P_b + C_l + \beta V < 0$ 且 $C_s - \beta V - Q < 0$ 的 ESS

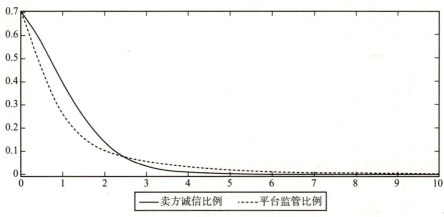

图 4 - 9　$C_s - \beta V - Q > 0$ 时系统的演化

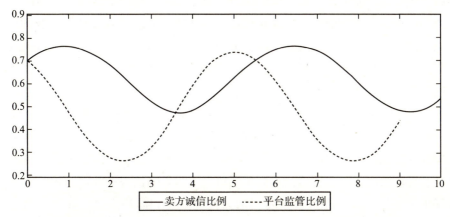

图 4 - 10　$C_s - \beta V - Q < 0$ 且 $P_s - C_h - P_b + C_l + \beta V > 0$ 时系统的演化

根据上述分析，从电子商务平台的角度出发，所得到的启示如下：应降低对卖方的依赖性，不能单纯依靠较多的卖家来获取平台收益，应提升发现假货的能力。比如阿里巴巴斥巨资打造的阿里神盾局，专门针对淘宝平台上的假货行为，严厉震慑了平台上的失信卖家。与此同时，对于失信卖家的惩罚力度也至关重要，正如 2017 年两会期间阿里巴巴集团董事局主席马云所言，"要像查酒驾一样治理假货"。

第四节　本 章 小 结

　　首先，本章以圆周博弈抽象供应链竞争环境，应用最优反应动态学习机制研究了供应链企业间信任的演进过程。研究结果表明：供应链信任的稳态，与初始交易时，供应商、制造商的信任状态紧密相关。当整个交易群体集体呈现一种不愿信任的信号，那么供应链企业信任不可能产生。当交易群体中凸显信任策略时，整个供应链会出现有生机的演进。如果周边的个体都呈现信任时，信任将会是一个稳健的策略，并会迅速同化周边的个体，最终整个群体处于高信任状态。从管理角度出发，企业应该立足长远持续发展，应该向合作伙伴及市场传递可信任信号，实现多赢。政府也应出台相关政策，营造信任环境，建立信任披露机构。

　　其次，考虑到受外部环境或自身条件的限制，参与人在博弈过程中可能存在学习障碍，构建了一个含噪声的供应商 – 制造商两群体复制动态模型。结果显示：与不含噪声的复制动态相比，当在复制动态中引入噪声时，供应商与制造商带着不同的噪声，演化结果会有所不同。尤其当制造商的噪声大于供应商时，除演化稳定策略之外，系统还收敛到一个非 SPE 点，在这场博弈中，制造商以混合策略存在于市场中，而供应商群体中应当保持相当数量的个体选择"合作"策略，这样有助于抵制那些侵蚀群体的选择"不合作"策略的个体，从而使系统向高信任状态演化。

　　最后，本章简要分析了 O2O 电子商务模式较传统模式的优点及其发展状况，指出 O2O 发展过程中存在不诚信问题。通过引入"信念学习"，即参与者依据对其他博弈方的选择的预期来决定其策略选择，考察了 O2O 平台管理制度和消费者信任对商家诚信决策的影响，为不诚信问题的解决提供了一些建议，如 O2O 平台应加大检查频率和惩罚力度；同时，商家应从长远利益考虑，采用诚信策略，培养消费者的信任度，此举有助于 O2O 平台和商务模式的良性发展。进一步地，本章还放松了相关假设，在有限理性以及信息不对称的情况下，建立了监管平台与卖方的两群体演化博弈模型，对演化稳定策略进行了分析，并借助于数值算例，得出平台监管成本以及平台对于失信卖方的处罚力度是影响演化博弈行为的关键因素。当然，需要特别指出的是，消费者对商家的信任不完全与卖方的行为相关，还与其自身特质（如互惠、利他等）相关，故后续研究中可考虑消费者行为特质对消费者购买行为的影响。

本章的研究充分表明：供应链信任的动态演进过程是递推式的、循环式的、迭代式的互动过程，信任演化的内在机理是供应链成员间的学习过程，均衡是并非完全理性的参与人随着时间的推移通过学习、模仿寻求最优化这一过程的长期结果。

第五章　含利他偏好的双渠道供应链信任投入的演化博弈

> 善良、公平、互助是人类社会能够良好运转和不断进步的润滑剂。人们会关注他人，包括利他以及关注自己和其他人的结果之间的联系。社会偏好就是这些关注他人和关注过程的行为理由。
>
> ——恩斯特·费尔（Ernst Fehr，1992）

在商业运营中，企业经常会进行投资以获取合作伙伴的信任，这能够显著降低合作的交易成本，在本章中我们称此类投资为信任投入。前面各章研究的是单渠道供应链，事实上，在双渠道供应链中，信任投入意味着渠道间很有可能进行专用投资以增强双方的合作关系。利他偏好是指一方愿意考虑他人利益的程度，这能够为信任投入提供内在动力，而这种利他偏好的持续程度则取决于其生存能力。[①] 在双方合作（co-opetition）的过程中，学习能力扮演着重要的角色——学习能力强往往意味着更强的盈利能力。[②] 本章一个主要目标便是研究利他行为以及学习能力对双渠道供应链信任投入决策的影响。

关于信任投入的重要性在近年来已经赢得广泛的共识。关系理论的发展表明制造商和零售商之间稳定的合作关系能够帮助零售商取得优异的销售绩效：不仅降低交易成本，并通过供应商的资源弥补零售商核心竞争力的不足以增强消费者的满意度（Gadde and Hakansson，1994），而且也能通过降低零售商的寻租行为并减轻制造商的忧虑以促进供应链的协调。特别的，在双渠道供应链中，企业不仅面临着垂直竞争，也面临着渠道间的

---

① 一个更正式的定义是，利他偏好是指人们的效用函数中他人的利益与自身的效用正相关。

② co-opetition 一词指企业间存在着错综复杂的竞争与合作关系（Adam and Nalebuff，1997）。

水平竞争，这使得双渠道供应链成为一个复杂的竞合网络系统，不稳定的合作以及渠道间的激烈竞争将导致效率损失。因此，供应链企业都有动机通过一定的信任投入来构建稳定的合作关系。

在现实中，供应链企业对具有不同能力的合作伙伴具有不同的信任水平。低信任水平将会导致交易费用的上升，特别是在交易量大的情况下。信任投入是一种展现自身能力、降低交易费用的有效方式，包括专用资产投资、需求预测信息共享等（Chen，2005；Yue，2006）。

博弈论提供了一种模型化理性系统的数学方法，并能够求得竞争与冲突情景下的均衡解，演化博弈论则通过摒弃当前博弈论中的理性因素而被广泛应用于确定供应链最优且最稳定的策略。本章中，由于信任投入是一个由双方经验形成而且充满了有限理性的长期过程，因此非常适合使用演化博弈论来分析影响信任投入的因素。

本章讨论的主题是考虑利他偏好的双渠道供应链的信任投入演化博弈。现有研究从以下几方面对供应链中信任所扮演的角色进行了讨论，实证研究显示信任是影响复杂系统效率的关键因素之一（Fukuyama，1995；Gächter et al.，2004），原因是企业之间的信任能够降低交易成本并提升竞争能力（林英晖，2007；Laaksonen et al.，2009）。有学者认为，供应链企业之间信任的建立是一个相互理解的过程（Adobor，2005）。随着人工智能的发展，学术界采用仿真方法分析了供应链企业间的博弈引发的信任变化过程（Smith and Desjardins，2009）。在以上研究基础上，本章将信任投入问题置于双渠道供应链环境中进行分析。

已有文献对双渠道供应链进行了广泛的研究，主要集中于讨论直接渠道与零售渠道的定价策略（Chiang et al.，2003；Cattani，2006；Ge and Hu，2012；Shi et al.，2013），存货策略（Chiang and Monahan，2005；Chiang，2010）以及渠道间的协调（Tsay，2004；Yao，2005；Dumrongsiri，2008；Liu，2010；Cai，2010）。尽管一些文献涉及双渠道供应链企业决策的行为特征（Chiang，2005；Xiao and Yu，2006；Cui et al.，2007；Ho and Zhang，2008），但鲜有分析双渠道供应链企业行为特征的趋势演化，本章致力于研究信任投入行为的演化问题。近年来，实验经济学和行为经济学的许多研究成果已然构成了对"经济人"自利假设的系统性背离（Kahneman et al.，1986；Henrich，2001；Smith，2002；Fehr and Gächter，2002），与自利假设相对应的利他假设已经得到了行为实验的证实（Gintis，2003；Ashraf et al.，2006；陈叶烽等，2010），从而为引入供应链企业的社会性偏好提供了动因。

本章采用了利他假说，重点讨论直销渠道与零售渠道并不是完全竞争的情况，双方不仅仅考虑自身的利益，也考虑合作伙伴的利益，这对于我们理解双渠道供应链中渠道间的关系具有非常重要的意义。当前，伴随互联网的盛行，例如，联想、海尔、IBM、Apple、Nike、Coach 等国内外企业，不仅通过零售渠道销售商品，而且通过网上渠道进行直销以促进供应链的柔性（Chiang，2005）。如果直销渠道和零售渠道不能实现相互协调，供应链的绩效将受到严重的影响。长期来看，究竟直销渠道和零售渠道将如何选择自身的行为模式（利己或利他）取决于企业选择不同策略时的收益情况。在演化过程中，供应链企业的学习行为将具有至关重要的作用，无法适应环境变化的双渠道供应链企业将被淘汰。本章主要研究互惠利他行为（Trivers，1971；Akerlof，1982；Nowak and Sigmund，1998；Cox et al.，2007），将利他偏好与渠道间的学习行为相结合来研究行为趋势与学习能力如何影响信任投入。

具体地，本章将利他偏好、学习能力以及信任投入决策整合在一个模型中来研究双渠道供应链系统的演化问题，通过构建学习竞争模型以及演化博弈模型，分析双渠道系统的信任投入机制。结果表明，直销和零售渠道利他偏好演化方向和路径取决于终端的敏感度以及学习能力。与直觉不同的是，只有当直销终端和零售终端均具有理想的高信任投入产出率时，系统才有可能向高信任投入均衡演化。

本章的研究内容安排如下：第一节描述竞争性设定下的双渠道供应链学习动态；第二节构建双渠道供应链的学习动态模型；第三节分析供应链成员信任投入的演化行为；第四节结合苹果公司的案例以及数值例子以更好地理解前述模型；第五节对本章进行了总结。

第一节　竞争条件下的学习动态

考虑一个双渠道供应链群体，每个群体中都包含直销渠道和零售渠道，分别用 D 和 R 表示直销渠道和零售渠道。群体 D 中包含着大量的直销渠道，而群体 R 中则包含着大量的零售渠道。两种销售渠道均销售同质化商品，每个直销（零售）渠道至少有一个匹配的零售（直销）渠道。

一、基本模型

已有研究发现，边际成本定价策略未必是优胜战略，成本加成定价方法应用的更为广泛（Nagle and Holden，1995）。在这种情况下，当边际利润大于零时，产品的销量以及市场份额均会得到增长，即

$$\frac{\mathrm{d}n}{\mathrm{d}t} = nF(p, c) \tag{5.1}$$

其中，n 代表着销售数量，c 代表单位生产成本，边际成本利润由 $F(p, c) = p - c$ 表示，p 是零售价格，N 表示整体的市场容量。当市场饱和后，边际利润将降低为 0。记

$$F(p, c) = p - c = k(N - n) \tag{5.2}$$

上式中，k 表示学习过程中系统主体中需要接受新信息的学习者数目的增长率（如供求信息、消费者偏好等）。

联立式（5.1）与式（5.2）即可得到群体生态理论著名的 Logistic 方程（Pianka，1983）：

$$\frac{\mathrm{d}n}{\mathrm{d}t} = kn(N - n) \tag{5.3}$$

在竞争过程中，一些直销渠道和零售渠道可能会被迫淘汰，如果我们将此现象考虑在内，则可得到以下表达式：

$$\frac{\mathrm{d}n}{\mathrm{d}t} = kn(N - n) - Rn \tag{5.4}$$

其中，R 表示移除率，用于描述供应链中的渠道离开市场的速度。下式将 R 视为常数，但同时，其必须满足下列条件（Chen，1987）：

$$R = d\left(1 - \alpha \frac{n}{N}\right) \tag{5.5}$$

其中，$\overline{d}$ 表示系统主体学习市场信息的困难程度。在这里我们引入行为参数 α，用以描述双渠道供应链企业的敏感度。

根据市场竞争下双渠道供应链企业对待合作伙伴的态度，可将其划分为两种类型：自利主义者与利他主义者。自利者具有强烈的警惕心理，他们致力于保护自身现有利益，即使是在他们进行信任投入的合作期间，而且他们很有可能选择不止一个合作伙伴。与之相反，供应链中的利他主义者对合作伙伴持有开放的心态，他们对信任投入的投资动机不仅仅源于对自身利益的追求，而且会考虑合作伙伴的利益，这有可能在未来为企业带来收益，因此他们通常只会选择一个合作伙伴。

如果 $0 < \alpha < 1$，α 表示系统主体对信任供应链伙伴的排斥程度，这意味着系统主体是自利的并拥有更高的风险规避倾向，当很少的系统主体拥有市场信息时，他们将持有观望态度，并且期望能够获取"搭便车"收益，这会导致移除率升高；而当市场成熟后，自利主义者将为获取市场份

额而努力竞争，这将导致移除率的降低。相反，如果 $-1 < \alpha < 0$，此时 α 表示系统主体对于信任供应链伙伴的接受程度，说明系统主体为利他者群体并拥有更高的风险倾向，当很少的系统主体拥有市场信息时，他们将无视风险进入市场，并相信合作伙伴能与其行动一致，这会促进整个市场的发展，于是市场移除率会降低，而当市场成熟后，利他主义者将会退出市场竞争，为合作伙伴留出市场空间并寻求新的市场机会。①

二、单群体演化模型

本部分考虑单群体——直销渠道群体（包含所有的直销渠道）或者零售渠道群体（包含所有的零售渠道）的学习过程。

根据上述分析，并将式（5.4）和式（5.5）联立可得：

$$\frac{\mathrm{d}n}{\mathrm{d}t} = kn(N-n) - \mathrm{d}n\left(1 - \alpha\frac{n}{N}\right) \tag{5.6}$$

为了能够掌控市场，企业必须要掌握市场信息，式（5.6）描述了分割市场中的信息扩散过程（Griliches，1957；Bartholomew，1982），其中，n 代表系统主体中已掌握市场信息者的数目；N 表示系统主体（直销或零售渠道）的规模；$(N-n)$ 表示系统主体中需要接受更多市场信息的学习者数目。当系统主体均获取了正确的市场信息，则市场将面临饱和。

根据式（5.6），可以得到关于 n 的均衡解：

$$n^* = \frac{N\left(1 - \dfrac{d}{kN}\right)}{\left(1 - \dfrac{\mathrm{d}\alpha}{kN}\right)} \tag{5.7}$$

由式（5.7）可以发现，$n^*_{\alpha<0} < n^*_{\alpha=0} < n^*_{\alpha>0}$，这意味着无论在哪个群体中，具有自利和警惕心理的渠道均衡数量均要高于具有开放心态的利他渠道均衡数量。这说明在给定的市场容量下，无论在哪个群体中，具有信任行为和利他偏好的供应链企业在数量上均处于不利地位，因此具有利他偏好的参与者需要更加积极地进行合作，学习更多市场信息，提高供应链效率，这样才能使其在激烈的市场竞争中生存下来。

三、两群体演化模型

前面对单群体的学习过程进行了讨论，接下来对具有不同敏感性的两群体（群体 D 和群体 R）学习过程进行分析，可得如下系统：

---

① 这一点与政治上著名的利他行为——美国总统华盛顿在历史上的做法非常相似。

$$\begin{cases} \dfrac{\mathrm{d}n_D}{\partial t} = k_D n_D (N_D - n_D - n_R) - d_D n_D \left(1 - \alpha_D \dfrac{n_D}{N_D}\right) \\ \dfrac{\mathrm{d}n_R}{\partial t} = k_R n_R (N_R - n_R - n_D) - d_R n_R \left(1 - \alpha_R \dfrac{n_R}{N_R}\right) \end{cases} \quad (5.8)$$

其中，n_i 表示已经获取市场信息的渠道数量，N_i 则表示每个群体的规模（$i = D$，R）。

命题5.1 对于式（5.8）给定的两群体学习过程，可以得到如下结果：

（1）群体 D 和群体 R 的竞争共存条件是 $\dfrac{1}{1 - \alpha_D d_D / k_D N_D} < \dfrac{N_R - d_R / k_R}{N_D - d_D / k_D} <$

$1 - \dfrac{\alpha_R d_R}{k_R N_R}$ 或 $(1 - \alpha_D d_D / k_D N_D)(1 - \alpha_R d_R / k_R N_R) > 1$。

（2）群体 D 被群体 R 取代的条件是 $\dfrac{N_R - d_R / k_R}{N_D - d_D / k_D} > 1 - \dfrac{\alpha_R d_R}{k_R N_R}$。

（3）群体 R 被群体 D 取代的条件是 $\dfrac{N_D - d_D / k_D}{N_R - d_R / k_R} > 1 - \dfrac{\alpha_D d_D}{k_D N_D}$。

鉴于命题5.1中的条件相当复杂，下面集中讨论当 $k_D = k_R = k$，$N_D = N_R = N$ 时的情况，以说明直销渠道群体与零售渠道群体的学习竞争结果。

第一，如果直销渠道群体和零售渠道群体都是自利的（$\alpha_D > 0$ 且 $\alpha_R > 0$），那么这两个群体则不能在均衡中共存。这说明当两个群体均为自利类型时，渠道间的水平竞争将变得非常激烈并致使双渠道供应链的运作效率持续下降，这会导致其中一个渠道离开市场，也就是说，双渠道供应链将会逐渐变为单渠道供应链或者更换合作伙伴。

第二，如果直销渠道群体和零售渠道群体都是利他的（$\alpha_D < 0$ 且 $\alpha_R < 0$），供应链企业之间的利他偏好能够协调供应链系统并促使双渠道供应链企业在长期共存。[①] 在这种情况下，双渠道供应链的动态演化结果将收敛于供应链企业均进行高信任投入的情形，这是直销渠道群体与零售渠道群体博弈竞争的均衡结果。

第三，当直销渠道群体和零售渠道群体一方是自利的，而另一方是利他的情况下，且双方具有相同的学习能力（即 $\alpha_D > 0$，$\alpha_R < 0$ 或者 $\alpha_D > 0$，$\alpha_R < 0$，并且 $d_1 = d_2$），则有均衡解，即式（5.7），并可知 n^* 是 α 的增函

---

① 该结果与拉宾（Rabin，1993）、费尔和费什巴克尔（Fehr and Fischbacher，2003）、费什巴克尔和贾奇特（Fischbacher and Gächter，2010）的实验研究一致，上述研究揭示了互惠利他偏好在公共品博弈行为中的存在性。

数。这表明当双渠道供应链系统中两种终端中有一方为利己者，另一方为利他者，如果两者学习能力相同那么利他者一定会最终为利己者所取代。此时，利他者终端必须通过不断增强其适应市场的能力，使 d 不断缩小，提升服务质量，运用各种促销手段吸引消费者，扩大市场容量以提升自己的生存能力。在这种博弈条件下，双渠道供应链的动态演化结果倾向于双渠道供应链企业均进行低信任投入的情形。

第四，当直销渠道群体和零售渠道群体一方是自利的，而另一方是利他的情况下，且与前述情况不同，两者适应市场的学习能力有区别（即 $\alpha_D > 0$，$\alpha_R < 0$ 或者 $\alpha_D > 0$，$\alpha_R < 0$，并且 $d_1 \neq d_2$），在这种博弈条件下，两种渠道终端的竞合将产生多种可能的结果。此时，双渠道竞争的博弈均衡结果有可能收敛于高信任投入水平，也有可能收敛于低信任投入水平。最终的结果取决于高信任投入和低信任投入的博弈支付、不同渠道终端对市场的自组织学习能力以及双渠道供应链所面对的外部环境的影响。

第二节　考虑信任投入的演化博弈模型

传统博弈理论由于其严格的理性假设以及对博弈中动态调整的忽视，因而无法解释博弈中的分化、共存以及信任投入策略的收敛现象。根据上述对双渠道供应链的行为假设，渠道信任投入决策的形成可以视为渠道间观察、互动以及学习的动态演化过程，在此过程中充满着有限理性与不确定性。因此本节采用演化博弈理论研究这一自发过程中的信任投入均衡并进一步讨论影响信任投入水平的因素。

一、基本假设

根据上述分析，在双渠道中系统主体 $i(i = D, R)$ 拥有两种对待合作伙伴的不同态度：自利类型以及利他类型。他们都有两种可能的信任投入策略：低水平信任投入（简称 L）和高水平信任投入（简称 H），这也是博弈参与者的两种纯策略。直销渠道和零售渠道群体对于合作重要性具有的不同感受，直销渠道和零售渠道群体之间的力量对比以及他们的利他偏好区别将会导致不同水平的信任投入动机。然而，最终的演化结果取决于系统主体在不同情况下的收益情况，如果利润不足，企业将无法在市场中幸存下来（Alchian, 1950; Schelling, 1960; Becker, 1974）。因此，本节采用演化博弈理论来求解对双渠道供应链主体经济上最优的策略集。在双渠道供应链企业信任投入的动态演化过程中，随着直销渠道和零售渠道的市场信息调整、学习竞争、舆论压力乃至竞争对手的策略调整，博弈双方都会对其信任投入策略做出不断的调整，并对供应链企业动态复制速度产生深刻影响，而这一切都会决定供应链上不同终端信任投入水平的演化方向。本节基本假设如下：

（1）用 x_i 表示双渠道供应链中直销渠道和零售渠道均仅实施策略 L 时得到的基本收益，$i = D, R$。

（2）当双渠道供应链终端均选择策略 H 的情况下，双渠道供应链能够减少内耗，降低交易成本，此时他们能够得到超额收益，用 γ_i 表示渠道的高信任投入产出比例，$i = D, R$。

（3）当双渠道供应链中 D 选择策略 H 而 R 选择策略 L 时，R 的交易成本会降低，但会使 D 产生潜在的风险损失。用 $\beta_D x_D$ 表示 D 的风险损失，其中，β_D 表示 D 的高信任投入风险率，R 由此获得额外的"搭便车"收益 ΔT_R。

（4）当双渠道供应链中 R 选择策略 H 而 D 选择策略 L 时，D 的交易成本会降低，但会使 R 产生潜在的风险损失，我们用 $\beta_R x_R$ 表示 R 的风险损失，其中 β_R 表示 R 的高信任投入风险率，D 由此获得额外的搭便车收益 ΔT_D。

（5）系统主体为进行高信任投入所需要付出的评估其合作伙伴的成本分别为 Δc_D 和 Δc_R。

二、复制动态方程

用 m 表示直销渠道群体选择采取策略 H 的比例，则选择采取策略 L 的比例为 $1 - m$。类似地，零售渠道群体选择策略 H 的比例用 n 表示，而相应的选择策略 L 的比例为 $1 - n$。因此博弈模型的策略集可以表示为 $s = \{(m, 1 - m), (n, 1 - n)\}$，其中 $0 \leqslant m \leqslant 1$，$0 \leqslant n \leqslant 1$。系统主体 D 和 R 纯策略的不同组合构成的支付矩阵如表 5 - 1 所示。

表 5 - 1　　　　　　　　　D 与 R 的博弈支付矩阵

直销渠道	零售渠道	
	H	L
H	$(1 + \gamma_D)x_D - \Delta c_D,$ $(1 + \gamma_R)x_R - \Delta c_R$	$x_D - \Delta c_D - \beta_D x_D,$ $x_R + \Delta T_R$
L	$x_D + \Delta T_D,$ $x_R - \Delta c_R - \beta_R x_R$	$x_D, \ x_R$

D 和 R 的支付矩阵如下所示：

$$D_1 = \begin{bmatrix} (1+\gamma_D)x_D - \Delta c_D & x_D - \Delta c_D - \beta_D x_D \\ x_D + \Delta T_D & x_D \end{bmatrix}, \quad D_2 = \begin{bmatrix} (1+\gamma_R)x_R - \Delta c_R & x_R - \Delta c_R - \beta_R x_R \\ x_R + \Delta T_R & x_R \end{bmatrix}$$

为叙述方便起见，不妨用 $m(t)$ 表示直销渠道群体在时点 t 时采用策略 H 的比例，其中 $0 \leqslant m(t) \leqslant 1$。类似地，用 $n(t)$ 表示零售渠道群体在时点 t 时采用策略 H 的比例，其中 $0 \leqslant n(t) \leqslant 1$。用 $u_{1i}(m, n)$ 表示 D 采取策略 i 时的适应度，$u_{2i}(m, n)$ 表示 R 采取策略时的适应度，其中 $i = H, L$。

根据上述假设，于是有：

$$u_{1H} = n[(1+\gamma_D)x_D - \Delta c_D] + (1-n)(x_D - \Delta c_D - \beta_D x_D)$$

$$u_{1L} = n(x_D + \Delta T_D) + (1-n)x_D$$

$$u_{2H} = m[(1+\gamma_R)x_R - \Delta c_R] + (1-m)(x_R - \Delta c_R - \beta_R x_R)$$

$$u_{2L} = m(x_R + \Delta T_R) + (1-m)x_R$$

进一步地，D 和 R 的平均适应度可以分别表示为：

$$\bar{u}_1 = mu_{1H} + (1-m)u_{1L}$$

$$\bar{u}_2 = nu_{2H} + (1-n)u_{2L}$$

根据马尔萨斯（Malthusian）方程的原理，并替换前述计算中的 u_{1i}，u_{2i}，$\bar{u}_1$，$\bar{u}_2$，可以得到直接渠道群体的复制动态方程（Friedman，1991）：

$$\dot{m} = \frac{\mathrm{d}m}{\mathrm{d}t} = m(u_{1H} - \bar{u}_1) = m(1-m)[n(\gamma_D x_D - \Delta T_D + \beta_D x_D) - (\Delta c_D + \beta_D x_D)]$$

$$(5.9)$$

类似地，零售渠道的复制动态方程为：

$$\dot{n} = \frac{\mathrm{d}n}{\mathrm{d}t} = n(1-n)[m(\gamma_R x_R - \Delta T_R + \beta_R x_R) - (\Delta c_R + \beta_R x_R)] \quad (5.10)$$

由上述两式可以得到由供应商直销终端和零售商终端群体构成的二维非线性动力系统：

$$\begin{cases} \dfrac{\mathrm{d}m}{\mathrm{d}t} = m(1-m)[n(\gamma_D x_D - \Delta T_D + \beta_D x_D) - (\Delta c_D + \beta_D x_D)] \\[3mm] \dfrac{\mathrm{d}n}{\mathrm{d}t} = n(1-n)[m(\gamma_R x_R - \Delta T_R + \beta_R x_R) - (\Delta c_R + \beta_R x_R)] \end{cases} \quad (5.11)$$

命题 5.2 根据式（5.11）给定的复制动态系统，可以得到如下结果：

（1）$(0, 0)$，$(0, 1)$，$(1, 0)$ 以及 $(1, 1)$ 是系统的平衡点（不动点）。

（2）如果渠道的信任投入产出率满足 $\gamma_D > \gamma_{D1}$，$\gamma_R > \gamma_{R1}$，那么（m_h，n_h）也是复制动态系统（5.11）的平衡点，其中：

$$m_h = \frac{\Delta c_R + \beta_R x_R}{\gamma_R x_R - \Delta T_R + \beta_R x_R}, \quad n_h = \frac{\Delta c_D + \beta_D x_D}{\gamma_D x_D - \Delta T_D + \beta_D x_D},$$

$$\gamma_{D1} = \frac{\Delta T_D + \Delta c_D}{x_D}, \quad \gamma_{R1} = \frac{\Delta T_R + \Delta c_R}{x_R}$$

三、演化稳定性分析

上述复制动态方程求出的平衡点不一定是系统的演化稳定策略（ESS），根据弗里德曼（Friedman，1991）的方法，对该系统的雅可比（Jacobian）矩阵 J 局部稳定性进行分析：

$$J = \begin{bmatrix} \dfrac{\partial \dot{m}}{\partial m} & \dfrac{\partial \dot{m}}{\partial n} \\ \dfrac{\partial \dot{n}}{\partial m} & \dfrac{\partial \dot{n}}{\partial n} \end{bmatrix} = \begin{bmatrix} a_{11} & a_{12} \\ a_{21} & a_{22} \end{bmatrix}$$

其中，$a_{11} = (1 - 2m)[n(\gamma_D x_D - \Delta T_D + \beta_D x_D) - (\Delta c_D + \beta_D x_D)]$，$a_{12} = m(1 - m)(\gamma_D x_D - \Delta T_D + \beta_D x_D)$，$a_{21} = n(1 - n)(\gamma_R x_R - \Delta T_R + \beta_R x_R)$，$a_{22} = (1 - 2n)[m(\gamma_R x_R - \Delta T_R + \beta_R x_R) - (\Delta c_R + \beta_R x_R)]$。

根据动态系统平衡点的稳定性判别法则，满足 $\det J > 0$ 且 $\mathrm{tr} J < 0$ 的解具有局部稳定性，构成博弈的演化稳定策略（ESS），其中 $\mathrm{tr} J = \left[\dfrac{\partial \dot{m}}{\partial m} + \dfrac{\partial \dot{n}}{\partial n}\right]$，$\det J = \left[\dfrac{\partial \dot{m}}{\partial m} \times \dfrac{\partial \dot{n}}{\partial n} - \dfrac{\partial \dot{m}}{\partial n} \times \dfrac{\partial \dot{n}}{\partial m}\right]$。对于本章所有可能的信任投入选择组合，下面都对其局部稳定性进行了讨论，以找到能够使系统经济利益最大的策略集。

命题 5.3 当且仅当 $\gamma_{D1} < \gamma_D$ 且 $\gamma_{R1} < \gamma_R$ 时，系统（5.11）的 ESS 是 (L, L) 和 (H, H)；否则，(L, L) 是系统唯一的 ESS。

由命题 5.3 可知，只有当直销渠道和零售渠道群体均具有理想的高信任投入产出比，即 $\gamma_{D1} < \gamma_D$ 且 $\gamma_{R1} < \gamma_R$ 时，(L, L) 和 (H, H) 才会同时成为系统的演化稳定点，而系统最终的演化方向则取决于博弈支付和博弈双方的初始状态。否则，(L, L) 是系统唯一的 ESS。这意味着单方高信任投入并不具有演化稳定性，即使该方的高信任投入具有较高的产出率，这反映了双渠道供应链企业对于公平的诉求。

四、参数敏感性分析

正如上文讨论的那样，只有当直销渠道和零售渠道群体均具有理想的高信任投入产出比，即 $\gamma_{D1} < \gamma_D$ 且 $\gamma_{R1} < \gamma_R$ 时，(L, L) 和 (H, H) 才会同时成为系统的演化稳定策略。系统最终的收敛状态取决于区域 S_1 和区

域 S_2 面积的大小，如图 5-1 所示。当 $S_1 > S_2$ 时，系统倾向于向（L，L）演化；当 $S_1 < S_2$ 时，系统倾向于向（H，H）演化；当 $S_1 = S_2$ 时，这意味着 $m_h = n_h$，系统向（L，L）和（H，H）演化的概率相等。

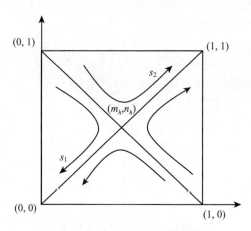

图 5-1　系统的演化相位图

需要指出的是，$S_1 > S_2$ 并不意味着（L，L）必然会成为系统的演化稳定策略。例如，令 $\gamma_D = 0.8$，$\gamma_R = 1$，$m_h = 5/9$，$n_h = 25/34$，此时 $S_1 > S_2$ 的条件得以满足，但系统将最终收敛于。当 $S_1 < S_2$ 时，情况是类似的。

下面分析当 $\gamma_{D1} < \gamma_D$ 且 $\gamma_{R1} < \gamma_R$ 时，不同参数变化对于系统演化结果的影响，据此指出促进系统向高信任均衡演化的路径。

经过计算可知：

$$S_1 = \frac{1}{2}\left(\frac{\Delta c_R + \beta_R x_R}{\gamma_R x_R - \Delta T_R + \beta_R x_R} + \frac{\Delta c_D + \beta_D x_D}{\gamma_D x_D - \Delta T_D + \beta_D x_D} \right) \qquad (5.12)$$

命题 5.4　双渠道供应链企业进行低信任投入时取得的基本收益越大，双渠道供应链企业均选择高信任投入的概率越高。

命题 5.4 意味着低信任投入时所获得的基本收益为双渠道供应链企业进一步的信任投入提供了物质保障。大多数的投入决策是不会一蹴而就的，低信任投入时的收益如果可观，将进一步激发双渠道供应链企业信任投入的积极性，从而揭示了供应链企业"买涨不买跌"的行为倾向。

命题 5.5　双渠道供应链企业高信任投入评估成本越高，零售终端和供应商进行低信任投入的概率越大。

由命题 5.5 可知，促使系统向高信任均衡演化的路径之一是降低高信任投入所需的评估成本。要做到这一点，就应完善立法，加强社会监管和公司内部监管，并强化现有的企业信息披露制度，推广施行公司月报、季报、年报审计制度，定期对外发布审计报告，促使企业信息公开透明，降低信任评估门槛和成本。

命题5.6 双渠道供应链企业搭便车的收益越高，两种渠道成员选择低信任投入的概率越大。

命题5.6显示，如果双渠道供应链企业通过"搭便车"获得的收益很大，将严重影响供应链成员进行高信任投入的积极性。而根据上一节的结论，仅由一方进行高信任投入是无法达到稳定均衡的，因此最终的结果必然是双方均进行低信任投入，造成双渠道供应链的效率损失。为此需要有效降低供应链成员"搭便车"的收益，一种可能的途径是在渠道间达成补偿协议，享受"搭便车"收益的一方有义务在事后对高信任投入的一方进行补偿，从而起到降低"搭便车"收益的效果。

命题5.7 当双渠道供应链企业进行高信任投入的风险系数越大，双渠道供应链企业倾向于选择低信任投入。

命题5.7反映了双渠道供应链企业的风险规避倾向。为了促进系统向高信任均衡演化，必须努力降低高信任投入的引致风险。上文中所指的补偿协议是一种合理的途径，事实上，这种补偿协议能够同时起到降低搭便车收益和高信任投入风险的作用，因而值得推广。[①] 为了使补偿额能够切实达到上述效果，我们将在下一节计算有效的风险补偿额范围。

命题5.8 双渠道供应链企业均进行高信任投入所获超额收益越大，双渠道供应链企业均选择高信任投入的概率越高。

命题5.8说明超额收益的美好愿景吸引着双渠道供应链企业进行高信任投入。为了促使系统向高信任投入均衡演化，就要努力使高信任投入所获的超额收益最大化。故必须增强双渠道供应链企业的协同合作能力，取长补短，合理分工，形成鲜明特色，避免恶性价格竞争，使直销渠道与零售渠道分别满足不同类型顾客的要求，从而增加超额收益。

第三节　高信任投入风险补偿的确定

如前所述，为了降低高信任投入的风险和"搭便车"的收益，从而促使供应链企业的决策向高信任投入演化，直销渠道和零售渠道双方可以事先在合

---

① 可参见相关文献（Williamson, 1975；Kahneman and Tversky, 1979；Arrow, 1981）。

作契约中规定有效的风险补偿额：在通过第三方认证的前提下，高信任投入的一方有权要求低信任投入的一方付出一定的风险补偿额，记为B。根据模型的有关基本假定，此时双渠道供应链企业信任投入的支付矩阵如表5-2所示。

表5-2 D与R的博弈支付矩阵

直销渠道	零售渠道	
	H	L
H	$(1+\gamma_D)x_D - \Delta c_D$, $(1+\gamma_R)x_R - \Delta c_R$	$(1-\beta_D)x_D - \Delta c_D + B$, $x_R + \Delta T_R - B$
L	$x_D + \Delta T_D - B$, $(1-\beta_R)x_R - \Delta c_R + B$	x_D, x_R

类似于本章第二节第二部分中的分析，可以得到直接渠道和零售渠道的复制动态方程：

$$\dot{m} = \frac{dm}{dt} = m(1-m)\left[n(\gamma_D x_D - \Delta T_D + \beta_D x_D) - (\Delta c_D + \beta_D x_D - B)\right] \tag{5.13}$$

$$\dot{n} = \frac{dn}{dt} = n(1-n)\left[m(\gamma_R x_R - \Delta T_R + \beta_R x_R) - (\Delta c_R + \beta_R x_R - B)\right] \tag{5.14}$$

由以上两式可以得到由直销终端和零售商终端群体构成的二维非线性动力系统：

$$\begin{cases} \dot{m} = m(1-m)\left[n(\gamma_D x_D - \Delta T_D + \beta_D x_D) - (\Delta c_D + \beta_D x_D - B)\right] \\ \dot{n} = n(1-n)\left[m(\gamma_R x_R - \Delta T_R + \beta_R x_R) - (\Delta c_R + \beta_R x_R - B)\right] \end{cases} \tag{5.15}$$

命题5.9 使平衡点（1，1）成为上述系统唯一ESS的充要条件是：

$$B > \max\{C_U A\} \tag{5.16}$$

其中，$U = \{B_1, B_2, B_3, B_4\}$，$A = \max\{B_1, B_2, B_3, B_4\}$，$B_1 = \Delta c_D + \beta_D x_D$，$B_2 = \Delta c_R + \beta_R x_R$，$B_3 = \Delta T_D + \Delta c_D - \gamma_D x_D$，$B_4 = \Delta T_R + \Delta c_R - \gamma_R x_R$。

命题5.9说明，当双渠道供应链企业间达成的补偿协议额超过$\max\{C_U A\}$时，该双渠道供应链系统存在唯一的ESS，此时双渠道供应链企业（直销终端和零售终端）均选择进行高信任投入。

第四节　以苹果中国公司iPhone销售为例

上述讨论的模型能够用于解释现实世界中双渠道供应链企业的信任投

入决策与行为演化趋势，下面以苹果公司 iPhone 的销售为例具体说明。①

一、背景描述

iPhone 是一款掌上智能手机，其设计时尚，功能丰富，自从 2007 年推出以来，已经风靡全球。iPhone 的流行不仅仅源于该手机本身，而且与其先进的双渠道销售模式密不可分，iPhone 的销售模式可以用图 5 – 2 表示。我们以 iPhone 手机在中国的销售渠道举例，其中，直销渠道主要是指 iPhone 通过苹果官方网站直接进行销售，而零售渠道则主要指现货销售，包括通过苹果零售店销售等方式。为了更好地说明本章的主题同时便于表达，文中的实体销售专指苹果公司与通信商合作销售合约机的情形。

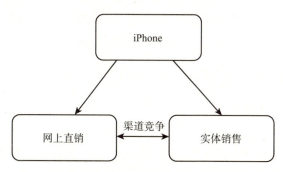

图 5 – 2　iPhone 双渠道销售示意图

尽管苹果公司与通信商间存在合作关系，但是渠道冲突不可避免。这种情况下，供应链企业间的利他偏好对于调节渠道中的双重边际效应具有重要意义。根据供应链企业利他偏好的程度不同，可以将他们划分为利己型与利他型两大类。利己者专注自己利益的获取，利他者不仅关心自身的利益，而且注重合作者的利益，因为其相对而言更加追求长期的合作关系。苹果公司由于身处强势地位，并不足够重视与中国联通的合作关系而专一于谋取利益，因而具有更强的利己倾向；联通公司由于在博弈中的弱势地位，更加依赖苹果公司的 iPhone 手机以获取高端用户，因此更多地表现出利他偏好，牺牲一部分短期利益以换取长期合作。

由于信任是合作中的润滑剂，因此进行信任投入是维持合作所必需的，区别就在于信任投入水平的高低。苹果公司作为 iPhone 手机的供货

---

① 这一案例是根据已有资料整理而成的，主要是为了进一步阐述前面理论模型的获得的结果，同时在本节还增加了数值仿真算例。

商，其高信任投入包括：不与其他运营商合作，避免同合作伙伴猜忌，帮助联通进行产品宣传等。中国联通作为 iPhone 手机的零售商，其高信任投入包括：不与苹果公司的竞争对手合作，制定更加合理的资费政策，帮助自己也帮助苹果获得更多用户支持，等等。

在现实中，苹果公司与中国联通的合作并不顺利，从最初在中国地区开售 iPhone 3GS 时就曾与中国联通大打莫名其妙的价格战，再加上由于上市滞后导致中国地区备受水货市场冲击，使得中国联通在最后库存了大量的 iPhone 3GS 没有售出。在苹果公司眼里，中国联通销售不力，再加上中国联通后来推出的机卡匹配政策，换卡便锁机，也让苹果公司觉得潜在用户有流失风险，因此苹果公司单方面与中国移动，中国电信等中国联通竞争对手谈判 iPhone 4 代以及 5 代的代理事务，这进一步引起中国联通的不快，双方合作也逐步向低信任均衡演化。① 事实上，中国联通正开始与三星展开合作，而三星正是苹果公司的主要竞争对手。

二、影响苹果公司与联通公司信任投入的因素分析

（一）基本收益

双方均选择低信任投入下的基本获益是双方进一步增加信任投入的基础。在苹果公司与中国联通合作的过程中，苹果公司一方认为联通销售 iPhone 不力，未能给苹果公司带来期望的收益。而苹果 iPhone 的引入则为联通公司带来了一定量的高端用户，符合联通公司的预期要求。

（二）超额收益

如果苹果公司和中国联通均选择进行高信任投入，那么苹果公司将把联通作为其唯一的运营商合作伙伴，而联通则会将苹果作为其唯一的高端手机合作伙伴，那么双方的合作就会减少由于猜忌等原因导致的内耗成本，避免不必要的价格战，专心于同一目标，进行合理的市场布局，提升服务质量，由此双方均将获得超过基本收益的收益，即超额收益。但是超额收益的高低存在区别，对于苹果公司而言，选择联通公司作为其唯一的合作伙伴可能并非最优的选择；而对于联通公司而言，以苹果 iPhone 产品在中国尤其是高端市场的影响力，其获得的超额收益将达到甚至超越预期。

（三）信任评估成本

苹果公司和联通公司在确定对方为自身的合作伙伴时需要对对方的条

---

① 参见：从合作到互飙：看联通与苹果直接对峙 [N]. 南方都市报，2010 - 12 - 27.

件进行评估，包括技术条件、信誉条件、财务条件等，由此将付出一定的信任评估成本。对于苹果公司而言，由于联通公司的央企性质，准确考察联通的条件需要付出较高的评估成本；而对于联通公司而言，由于苹果公司在全球的标杆地位，考察苹果公司的条件较为容易。

（四）高信任投入风险

一旦选择进行高信任投入，必然伴随着风险，这种风险包括两个方面：第一，自身进行高信任投入，而对方却选择低信任投入的风险；第二，自身进行高信任投入的机会成本。具体到 iPhone 的案例中，一旦苹果公司选择高信任投入，即只选择中国联通作为其唯一的运营商合作伙伴，他就会面临两方面的风险：一方面，面临中国联通的背信风险，即与其他高端手机品牌合作或者对 iPhone 手机销售不力；另一方面，其失去了与中国电信、中国移动合作的潜在收益。而中国联通也面临着两方面的潜在风险：一方面，面临苹果公司的背信风险，即与其他运营商进行合作或者对中国联通渠道的手机加以种种规定导致中国联通利益受损；另一方面，其失去了同安卓手机和诺基亚手机中的高端品牌合作的机会。

（五）"搭便车"的收益

双渠道供应链中产品宣传等售前活动与消费者最终的实际消费存在分离的属性为双渠道供应链企业的"搭便车"行为奠定了前提条件。对双渠道供应链中成员间的"搭便车"行为可以划分为基于服务的"搭便车"行为以及基于信息的"搭便车"行为。对于本例来说，如果苹果公司选择进行高信任投入而联通选择进行低信任投入，那么中国联通将受益于苹果公司的市场影响力所带来的正外部性，主要获得基于信息的"搭便车"收益；如果中国联通选择高信任投入而苹果公司选择进行低信任投入，那么苹果公司将受益于中国联通的诚意所带来的正外部性，主要获得基于服务的"搭便车"收益。

（六）契约规定

双方选择合作时，为了促使双方进行高信任投入，降低效率损失，有可能规定高信任投入者在第三方的认证后，有资格对低信任投入者的行为做出一定的处罚，用以降低低信任投入者"搭便车"的收益，并对高信任投入行为做出补偿，降低高信任投入的风险。

三、数值算例

对于苹果公司和中国联通之间的合作，根据上述结论，如果苹果公司坚持对中国联通的低信任投入策略，可以预料中国联通将选择与苹果

公司的竞争者展开合作，中国联通与苹果公司将维持低信任投入均衡甚
至合作破裂，下面我们采用数值模拟方法来分析信任投入均衡点将向何
处演化。

例如，令 $\begin{cases} x_D = 3 \\ x_R = 2 \end{cases}$，$\begin{cases} \beta_D = 0.6 \\ \beta_R = 0.4 \end{cases}$，$\begin{cases} \Delta T_R = 1 \\ \Delta T_D = 0.8 \end{cases}$，$\begin{cases} \Delta c_D = 0.7 \\ \Delta c_R = 0.2 \end{cases}$，初始状态分

别为（0.5，0.3）和（0.9，0.7）。[①] 由此，可以得到 $\gamma_{D1} = \dfrac{\Delta T_D + \Delta c_D}{x_D} =$

0.5，$\gamma_{R1} = \dfrac{\Delta T_R + \Delta c_R}{x_R} = 0.6$。

以下就不同情形分别描述群体采用策略 H 的比例随时间变化的图形，
如图 5 – 3 至图 5 – 6 所示。

（1）$\gamma_D = 0.4 < \gamma_{D1}$，$\gamma_R = 0.5 < \gamma_{R1}$；

（2）$\gamma_D = 1.5 > \gamma_{D1}$，$\gamma_R = 0.5 < \gamma_{R1}$；

（3）$\gamma_D = 0.4 < \gamma_{D1}$，$\gamma_R = 1.5 > \gamma_{R1}$；

（4）$\gamma_D = 0.8 > \gamma_{D1}$，$\gamma_R = 1 > \gamma_{R1}$。

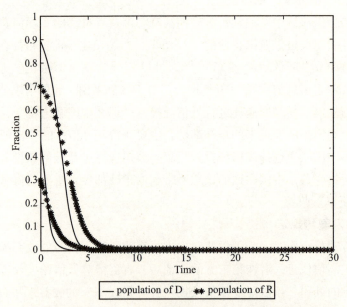

图 5 – 3　情形（1）下群体采取策略 **H** 的比例随时间的变化

---

① 如非特殊说明，本章以下各个算例均使用该组数值。

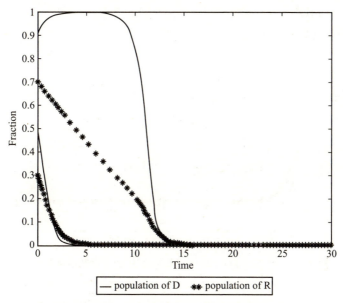

图 5 − 4　情形（2）下群体采取策略 **H** 的比例随时间的变化

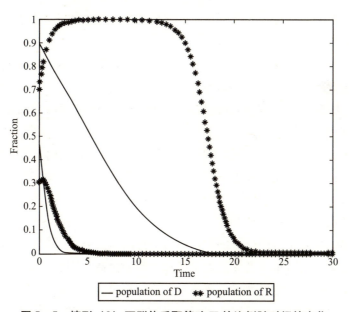

图 5 − 5　情形（3）下群体采取策略 **H** 的比例随时间的变化

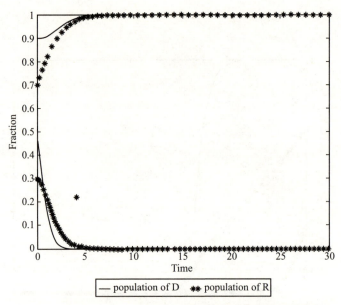

图 5 - 6　情形（4）下群体采取策略 H 的比例随时间的变化

图 5 - 3 至图 5 - 6 直观地展示了 R 和 D 在不同信任投入产出率情况下信任投入策略的演化过程。不难发现，当且仅当直销渠道和零售渠道群体均具有理想的高信任投入产出比时，高信任投入才会成为系统的演化稳定策略（ESS）。

正如命题 5.9 所强调的，如果两个群体确定的补偿额不足，系统仍然会收敛于低信任投入演化稳定策略（ESS）。如果令 $\gamma_D = 0.8$，$\gamma_R = 1$，初始点为（0.5，0.3），我们就能够绘制出系统（5.15）所对应的图形，如图 5 - 7 所示。

由图 5 - 7 可见，若补偿额低于 $\max\{C_U A\}$，系统将倾向收敛于低信任策略均衡；而若补偿额高于 $\max\{C_U A\}$，则系统将倾向收敛于高信任策略均衡。这表明，苹果公司与中国联通将协商确定合理的补偿额以促使双方向高信任均衡演变。

上述结果对于帮助供应链企业确定合理的风险补偿额以促使系统向高信任均衡演化具有重要意义。如果风险补偿额过高，则有可能造成不必要的成本甚至有可能难以达成一致意见；而如果风险补偿额过低，则会导致其无法产生应有的作用，因此式（5.16）将成为渠道间协商确定风险补偿额的关键。

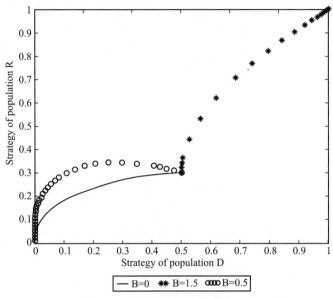

图 5 – 7 $t \in [0, 30]$ 时个体在不同补偿条件下的 ESS

第五节 本 章 小 结

近年来，双渠道供应链的研究已成为热点领域，实践应用中也显示出在助力企业发展方面广阔的发展前景。受现实中企业间尤其是双渠道供应链企业之间行为特征的启发，本章率先运用学习竞争模型以及演化博弈理论来分析具有行为特征的双渠道供应链系统的信任投入决策，将双渠道供应链看作直销终端与零售终端之间竞争合作、相互学习与动态博弈的非线性系统，并应用学习竞争模型和演化博弈模型进行求解分析，在一定程度上，这可以视为填补双渠道供应链领域理论与实践差距的一次尝试。[①] 本书研究的结果能够用于预测具有利他偏好渠道的演化方向，并能够帮助理解影响信任投入决策的因素以及这些因素是如何产生作用的，进一步地，能够据此获知促使双渠道供应链达到高信任投入 ESS 的合理补偿额。

本章的主要研究结论如下：

（1）直销渠道和零售渠道群体的利他行为演化方向取决于供应链成员的敏感度以及学习能力。

（2）直销终端和零售终端群体信任决策的选择与他们的高信任投入产

---

① 这里的行为特征同时包含了利他偏好和信任投入，目前此类研究尚不多见。

出率密切相关，只有当信任投入的产出率对博弈双方均较为理想时，系统才倾向收敛于高信任投入均衡。单方的高信任投入决策并不具有演化稳定性，即使该方的高信任投入决策具有较高的产出率。低信任投入时双方取得的基本收益是双方增加信任投入的基础，"搭便车"收益、信任投入风险以及信任评估成本增加将会影响双渠道供应链企业进行信任投入的积极性。

（3）为促进双渠道供应链企业进行高信任投入，可以在契约中约定低信任投入者对高信任投入者的补偿额以降低搭便车收益和信任投入风险，并且只有当补偿额满足一定条件时，这种补偿才是有效的。

未来关于本章研究主题还有许多有趣的研究方向。当前，市场环境瞬息万变，为突发事件的爆发孕育了土壤。网络渠道则进一步加剧了突发事件对双渠道供应链的伤害，容易产生多米诺骨牌效应，双渠道供应链企业面临着比传统供应链成员更多的不确定性风险，如何通过多渠道之间的协同应对突发事件将是未来重要的研究方向。此外，可以搜集更多现实数据来佐证本章提出的一些观点，以促使研究结论更加具有说服力。

下篇　供应链企业信任的实证研究

　　大量关于供应链企业信任的研究是以西方文化为背景的，而经验研究也以国外企业为样本。由于中国文化是以儒家文化为代表的东方文化，是一个典型的"关系"社会，在这种背景下，基于西方文化背景的相关研究未必适用中国企业。因此，以中国企业为样本进行供应链企业信任的实证研究极为必要，有助于探寻供应链企业在管理理念、决策机制、竞争思路等方面实现创新的途径。

　　本篇实证部分对中国情境下供应链企业信任的前因、形成及其影响进行探讨，共四章内容，包括：供应链合作中买方信任的前因分析，依赖关系和专用资产投资对策略弹性的作用，不同维度买方信任对合约弹性的影响，供应链企业信任与合约弹性的一个多重中介效应模型。

　　通过多个视角、多级层面、多维属性和多种方法的组合实证，尽可能全面、系统地探讨供应链企业信任问题，这既能凸显实证方法特征，又在一定程度上求得理论研究结论的实证支持，从而更好地与理论建模结合起来，相互补充。

第六章 供应链合作中买方信任的前因分析

没有信任，就没有契约。

——托马斯·霍布斯（Thomas Hobbes，1651）

前面各章通过构建模型分析了供应链企业信任的演化过程以及不同参与主体的行为规律，研究结果充分表明：信任对于供应链企业之间的合作有着重要作用，信任是供应链的关键组织原则，是供应链上企业之间相互合作的前提和基础，是保证供应链正常运转的基石（Schweitzer et al.，2018）。不同于经济契约，信任是还是一种关系资本，对于降低成员企业间关系的复杂性，防范机会主义，减少交易成本和不确定性发挥着重要作用。① 但是长期以来，无论是理论界还是企业界，关注的更多的都是契约协调和信息系统的使用等硬性行为导向的管理协调杠杆，甚至有些企业凭借自身的强大实力掌握控制权意图支配其他供应链成员，而往往忽略了供应链合作伙伴关系和信任机制的协调作用。

理论分析结果是否正确需要实际数据的支持，同时，供应链信任问题需要多维度的研究，为此从本章开始展开系列实证分析。西方理论界就信任的建立和信任的作用进行了大量的研究，目前信任已经被证实对于供应链企业间的关系有着重要的协调作用。早期国内关于信任的研究主要集中在社会学、心理学层面上。近年来，陆续有学者从企业组织间信任的层面开展研究（McEvlly et al.，2017），但总体来看实证研究较少。信任带有社会文化性，并受制度环境的影响。② 中国是个典型的关系型社会，国外的研究成果虽然丰富却未必适合中国的情境，因此在中国情境下对供应链

---

① 高度的信任作为经济关系的附加条件可以减少事务性成本，从而提高经济效益。参见：[美] 弗朗西斯·福山. 信任——社会美德与创造经济繁荣 [M]. 彭志华，译. 海口：海南出版社，2001：151.

② 参见：[美] 马克斯·韦伯. 经济与社会（上卷）[M]. 林荣远，译. 北京：商务印书馆，1998：54.

企业信任问题进行研究，正确把握和建立企业间信任及合作关系，探讨供应链企业间信任的产生机制具有现实意义。本章研究供应链合作中买方信任的前因，这里买方信任是指合作方对供应商的信任。本章内容安排如下：第一节在文献回顾的基础上提出研究假设，第二节进行研究设计，包括问卷设计、变量定义与测量、数据收集与样本描述、信度和效度检验；第三节进行数据分析与结果讨论；第四节总结了本章内容。

第一节　文献回顾与研究假设

如第一章所述，本书研究认为，供应链成员间的信任是指在基于风险和相互依赖的前提下，成员中一方相信另一方有能力并且有意愿去履行承诺。这种信任是契约的限制或利益的计算，是由双方行为的可预测性而产生的，并且还与供应链企业的互惠和利他行为有关。因此，信任的概念体现了理性和情感两个方面，是可预测性和善意两个维度的结合。第二章充分考虑了企业声誉、信任投入水平和信息沟通程度对供应链成员间信任的影响，第三章考察了制度环境对促进供应链成员间信任关系的积极作用，本章不仅对这些因素进行实证分析，而且将进一步拓宽影响因素的范围。

一、声誉

企业声誉是企业在其生产经营活动中所获得的社会公认的信用和名声，是企业过去的一切行为和结果的综合体现。作为卖方的供应商如果拥有良好的声誉则能够有效地促进买方信任，这一点在过去的理论和经验研究中已经获得了广泛的认同。企业声誉好则表示企业的行为得到社会的好评，如诚实守信、产品货真价实、付款及时等；而企业声誉差则表示在社会交往中其公众评价是负面的，如以次充好、假冒伪劣、偷工减料、欺骗消费者或合作伙伴等。概括起来，企业的声誉主要体现在诚实守信，表现为能够提供货真价实的商品，以及在合作中能够关心伙伴的利益，表现在合作中能公平公正地处理问题。达斯古普塔（Dasgupta，1988）认为"声誉是一种资本财富"，在供应链企业之间的交往中，正面的声誉是企业拥有的最重要的无形资产之一。良好的企业声誉对于信任的建立来说具有非常重要的信号作用，企业在过去的行为中所获得的正面声誉越多，在未来就越可能被推断为是合作安全的，因而更有可能被合作企业所信任。对企业来说，声誉无疑是一项重要的无形资产，它的形成需要长期的积累，需要企业持续的财力、物力和人力的投入。但是，失去声誉却非常快。因此，声誉对抑制企业的机会主义行为有相当大的影响，拥有良好声誉的企业更具备在市场上履行诚实和一致行为的动机。因为机会主义行为的潜在成本非常高（Fombrun and Shanley, 1990; Houston and Johoson, 2000），通过媒体和其他第三方机制的作用，这种投机行为会很快得到大范围的传播，从而使企业花时间和精力建立起来的良好声誉受损，企业将因此丧失很多和其他企业合作的机会（Hennart, 1991; 刘刚，2005）。因此可以认为，拥有良好声誉的供应商会赢得买方企业更多的信任，声誉较低的企业则难以获得交易伙伴的信任。

对于买方与供应商之间的信任关系而言，供应商在过去的合作关系中所享有的声誉向其他企业传达了两种信号：一是企业在可能的合作中会诚实公正地对待合作合作伙伴；二是企业将不会采取机会主义行为，提供符合标准的货真价实的商品和服务。在经济全球化的大背景下，企业之间跨区域甚至是跨国别的合作越来越多，在合作初期，企业没有足够的时间去了解和评估所有供应商并从中选择合作伙伴，声誉良好的供应商将更有可能得到对方的信任和合作的机会。因此，声誉是企业与供应商信任关系的一个重要的必要条件（Ring, 1994）。根据以上的讨论，提出如下假设：

H1：供应商的声誉对买方信任有显著的正向影响。

H1a：供应商的声誉对可预测信任有显著的正向影响。

H1b：供应商的声誉对善意信任有显著的正向影响。

二、专用资产投资

专用资产是为了支持某一特定的交易活动而进行的耐久性投资（Williamson, 1985），是企业为了维持合作关系而投入的各种资源。辛普森等（Simpson et al., 2002）认为供应商在关系中投入的资源包括了培训、专项设备、技术支持与交流等。换言之，企业的投入不仅包括产品服务等有形资源，也包括技术、管理等无形资源（Perks and Easton, 2000）。归纳前人的研究成果，本章认为企业在特定的合作关系中投入的资源不仅包括资金、设备等有形资源，同时还包括了人力、技术以及管理流程等无形资源。由于专用资产投资具有转移收益很低的特征，如果合作被破坏或结束，则专用资产的转换价值非常低，甚至没有任何其他用途，只是提高了企业机会主义行为的成本（Batt, 2003）。因为一旦企业采取了利己行为并被合作伙伴所知，合作关系将遭到破坏，那么企业的专用资产投资大都成为沉没成本，造成无法挽回的损失。一方的专用性资产投入越多，则锁定效用越强，对合作的依赖性越显著，转移成本的存在意味着己方处于较危险的境地，因此在合作中所面对的风险也就会越大。[①] 但是，正因为转移成本的存在可以减少机会主义行为，使得己方的这种善意性倾向而更容易为合作方所认知进而被信任。合作关系的一方投资规模越大，表明其被这种关系锁定的程度越高，其树立长期导向以收回投资成本的取向也越明显，自然也越值得信任。因此，专用资产投资被视为一种善意和可预测性信号，它反映出企业对合作关系所抱有的长期合作倾向的程度。专用资产投资可以增进合作方信任，并可能促进合作方的响应性专用资产投资，使合作关系的锁定性更强，从而使合作伙伴关系的建立和维持更加容易。因此，提出以下假设：

H2：供应商的专用资产投资对买方信任有显著的正向影响。

H2a：供应商的专用资产投资对可预测信任有显著的正向影响。

H2b：供应商的专用资产投资对善意信任有显著的正向影响。

三、沟通质量认知

沟通和信任之间的密切关系已经被大量的研究所证实，相当多学者认为信任促进了沟通的效率（Much，1993；Kim and Mauborgne，1997；Smith and Donald；Gao et al.，2005）。另一些学者则认为沟通促进了信任的产生，故企业之间有效的沟通是信任建立的必要条件（贺盛瑜，2003；温承革和于凤霞，2003）。信任是一个双向的概念已经为学者们所认可，本书认为这两种观点并不冲突。相反，它揭示了沟通与信任之间的交互作用，正如安德森和纳拉斯（Anderson and Narus，1990）所分析的：合作之初，企业间有效的沟通是信任建立的必要条件，之后，这种信任的积累反过来又会促进更加有效和及时的沟通。本章的研究重点在于信任产生的前因要素的研究，关注沟通对信任的影响作用。沟通主要涉及沟通的内容和质量，在供应链研究中常常被赋以及时、全面而有意义的信息共享，因此与信息共享的概念密不可分。信息共享是指供应链中各企业共同拥有一些知识和行动，这样可以减少供应链的信息风险，是供应链合作伙伴关系建立与发展的重要因素（Handfield and Behctel，2002；Özer et al.，2011；Ali et al.，2017）。高效的信息共享可以增进彼此间的了解，让对方更加明确市场或原材料的情况，了解对方的行为和意图，增加了对方的行为的可预测性，从而能做出更恰当的决策。另外，当合作中的一方采取信息共

---

① 参见相关研究（Andaleeb，1995；Wang et al.，2014）。

享行为，与合作企业分享本企业的交易、运作和战略层面的信息甚至是机密信息时，可能就会将本企业的弱点暴露给合作企业，将己方置于不利的境地。因此当一方企业采取信息共享行为的时候，即向对方传递了一种"善意"信号，表示企业有长期合作的动机。[①] 合作企业之间多方位、全面的信息共享，可以减少企业间的冲突，在一定程度上弥补信息的不对称，有效地降低企业行为的不确定性，进而促进企业间的信任和合作伙伴关系的建立。因此，可以提出如下假设：

H3：沟通质量认知对买方信任有显著的正向影响。

H3a：沟通质量认知对可预测信任有显著的正向影响。

H3b：沟通质量认知对善意信任有显著的正向影响。

四、共同的价值观

共同的价值观是合作伙伴间在行为、目标以及政策的重要性、适切性、必要性方面拥有的共同的信念。众所周知，在微观层面的企业文化研究中，价值观是组织文化定义的基石。随着虚拟企业和企业联盟治理的兴起，共同的价值观已经成为组织行为领域的学者所关注的重要变量之一。目标一致性指的是合作伙伴间关于组织目标的一致性以及对双方关系的相互理解（Bansaou，1997；Krause et al.，2007）。由于供应链是一个复杂系统，各成员企业可能拥有相互冲突的目标，不一致的目标将导致机会主义行为。[②] 如果彼此的目标是相匹配的，就能够明确各自的角色定位，随之确定合作中可以被接受的行为的范围，从而减少关于对方行为不确定性的焦虑，增加行为的可预测性，进而提升双方的信任关系（Kyung et al.，2007）。另一个与共同的价值观异曲同工的概念是文化相似性。社会心理学家研究发现：在社会关系中，对于与自己具有相似行为、态度和价值观的人，其他个体对其更易产生高度的兴趣，其本身也会对其他个体产生较强的吸引力，这种联系的发生是因为当个体意识到其他人与自己的相似性时，该意识加强了个体对于环境的解释能力。因此，当合作企业发现另一方与自己拥有着相似的文化和价值观，并且拥有相似的行为和决策方式，对合作目标有着共同的信念的时候，合作企业会产生一种认同感和对合作关系的归属感。这种认同感和归属感将提升合作企业间的相互理解，增强

---

① 参见：朱国宏，桂勇. 经济社会学导论 [M]. 上海：复旦大学出版社，2005：229 - 230.

② 参见：葛泽慧，孟志青，胡奇英. 竞争与合作——数学模型与供应链管理 [M]. 北京：科学出版社，2011：17.

对对方的善意性和将采取有利于合作的行为的认知，从而增加合作伙伴间的信任感。在供应链中，对于供应商与买方企业而言，如果供应商与和买方企业分享其目标、行为方式以及价值观念，可以帮助在合作关系内建立可接受的行为准则，减少双方的不确定性，以促进信任关系的建立。基于上述分析，提出如下假设：

H4：共同的价值观对买方信任有显著的正向影响。

H4a：共同的价值观对可预测信任有显著的正向影响。

H4b：共同的价值观对善意信任有显著的正向影响。

五、人际信任

已有研究表明，人际信任对组织信任有着正向的作用（王晓玉和晁钢令；2005；潘文安和张红，2006），例如，宝洁副总裁与沃尔玛创始人会晤产生的信任对两个公司后来的深层次合作发挥了极其重要的作用。一项关于纽约服装业的研究表明，各公司之间的信任关系的形成很大程度上依赖于各公司负责人之间的关系（Uzzi，1996）。在企业之间的关系中，充当联络和执行作用的窗口人员的作用非常突出。人们的社会关系对企业之间的关系有着很大的影响，特别是不同企业的高层管理人员之间的关系对企业之间的合作有着深刻的影响。这些企业领导者之间所建立的信任关系，非常有利于企业之间信任关系的发展。原因很简单，双方都不会为了企业的短期利益而丧失已经建立多年的私人关系，这时企业管理者个人间的信任关系转化成企业间的信任关系。

由此可见，人际信任与组织间信任有着一定的相关关系。奈恩（Nyhan，1999）认为信任是因为特殊交易关系而产生的小范围信任，信任的载体依附在组织和个人之中。其中人际信任，指的是对合作伙伴的窗口人员（领导、采购或销售人员等）的善意和可靠性产生的期望，这种期望是以窗口员工的互动为基础的，源于员工的个人品质和能力，同时也暗含着情感和利益。多尼和坎农（Doney and Cannon，1997）的经验研究显示，对供应商销售人员的信任与企业对供应商的信任之间有显著的正相关关系，且相关系数为 0.77（$p < 0.01$），呈现出中高度相关，表明人际间信任会在相当高的程度上转化为企业间信任。同时，扎希尔等（Zaheer et al.，1998）的经验研究也支持了上述结论。

国内相关研究指出，在企业之间的交往过程中，个人的观点会被理解为企业的观点。在中国"人情化"办事的惯例下，窗口人员的能力和个人品格被提高到一个更重要的层次。① 若供应商的销售人员非常专业，态度诚恳，能为对方着想，对产品有着全面的认知和独特的见解并且让买方的窗口人员觉得沟通过程非常舒适，买方的窗口人员会对该人员产生高度认同感，进而认为该人员是非常值得信任的。窗口人员将这样的认同感反映到公司，就能够通过移情作用转化到企业层面上的信任，而这种信任是基于对方行为的可预测性和善意而产生的。基于此，提出如下假设：

H5： 人际信任对买方信任有显著的正向影响。

H5a： 人际信任对可预测信任有显著的正向影响。

H5b： 人际信任对善意信任有显著的正向影响。

六、制度环境

国内外已有许多文献研究了制度对于信任的作用（Schotter，1981；Lane and Bachmann，1996）。信任可以被看作是一种制度现象，信任建立在社会规范和制度基础上，也有学者称之为系统信任（Zucker，1986）。基于制度的信任并不考虑情感等因素的外部客观条件所促成的信任。帕夫洛（Pavlou，2002）认为，特定的制度结构对组织信任有显著影响，并分析了制度对信任的关系，将制度环境划分为三个方面：第三方的作用、结构保证性以及情境正态性。帕夫洛和吉芬（Pavlou and Gefen，2004）、吉芬和帕夫洛（Gefen and Pavlou，2012）对于买方信任的研究进一步证实了制度对于买方信任的重要作用。在交易之初，合作方对供应商的了解不深入，并且缺乏对供应商的态度的认知，此时制度便是一个非常重要的前提条件。信任不仅是微观层面的问题，单纯从微观主体的角度来考察信任是不充分的，社会结构和制度在信任的建立方面扮演着重要的角色。制度对信任的影响不仅包含基于契约和证明的第三方机制的作用，还有合作双方关系中建立的双边制度，以及促使交易成功的程序、过程和规范。制度对信任的影响来自于社会学范畴，人之所以信任他人，是因为相信其所处社会的法律制度和道德规范等机制的有效性；人之所以守信，是因为受这些社会机制的有效制约，扩大到企业层面上也是如此。② 制度环境的完备性使得企业的行为更加具有可预测性，从而使合作企业能够更容易感知到合作安全性，因而彼此间更加信任。因此，提出如下假设：

H6： 制度环境对买方信任有显著的正向影响。

---

① 参见：郑也夫. 信任：合作关系的建立与破坏 [M]. 北京：中国城市出版社，2003：99 – 100。

② 参见：多尼等（Doney et al.，1998），赫默特等（Hemmert et al.，2016）。

H6a：制度环境对可预测信任有显著的正向影响。

H6b：制度环境对善意信任有显著的正向影响。

基于上述分析，本章建立理论模型如图6－1所示。

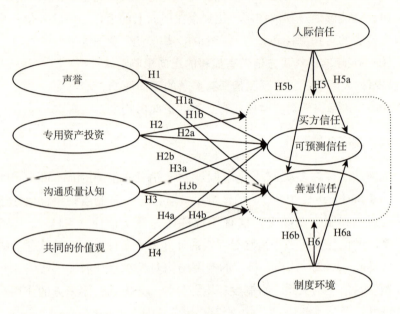

图6－1　研究理论模型

第二节　研究设计

一、问卷设计

问卷法是通过书面形式，以严格设计的测量项目或问题，向调查对象收集研究资料和数据的一种应用非常广泛的方法。在变量的选取和指标的确立上，根据本章所提出的理论框架，参考了大量国内外相关领域的研究文献，结合中国情境下供应链企业间信任关系的实际情况进行了设计和调整。

在问卷整体的排列组合、问题的提法、答案的方式上，参阅大量文献和对问卷内容进行了认真考虑的基础上，设计了实证的研究问卷。在问卷的设计上，采用结构化的形式，将不同类型的问题归为大类和小类，便于问卷填写人思考。问卷主体采用李克特（Likert）七点量表，用1～7要求企业对某一项问题进行打分，因此得到的是企业有关某一问题的主观评价。本问卷的买方部分主要以制造企业中的与采购决策有关，并以熟悉供应商的人员为研究对象进行了详细的问卷调查，保证了问卷填答对象熟悉情况，有能力做出恰当的回答。

在开始调查之前，项目组对问卷的题项、措辞进行了广泛深入的讨论。对于从外文文献中所提取的量表，采取多人翻译，并且互翻，几经修改后确定正式译文。在送予几位专家审核之后，根据专家意见认真修改题项，最终确定问卷主体并进行了问卷的预调查。预调查采取了问卷调查的方式，由专人携问卷走访企业，一共调查了长三角地区 57 家企业。对预调查问卷进行数据分析，包括量表项目分析、效度分析（因子分析）以及信度分析。然后，根据小样本分析的结果对问卷进行进一步修改，包括增删部分题项，修改措辞。最后，才开始正式的大样本调查（大样本调查问卷参见附录 2）。在调查过程中，主要了解企业所在的行业、所有制性质、规模以及合作倾向等方面的基本情况，部分特征变量作为控制变量进入复回归分析。调查问卷的主体部分主要就供应链企业间信任、前因要素以及信任结果进行调查设计，其中，信任的前因要素包括人际信任、声誉、沟通质量认知、共同的价值观、专用资产投资、制度环境等方面，信任的结果包括合约修改弹性和退出弹性等方面。

二、变量的定义与测量

根据本章研究的主题，并借鉴以往学者对供应链信任的影响因素和信任绩效的研究，变量的测量一共包含了三个部分：信任、信任前因、信任结果，其中，信任前因主要是指供应商特征变量以及合作互动关系变量，买方企业特征变量采用类别变量，最后转化成虚拟变量进入回归分析。各变量的测量项目主要借鉴了已有的国内外研究，同时综合考虑了我国制造业企业的特殊情况，在小样本调查的基础上进行修改。最终大样本的量表问项来源主要分为两类：一是直接引用在国内外研究中被广泛采用，信度、效度均较高的测量项目；二是借鉴已有的国内外的研究成果，并结合本书研究以及我国供应链企业的实际情况进行修改而得到的测量项目。

（一）买方信任

本章的研究在小样本调查中对以往学者广泛提及的能力、合同、可靠性和善意等信任维度采用十个项目进行测量，题项全部来自国外的已有量表。经过小样本调查的量表项目分析和探索性因子分析，最终删除两个测量项目，剩余八个测量项目归于两个因子，分别解释为可预测信任和善意信任。因此，本章将供应链企业间的信任划分为两个维度：可预测信任和善意信任。

具体地，可预测信任是指对对方行为可预测性的信任，包括基于合同的完备性、承诺的可靠性以及对方的能力等的信任。量表来源主要是萨科和赫尔珀（Sako and Helper，1998）及诺曼（Norman，2002）。本章用以下八个问项来测量可预测信任：Q1-1 我们会将所有问题在合同中写清楚；Q1-2 该供应商能够充分履行协议；Q1-3 该供应商在合作领域内专业而有实力；Q1-4 供应商不会用自己的优势进行投机，而善意信任是基于对方的善意性，主要包括公平、公正性以及对方在合作中表现出的利他行为倾向；Q1-5 我们相信该供应商的决策将对我们合作双方有利；Q1-6 我们相信该供应商的决策将对我们公司有利；Q1-7 我们信赖该供应商能够给予我们合同外的帮助；Q1-8 我们相信该供应商会公平、公正地对待我们。

（二）声誉

已有研究表明，良好的声誉与信任成正相关。声誉在供应链企业之间起两个不同的角色作用。第一是信号传递作用，它使得具有正面声誉的企业被信任更多。第二是制裁，负面的声誉将成为一种制裁机制，惩罚不诚实行为。一般而言，一个企业的声誉是指企业的综合实力的声誉和企业社会活动中受到的评价。本章主要关注的是在过去的合作关系中企业所表现出的特点，是企业在对待合作伙伴和处理合作中问题的公平、公正性方面的声望。因此，本章用如下三个问项来测量：Q2-1 该供应商享有能够公平、公正地对待合作伙伴的声誉；Q2-2 供应商享有能够公平、公正地处理合作中的问题的声誉；Q2-3 该供应商享有诚实并关心伙伴的声誉。

（三）专用资产投资

专用资产投资是指合作企业愿意并且对合作关系进行的投入，包括有形资产和无形资产两大类。专用资产投资因为其特殊的绑定效应备受研究者们关注，为了详细地测量企业间合作中的资产投入情况，本书采用殷茗和赵嵩正（2009）的量表，将投入资产的种类做了比较详细的划分，主要从实物、管理资产、人力以及技术四个方面来测量，具体的问项如下：Q3-1 实物资产，包括技术装备、基础设施等；Q3-2 管理资产投资，包括配合对方的业务流程上的转变等；Q3-3 人力资产投资；Q3-4 技术资产投资，包括技术引进和研发等。

（四）沟通质量认知

关于沟通的操作化定义很多，一般而言，研究者会将沟通定义为信息共享，用信息共享的层面和频次以及信息量来衡量。本书同意用信息共享来解释沟通的概念，并认为对于企业间信任来说，信息共享的质量相较频次和信息量来讲更为重要。因此，本章主要考察沟通质量认知，将沟通定义为全面、及时、准确而有意义的信息共享，量表主要来源于德尼泽和扬（Denize and Young，2007），相应测量问项为：Q4-1 我们与该供应商都可以没有顾忌地同对方分享企业信息；Q4-2 该供应商将及时告知我们所应知道的信息；Q4-3 该供应商将告知我们一切对我们有用的信息；Q4-4 我们双方都相信对方所告知的信息是准确可靠的。

（五）共同的价值观

共同的价值观是指合作企业在对待合作，在目标和决策以及在处理合作中问题的态度上拥有共同的信念。共同的价值观能从三个方面加强供应链企业之间的信任：一是通过社会化形成期望聚合，使企业之间的交易费用有可预期性，共同的文化为企业成员制定了基本的行为准则，只要对方的行为是可预测的就有可能建立信任关系；二是供应链内部存在的共同的价值观和规范，企业行为的意图则能较好地被理解和估计，即企业互相之间可以理解对方的言行并努力按对方的意图行事，如对方的责任感与合作竞争公平、公正性等都能被理解和领会，有利于信任的建立；三是共同的文化能促进成员企业间充分、及时、有效的信息沟通，促进企业间的信任和理解。

因此，共同的价值观主要体现在经营目标的相容性、合作目标协调性、应对突发事件以及冲突解决上的共识等。共同的价值观量表主要来源于李和金（Lee and Kim，1999）以及宋等（Song et al.，2008），问项为：Q5-1 我们与该供应商会相互支持彼此的经营目标；Q5-2 我们都认为为了合作能取得成功，有时妥协是必要的；Q5-3 我们与该供应商致力于做出有利于双方利益的改进；Q5-4 我们双方将就合作中的问题合力寻找解决方法。

（六）人际信任

前面已经阐述了窗口人员的信任是影响供应链成员间信任的重要因素。本章将企业合作中的人际信任定义为相信对方拥有一定的技能和享有高尚的品德，是基于人品和技能的信任，量表来源主要是多尼和坎农（Doney and Cannon，1997），主要包括三个方面：对方窗口人员的诚实正直性、能力（包括专业技术能力和沟通能力）以及合作中表现出来的善意。相应地，本章用以下四个问项来测量人际信任：Q6-1 该供应商的销售代表对我们非常坦诚；Q6 - 2 该供应商的销售代表非常专业；Q6 - 3 与该供应商的销售代表的沟通过程令人非常愉快；Q6 - 4 该供应商的销售代表关心我们的需求。

（七）制度环境

制度环境主要包括环境的正态性和结构保证性，设计第三方机制如监控和反馈的有效性的作用以及行业准则和规范、合约等的保障性作用。量表来源殷茗和赵嵩正（2009），根据研究需要有所删减，具体的测量条目如下：Q7 - 1 第三方机构确保所有交易活动按规则完全实施；Q7 - 2 我们双方都能够及时获得对方的投机行为信息；Q7 - 3 我们行业中有通行准则；Q7 - 4 我们与该供应商的合作关系中有可以解决交易争端的规范；Q7 - 5 合约可以保护我们彼此免受对方不恰当行为的损害。

二、数据收集与样本描述

大样本的正式调查主要针对长三角地区的制造业企业展开，调查问卷委托三地科技管理部门发放，通过 Email 方式发送电子版调查问卷给调查对象，要求企业在填好后返回。共发放问卷份 380 份，回收 220 份，问卷的发放和回收历时 3 个月。问卷回收后，剔除问卷的准则有五个：一是调查对象不符合要求，问卷主要调查对象是作为买方的制造商企业的采购或是中高层管理者，不符合的问卷删除；二是基本情况漏填，企业基本情况中涉及重要特征变量的问项漏填的问卷删除；三是问卷设置了 3 个反向题，反向题差值绝对值大于 2 的删除；四是问卷填答中缺漏多处，特别是态度量表中多个问项漏答的删除；五是问卷中连着大片选同一选项、选极端选项以及测谎题填答有误的删除。经筛选，本次调查共剔除漏填问卷 6 份，完全填答一致 12 份，对象不符合问卷 40 份，反向题、测谎题答错和大面积选择极端选项的无效问卷 17 份，剔除无效问卷后，得到有效买方问卷 145 份，有效回收率达 38.2%。

从样本采集情况来看，企业性质以民营企业为主，三资企业次之，国有企业和集体企业只有 4 家；此外，样本大多数属于中小、多品种小批量生产型企业，所属行业类型比较分散，其中以机械类企业和环保类企业居多；大多数企业经营了较长时间，对行业环境和供应商企业有着较深的了解；所调查的企业的长期合作倾向较高，可能具有较高的信任倾向。

（一）成立年限

将样本按照成立年限进行归类，如图 6 - 2 所示。成立 1 ~ 3 年的有 16 家，占总数的 11%，数量最少，数量最多的是成立 5 ~ 10 年的企业，有

39家，占总数的26.9%，此外，成立15年以上的有36家，10~15年的有33家，3~5年的有21家，分别占样本量的24.8%、22.8%和14.5%，总体上样本分布较均衡。大多数企业经营了较长时间，对行业环境和供应商有较深的了解。

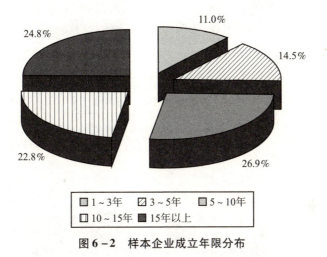

图6-2　样本企业成立年限分布

（二）与主要供应商的合作时间

样本企业与主要供应商的合作时间普遍都比较长，其中5年以上的有73家，占总样本量的50.3%超过了一半。其次是3~5年和1~3年的企业，分别有36家和31家，各占总数的24.8%和21.4%。合作的时间在1年以内的只有5家企业，占总数的3.4%。由此可以看出，所调查的企业的长期合作倾向较高，可能具有较高的信任倾向。图6-3显示了四种时间段内的企业分布情况。

（三）生产类型

如图6-4所示，样本中以多品种小批量生产型企业为主，共59家，占总样本量的40.7%；大量生产型企业和成批生产型企业次之，分别有39家和37家，占总样本量的26.9%和25.5%；单件生产型企业最少有10家，占总数的6.9%。总体来说，样本的分布比较均衡。

（四）企业员工数量

按照企业规模300人以下和2000人以上为临界点，将企业员工数量规模划分为三种类型，其中2000人以上的大型企业有7家企业，300~2000人的有46家企业，300人以下的有92家企业，如图6-5所示，分别占总数的4.8%、31.7%和63.4%，由此可见，样本以中小型企业为主。

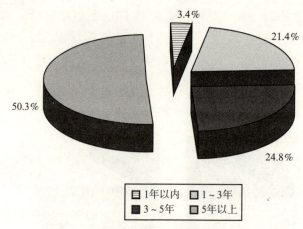

图 6 - 3 样本与主要供应商合作时间分布

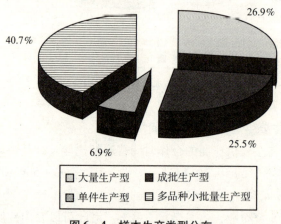

图 6 - 4 样本生产类型分布

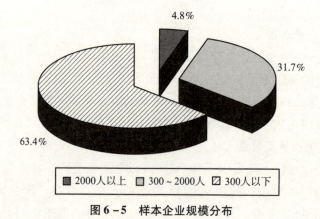

图 6 - 5 样本企业规模分布

（五）企业资产总额

按照新的企业规模划分标准，企业资产总额 5000 万元以下和 5 亿元以上为临界点，将企业划分为三种类型，其中资本总额在 5 亿元以上的大型企业有 20 家企业，5000 万 ~ 5 亿元的有 68 家企业，5000 万元以下的有 57 家企业，如图 6 - 6 所示，分别占总数的 13.8%、46.9% 和 39.3%，由此可见，样本以中小型资产量的企业为主。

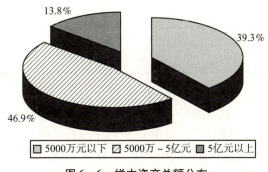

图 6 - 6　样本资产总额分布

四、信度和效度检验

本书采用 SPSS16.0 进行项目分析和信度分析，评价量表测量项目和量表信度的标准是：分量表组合信度大于 0.7，共同性大于 0.2，因子载荷大于 0.45，删减问项后的分量表 Cronbach'α 系数（以下简称 α 值）变小。此外，因为测量条目多由国外的量表发展而来，还需要对量表进行验证性因素分析，本章采用的软件是 AMOS17.0，对量表效度的评价标准为每个问项的因子载荷都在 0.5 ~ 0.95 之间，RMR 值小于 0.08，GFI 值和 CFI 值以及 NFI 值大于 0.9，RMSEA 值小于 0.08，P 值在 95% 的置信水平上不显著，CMIN/DF 在 1 ~ 3 之间。

（一）信任的项目分析、信度分析以及验证性因素分析

如表 6 - 1 所示，可预测信任的均值在 5.43 ~ 6.21 之间，善意信任的均值在 5.36 ~ 5.81 之间，可知信任的程度普遍较高，而所有问项的共同性和因子载荷全都满足标准。Q1 - 4 的共同性和因子载荷稍低，除 Q1 - 4 外，所有问项删减后量表信度下降，可知量表具有非常好的信度和效度。而 Q1 - 4 虽然删减后可以提高整体量表的信度，但是又因为 Q1 - 4 是可预测信任的一个重要的解释变量，且综合考虑问卷的效度，决定予以保留。

表 6 - 1　　　　　　　　　信任的项目分析和信度分析汇总

变量	问项	均值	方差	共同性	因子载荷	组合信度	题项删后 α 值
可预测信任	Q1 - 1	6.06	1.162	0.538	0.734	0.760	0.739
	Q1 - 2	6.21	0.883	0.824	0.908		0.606
	Q1 - 3	6.18	0.993	0.683	0.826		0.678
	Q1 - 4	5.43	1.032	0.376	0.614		0.784
善意信任	Q2 - 1	5.81	1.074	0.769	0.877	0.873	0.820
	Q2 - 2	5.38	1.131	0.716	0.846		0.841
	Q2 - 3	5.36	1.104	0.704	0.839		0.846
	Q2 - 4	5.79	0.964	0.716	0.846		0.842

运用 AMOS17.0 对可预测信任和善意信任做了验证性因素分析，因子载荷除了 Q1 - 4 是 0.433，略低于 0.5 意外，其余都在 0.665 ~ 0.916 之间，主要拟合指标如下：RMR = 0.037，GFI = 0.956，CFI = 0.980，NFI = 0.959，RMSEA = 0.076，CMIN(15) = 27.401，p = 0.026，CMIN/DF = 1.827，说明模型拥有较好的结构效度。

（二）信任前因变量的项目分析、信度分析以及验证性因素分析

由表 6 - 2 可以看出，人际信任的均值在 5.48 ~ 5.74 之间，沟通质量认知在 4.57 ~ 5.34 之间，共同的价值观的均值在 5.25 ~ 5.77 之间，声誉的均值在 5.72 ~ 5.82 之间，专用资产投资的均值在 5.34 ~ 5.63 之间，制度环境的均值在 4.23 ~ 5.88 之间，其中均值较低的沟通质量认知和制度环境中关于第三方作用的认知，说明我国供应链企业间的信息共享的质量并不是很高，并且第三方的作用还有待加强。所有的问项在分量表上的共同性和因子载荷都满足判别条件，只有 Q8 - 1 和 Q8 - 2 略低，分量表中人际信任 Q3 - 1 和声誉 Q6 - 3 删除后虽然会提高分量表的信度。因为量表本身的信度已经是非常好，同时综合考虑到问卷构念的完整性和结构效度予以保留。

表 6 - 2　　　　　　　　　信任前因变量的项目分析和信度分析汇总

变量	问项	均值	方差	共同性	因子载荷	组合信度	删后信度
人际信任	Q3 - 1	5.48	1.112	0.624	0.790	0.874	0.878
	Q3 - 2	5.64	1.012	0.812	0.901		0.809
	Q3 - 3	5.74	0.904	0.800	0.895		0.818
	Q3 - 4	5.51	1.028	0.704	0.839		0.850

变量	问项	均值	方差	共同性	因子载荷	组合信度	删后信度
沟通质量认知	Q4-1	4.57	1.273	0.589	0.768	0.855	0.855
	Q4-2	5.34	1.145	0.757	0.870		0.795
	Q4-3	4.93	1.223	0.773	0.879		0.788
	Q4-4	5.10	1.095	0.689	0.830		0.822
共同的价值观	Q5-1	5.39	0.967	0.664	0.815	0.833	0.795
	Q5-2	5.25	1.115	0.580	0.762		0.827
	Q5-3	5.67	0.913	0.787	0.887		0.747
	Q5-4	5.77	1.039	0.672	0.820		0.789
声誉	Q6-1	5.82	1.025	0.906	0.952	0.938	0.900
	Q6-2	5.80	0.940	0.936	0.967		0.877
	Q6-3	5.72	1.072	0.841	0.917		0.953
专用资产投资	Q7-1	5.63	0.950	0.779	0.883	0.925	0.915
	Q7-2	5.39	1.062	0.799	0.894		0.908
	Q7-3	5.34	1.108	0.847	0.921		0.895
	Q7-4	5.47	1.007	0.850	0.922		0.893
制度环境	Q8-1	4.69	1.193	0.384	0.620	0.769	0.763
	Q8-2	4.23	1.124	0.485	0.696		0.734
	Q8-3	4.99	1.208	0.594	0.771		0.713
	Q8-4	5.07	0.984	0.612	0.782		0.708
	Q8-5	5.88	1.027	0.566	0.752		0.718

人际信任的验证性因素分析的拟合优度指标如下：RMR = 0.014，GFI = 0.992，CFI = 0.999，NFI = 0.993，RMSEA = 0.030，CMIN(2) = 2.258，p = 0.026，CMIN/DF = 1.129，因子载荷在 0.525 ~ 0.764 之间，说明模型拥有较好的结构效度。

沟通质量认知的验证性因子分析的拟合优度指标如下：RMR = 0.020，GFI = 0.995，CFI = 1.000，NFI = 0.994，RMSEA = 0.000，CMIN(2) = 1.589，p = 0.452，CMIN/DF = 0.794，因子载荷在 0.664 ~ 0.850 之间，说明模型拥有较好的结构效度。

共同的价值观的四个问项因素符合在 0.661 ~ 0.885 之间，拟合优度指标情况是：RMR = 0.020，GFI = 0.992，CFI = 0.998，NFI = 0.959，

RMSEA = 0.039，CMIN（2）= 2.443，p = 0.295，CMIN/DF = 1.221，说明模型拥有较好的结构效度。

声誉的各问项的因子载荷在 0.840 ~ 0.930 之间，RMR = 0.000，GFI = 0.956，CFI = 1.000，NFI = 1.000，RMSEA = 0.990，CMIN（0）= 0，数据与测量模型完美匹配。

专用资产的验证性分析拟合优度指标如下：RMR = 0.012，GFI = 0.991，CFI = 0.998，NFI = 0.994，RMSEA = 0.053，CMIN（2）= 2.802，p = 0.246，CMIN/DF = 1.827，四个问项的因子载荷均在 0.824 ~ 0.908 之间，说明模型拥有较好的结构效度。

制度环境的五个问项除了制度 Q8 - 1 是 0.439 略小于 0.5，其余各问项因子载荷均在 0.538 ~ 0.743 之间，评价指标如下：RMR = 0.031，GFI = 0.988，CFI = 0.998，NFI = 0.976，RMSEA = 0.026，CMIN（4）= 4.398，p = 0.355，CMIN/DF = 1.827，说明模型拥有较好的结构效度。

第三节 实证结果

一、买方信任影响因素与买方信任程度的关系

本章所采用的分析工具是回归分析，采用的回归方法是强迫进入法，买方企业特征变量在经过虚拟化后作为一组自变量进入模型，观测在对买方企业特征进行控制后主要变量间的关系。① 研究分为两个部分进行：第一步以各可能的前因变量为自变量，分别以买方信任、可预测信任、善意信任为因变量，进行一元线性回归分析；第二步以各个可能的前因变量的层面因素为自变量，分别以买方信任、可预测信任、善意信任为因变量进行复回归分析。

（一）声誉与买方信任

由表 6 - 3 可以看出，声誉对买方信任、可预测信任以及善意信任均有着正向影响，即假设成立。而从因变量栏下的第二、第四、第六列可以看出，"卖方的诚实并关心合作伙伴的声誉"对"买方整体信任感"的影响程度最为显著，这就说明诚信并有利他倾向的卖家更容易获得买方的信任，供应链上游企业应诚信经营并注重传播这样的形象。

---

① 强迫进入法也称层次进入法，即根据不同自变量的不同重要程度，决定它们进入方程的顺序，再依次将这些变量强行进入回归方程中。

表 6-3   声誉与买方信任、可预测信任及善意信任的回归分析结果

自变量	因变量					
	买方信任		可预测信任		善意信任	
	Beta	Beta	Beta	Beta	Beta	Beta
声誉	0.705 ***	0.131	0.695 ***	0.103	0.618 ***	0.137
		0.147		0.140		0.109
		0.478 ***		0.472 ***		0.417 ***
R^2/调整后的 R^2	0.579/0.544	0.594/0.554	0.521/0.481	0.537/0.491	0.494/0.453	0.506/0.457
F 值及其显著性	16.609 ***	14.738 ***	13.142 ***	11.664 ***	11.824 ***	10.304 ***

注：① *** 表示 $p < 0.001$。②Beta 表示标准化回归系数，表中第二列的数值依次分别是声誉的三个层面因素对买方信任的影响；第四列的数值依次是三个层面对可预测信任的影响，依次类推。

（二）专用资产投资与买方信任

表 6-4 是"卖方对合作关系的专用资产投资水平"对买方信任的影响情况，可以看出呈现显著的正向影响，即假设成立，并且相对而言对可预测信任程度的影响更大。然而，四种专用资产类型对买方信任的影响并不都是显著的。与我们的认知有所偏差的是，影响信任水平的专用资产类型是管理资产投资，且其主要通过善意信任对信任水平产生影响。这在一定程度上表明，供应链上游企业在进行专用资产投资决策时，应当遵循适度原则并有所侧重，切忌盲目。

表 6-4   专用资产投资与买方信任、可预测信任及善意信任的回归分析结果

自变量	因变量					
	买方信任		可预测信任		善意信任	
	Beta	Beta	Beta	Beta	Beta	Beta
专用资产投资	0.478 ***	0.067	0.463 ***	0.112	0.426 ***	0.021
		0.274 *		0.137		0.352 **
		0.191		0.250		0.116
		-0.007		0.012		-0.023
R^2/调整后的 R^2	0.319/0.262	0.328/0.256	0.261/0.200	0.267/0.118	0.300/0.242	0.318/0.245
F 值及其显著性	5.657 ***	4.538 ***	4.275 ***	3.387 ***	5.183 ***	4.332

注： *** 表示 $p < 0.001$， ** 表示 $p < 0.01$， * 表示 $p < 0.05$。

（三）沟通质量认知与买方信任

以沟通质量认知为自变量，以买方信任为因变量的回归分析结果见表6-5，沟通质量认知对买方信任、可预测信任以及善意信任有显著正向影响的假设成立。通过比较，沟通质量认知变量对善意信任的影响效果更为突出。在沟通质量认知的四个层面上，沟通信息内容的及时性和可靠性对整体信任水平的影响达到显著，而信息内容的全面性和适切性的影响要弱于前两者。对于买方来说，能够及时获知相关重要信息并且确信信息可靠，有助于增加对供应商的信任感。因此，对供应商而言，应关心下游企业的需求，有针对性地进行信息共享，以免造成因为信息过多外泄而蒙受对方机会主义行为的危害，或者导致对方的信息处理成本过大。

表6-5　　沟通质量与买方信任、可预测信任及善意信任的回归分析结果

自变量	因变量					
	买方信任		可预测信任		善意信任	
	Beta	Beta	Beta	Beta	Beta	Beta
沟通质量认知	0.609 ***	0.056	0.537 ***	0.081	0.587 ***	0.027
		0.320 **		0.334 **		0.264 *
		0.007		-0.097		0.095
		0.345 ***		0.331 **		0.311 **
R^2/调整后的 R^2	0.438/0.392	0.478/0.421	0.321/0.605	0.368/0.300	0.439/0.393	0.468/0.411
F 值及其显著性	9.436 ***	8.493 ***	5.724 ***	5.405 ***	9.466 ***	8.181 ***

注：*** 表示 $p < 0.001$，** 表示 $p < 0.01$，* 表示 $p < 0.05$。

（四）共同的价值观与买方信任

表6-6显示了共同的价值观对买方信任的不同维度以及整体水平都有显著的正向影响，验证了上述假设。但是具体层面对信任水平的影响有所差异，经营目标的相容性以及行为理念的相似性对买方建立可预测信任感来说更加重要，而合作目标的协调一致性对于善意信任的影响则最为显著。整体上看，标准化回归系数都大于0.634，高于沟通和专用资产投资水平的对应值，说明供应链企业间应注重促进共同的价值观的形成，这样有助于更高效地建立企业间信任和合作关系。

表 6 - 6　　　　　　　　　　共同的价值观与买方信任、可预测
信任及善意信任的回归分析结果

自变量	因变量					
	买方信任		可预测信任		善意信任	
	Beta	Beta	Beta	Beta	Beta	Beta
共同的价值观	0.694 ***	0.294 **	0.654 ***	0.326 **	0.634 ***	0.226 *
		0.172 *		0.193 *		0.130
		0.281 **		0.139		0.363 **
		0.083		0.142		0.022
R^2/调整后的 R^2	0.551/0.514	0.558/0.511	0.457/0.412	0.469/0.411	0.502/0.460	0.514/0.461
F 值及其显著性	14.820 ***	11.738 ***	10.177 ***	8.190 ***	12.168 ***	9.808 ***

注：*** 表示 $p < 0.001$，** 表示 $p < 0.01$，* 表示 $p < 0.05$。

（五）人际信任与买方信任

由表 6 - 7 可以看出，人际信任对买方信任整体水平、可预测信任、善意信任的影响均达到显著，假设得到了验证。

表 6 - 7　　人际信任与买方信任、可预测信任及善意信任的回归分析结果

自变量	因变量					
	买方信任		可预测信任		善意信任	
	Beta	Beta	Beta	Beta	Beta	Beta
人际信任	0.723 ***	0.475 ***	0.633 ***	0.420 ***	0.700 ***	0.456 ***
		0.030		0.119		− 0.050
		0.294 **		0.255 *		0.287 **
		0.073		− 0.038		0.158
R^2/调整后的 R^2	0.611/0.579	0.660/0.623	0.450/0.405	0.500/0.446	0.605/0.572	0.648/0.610
F 值及其显著性	19.021 ***	17.986 ***	9.9128 ***	9.292 ***	18.520 ***	17.065 ***

注：*** 表示 $p < 0.001$，** 表示 $p < 0.01$，* 表示 $p < 0.05$。

具体而言，人际信任对善意信任的影响较大，达到了 0.700 （ *** ）。诚实可靠性以及沟通能力分别达到显著，而专业能力和善良仁慈没有达到显著，该结果较符合中国关系型社会的特点，也从另一个侧面说明了诚实是评价个人和企业是否值得信任的重要维度。

制度环境对买方信任的影响达到显著，如表 6-8 所示，假设得到验证。第三方监控机制的有效性和合约的有效性对信任水平的影响分别达到显著。制度环境对于合作企业间信任关系的建立有着重要的作用，但是其总得分的均值仅为 24.86，还有很大的提升空间。从表中不难看出第三方机制的得分较低，所以对于政府来说加强立法和执法力度，引导第三方机构的作用是非常切实可行的提高企业整体信任水平的重要途径。

表6-8　制度环境与买方信任、可预测信任及善意信任的回归分析结果

自变量	因变量					
	买方信任		可预测信任		善意信任	
	Beta	Beta	Beta	Beta	Beta	Beta
制度环境	0.575 ***	0.193 *	0.600 ***	0.145	0.477 ***	0.218 *
		0.093		0.064		0.104
		0.133		0.145		0.105
		0.090		0.096		0.073
		0.285 **		0.369 ***		0.175
R^2/调整后的 R^2	0.413/0.364	0.429/0.362	0.394/0.344	0.430/0.363	0.342/0.288	0.349/0.274
F 值及其显著性	8.499 ***	6.452 ***	7.872 ***	6.482 ***	6.292 ***	4.615 ***

注：*** 表示 $p<0.001$，** 表示 $p<0.01$，* 表示 $p<0.05$。

二、结果分析

下面对实证结果进行深入的分析和讨论。

（1）供应商声誉是影响企业与供应商之间的信任关系的重要因素。声誉信号向制造商传达了一种信号，即供应商的这种行为倾向使其不会根据合作伙伴的弱点采取机会主义行为而从中获利。供应商经营这样一种声誉需其在过去的多次交易中获得合作伙伴的认可，这样的声誉供应商不会愿意去破坏它，因为好事不出门坏事传千里，如果供应商做出不恰当的选择，很可能在过去的若干时间内所营造的形象就此破碎，有害而无利，因此这种声誉很好地降低了企业的可能的损人利己行为的概率，增加了合作企业对供应商恰当行为的预期。在管理实践中，企业声誉在企业经营中正发挥着越来越重要的作用，一些在业界具有崇高地位的企业，虽然其拥有大量的业界精英以及百年的辉煌，但是在声誉毁损后很快就陷于消亡。如

果企业能够一直保持良好的声誉，会赢得社会和合作伙伴的信任，因此会来带许多意想不到的发展机遇。① 声誉对企业与供应商间的善意信任有着显著的正向影响，这是符合我们认知的。正如顾客在淘宝购物时，会关注买家评价，那些在商品相符度和买家服务态度方面的低评价，反映了商家未能进行诚信交易，在后续的交易中将不被看好，也不为顾客所信任，成交的可能性必然降低。同样地，在企业与企业之间的合作关系中，每一笔交易涉及的价值更大，这种诚信的声誉作用更加突出。良好的声誉来之不易，在过去的合作关系中一直能够公平和公正地对待合作伙伴的供应商，将使合作企业有理由相信这种善意的合作态度会具有一定的延续性，在企业与该供应商之间的合作关系中能够获得同等的对待，因而拥有这种声誉的供应商将能更加获得合作企业的信任。

（2）人际信任对企业与供应商间的可预测信任有显著的正向关系。正如本章在提出假设时所述，企业与供应商间的合作过程主要时由"人"推动的。在双方的窗口人员的沟通过程中，供应商的销售人员所展现出来的人格魅力和善意能够通过移情作用传递给自己的企业，个人形象代表着企业的形象。如果销售人员是正直诚实的，那么企业有理由相信该销售人员所在代表的供应商的生产规模和生产能力是真实的，从而能准确把握供应商的生产能力的强弱，制定恰当的合约。同时，由于销售人员的善意行为，能够更好地将制造商的需求传达给供应商，制造商有理由相信供应商会考虑到自己的利益，这也在很大程度上加强了供应商的可信度，使双方的合作关系臻于完善。此外，还有很重要的一点就是供应商的销售代表的能力，其卓越的沟通能力和专业能力都传递了企业的形象。"人往高处走"，制造商会认为拥有如此优秀的销售人员，其企业一定有其过人之处，该企业的规模和专业实力是过硬的，说明企业能够有实力履行合约。反之，如果一个企业的销售人员本身就不诚实、不专业，一味强调本企业利益，那么制造商会认为该供应商不具有合作的诚意，不确定今后的合作中供应商是否会采取损害己方的行为，这些都说明企业与供应商间的人际信任显著地影响了买方对供应商的信任。

（3）制度环境对制造商与供应商间的可预测信任有着显著的正向影响。在制度环境研究中，本章主要关注的是环境的正态性以及结构保证性，主要包括法律的作用、第三方反馈和监控机制、行业规范和标准以及企业与供应商之间的约定的有效性。一个良好的制度环境将对整个环境内

---

① 参见：哈丁（Hardin, 1991）。

的企业间信任有着推动作用。① 因为制度保证了合约和规范的可执行性，如果供应商背弃承诺，或者违反法律法规、行为规范、习俗惯例，那么供应商将受到相应的惩罚。一旦这种负面形象被外界知晓，那么将使供应商的可信度大为降低，其他企业不能很好地预计该供应商可能的行为，造成可预测信任下降。

（4）专用资产投资对企业对供应商的善意信任有显著的正向影响。专用资产投资因其引起特定的合作关系所具有的资产专用性的特点，是种沉没成本，它的可转移性非常低。供应商愿意对合作关系投入各种专用资产，可以被合作企业看作一种信号，即供应商重视合作关系，具有与企业进行长期合作的倾向，希望合作能朝向有利的方向发展。供应商所投入的特定型资产的规模越大，不可回收部分越多，他们在合作关系中的卷入程度越深，越容易从合作的角度或是合作伙伴的角度考虑问题。因此，这样的供应商越容易秉持公平或者公正的态度来处理合作中所出现的问题，因为供应商如果采取机会主义行为，那么在损害了合作企业利益的同时其本身投入的专用资产也蒙受巨大的损失。这样，合作企业有理由认为供应商所采取的短期自利性行为是弊大于利的，相信供应商不大可能采取损害双方关系的短视行为，将在合作中得到公平公正性的待遇，甚至于供应商为了避免合作破裂的沉没成本的流失，而更加积极主动地关心合作伙伴的利益，即选择一定的利他行为。

（5）沟通质量认知对企业间善意信任有显著的正向作用。这一检验结果是符合理论和传统认知的。全面、及时而有意义的信息共享可以促进企业间信任关系的建立，并且可以提高企业的运作效率。基于信任的关系，企业信息沟通和合作意愿大大加强。"全面而无所顾忌的信息共享"包含了企业在生产经营活动中的各个层面的信息，通过产品设计与开发、生产制造及市场等方面信息的交流及反馈、知识共享，可以使供需双方准确把握市场需求，缩短产品开发周期，降低生产制造和库存成本，同时更加完备的生产和技术信息能够使制造商及时地做出产品宣传和销售的布置，从而使运作效率提高。"及时性"保证了企业所获取的信息的时间价值，许多时候时效就是商机，及时地互通有无，可以让合作关系在外部环境不确定的情形下处于安全的位置，供应商愿意及时与合作企业共享第一手信息，能够向合作企业传达其善意的合作意愿，博得合作企业的好感和认同。而共享有意义的信息则是降低了制造商信息处理的成本，能够快速对

---

① 参见：翟学伟（2010）。

市场做出反应，这样制造商会觉得供应商能够从客户的角度思考问题，具有推进合作的良好意愿。这种信息共享有利于合作者之间的沟通，消除误会与隔阂，增进了解与信任。大多数时候，企业是不愿意自己的各方面信息外泄的，因为信息被合作企业掌握，意味着企业面临合作伙伴的机会主义行为的风险，在合作中处于容易被攻击的位置，一旦合作破裂或是遭遇不诚信买家，合作企业可能会将这些信息透露给自己的竞争对手或是其他合作伙伴，从而使企业蒙受不可估量的损失。而另一方面，正基于此认知，合作企业会通过"意愿过程"判断，认为供应商与其共享信息是供应商对合作企业信任并存有"善意合作意愿"的体现，因而该供应商是值得信任的。

（6）共同的价值观对于企业与供应商间的善意信任关系具有显著的正向影响。合作双方在目标上是相互支持的，并且具有共同的合作理念，并且在遇到问题的时候能够秉持合作解决的理念，这能够增加企业之间的认同感，从而使企业更加确信供应商的合作意愿和长期合作的可能性，从而建立对供应商的信任感。

第四节　本章小结

已有供应链企业信任管理文献大多考虑西方文化背景，而中国在经济制度、权力差异、社会关系等方面与西方国家存在着明显不同。中国高速的经济增长、独特的文化特征和转型经济的背景必然会影响企业的管理理念和管理模式，尤其是涉及供应链企业间关系管理方式更是如此（在中国，个人关系非常重要，而西方则更强调契约精神）。因此，西方的管理理论（特别是供应链企业信任管理理论）需要在中国进一步检验。

本章基于买方与供应商之间的交互作用对供应链企业信任的前因进行了较深入的探索。研究结果表明：所有假设均得到了验证，声誉、专用资产投资、沟通质量水平、共同的价值观、人际信任以及制度环境都对信任有着显著正向影响；① 回归系数显示，人际信任对企业间的信任的影响效果最为突出，可见在中国"人"和"关系"仍是维系企业间信任与合作

---

① 其中，声誉、专用资产投资、沟通质量水平、制度环境在本书上篇的理论模型中分别给出了分析，共同的价值观和人际信任对于供应链企业信任的影响是本章新的探索，这两个因素更适合于进行实证研究。这样，本章的研究较为系统地识别了供应链企业信任的前因。

的重要纽带；沟通质量认知和制度环境都是影响买方信任的重要方面，两者认知水平都不高，还有很大的提升空间。

研究结论证实了第二章和第三章中理论建模的分析结果，同时对我国供应链管理实践，特别是企业间信任机制的建设和合作伙伴关系的形成具有重要的启示：制度环境的保障对于信任的建立有着不可忽视的作用，政府方面应加强立法、鼓励第三方监控和反馈以及担保机制的发展，创造稳定完善的经济秩序、营造良好的市场环境；声誉机制和员工队伍的建设是企业一直应该关注的重要内容；供应链管理者应合理运用信息共享和专用资产投资策略，从回归系数上可以看出沟通质量认知和专用资产投资的作用显著，但是相比其他的变量在信任的两个维度上的作用并不是那么突出，因此供应商在进行决策的时候应合理决定并且控制好信息共享水平和专用资产投资水平，过多的投入可能达不到预期的促进作用反而置自身于不利境地；最后，供应链企业间应充分合作，加强交流和理解，打造共融的价值观，并且促进供应链知识的累积，建立学习型供应链组织，充分发挥软性资本要素的作用。

本章研究的局限性在于：样本主要来自长三角地区，回收的样本数量不是非常充足；研究模型主要是从对卖方的可预测性和善意的评价着手，更加注重的是卖方的特征，对买方的特征的考量较少。针对本文的局限性和信任研究的特点，进一步的研究可以从以下几个方面进一步展开：第一，进一步扩大样本量和样本的分布范围，提高样本的代表性；第二，对信任的测量划分阶段，信任是一个随着时间的推进在不断变化的概念，在各个阶段信任的前因要素可能会有所不同；第三，专用资产投资的范围可以拓宽到双方投资，并且可以对资产的专用性程度进一步测量；第四，企业间的依赖关系对于信任有着一定影响，它包含诸如相对替代性、相对重要性以及相对权力等供应链合作领域内的重要概念，似乎与"信任"是相对立的概念，但是不可否认依赖关系是合作伙伴关系的重要的层面，所以未来可以开展包含信任机制、依赖关系与合作伙伴关系的相关研究。

第七章 依赖关系和专用资产投资对策略弹性的作用

> 行为人进入市场时知道的仅仅是，在给定禀赋、偏好、技术和预期下，他们视为改善他们的境遇的交易；他们和其他行为人的不期而遇；然后以一种无序和随机的方式做出有利于双方的交易。
>
> ——邓肯·弗利（Duncan Foley，1994）

第四章和第五章的研究指出，供应链企业信任演化是一个成员企业相互依赖与不断学习的过程。信息、需求和环境不确定性使得供应链企业对各种变化难以预测和控制，而供应链企业的关系又直接决定着企业的合作效率和供应链整体绩效。在这样的背景下，供应链企业之间谋求建立战略合作伙伴关系有巨大的发展空间。美国布兹·艾伦·汉密尔顿咨询公司对世界范围内500多家企业的调查表明，建立战略联盟的供应链企业的收益要比没有形成这类联盟的企业平均高出40%，此类供应链企业的策略弹性也更大。通常，策略弹性是指供应链企业具有调整合约的形式来应对环境改变的能力（合约修改弹性），以及当供应链企业的需求被满足或合作关系的绩效不再符合期望时退出合作关系的容易程度（退出弹性）。

当前，国内外学者对供应链企业的策略弹性研究甚少，对信任中介效应的相关研究还有待完善。此外，针对依赖关系、专用性资产投资这两个关键的前因变量对信任影响的研究也不够充分。针对上述不足，本章以信任为中心变量，以策略弹性为结果变量，通过实证研究来探讨以下问题：第一，在中国情境下，信任的两个关键前因变量依赖关系和专用性资产投资是否会对信任产生影响？第二，依赖关系、专用性资产投资是否对策略弹性产生直接影响及间接影响（通过信任的中介效应）？第三，信任对策略弹性具有怎样的作用？通过这些研究，对供应链合作中信任的建立及信任对策略弹性的关键作用进行深入的探讨。

本章内容安排如下：第一节，提出研究概念模型并描述各变量之间的因果关系；第二节，根据理论模型及已有的研究成果；第三节，提出研究假设并给出相关变量的操作化定义；第四节，阐述研究过程和方法（包括问卷设计及数据收集等）；第五节总结了研究结论，并在此基础上提出管理启示和策略建议。

第一节　研究问题与假设

一、策略弹性

首先对策略弹性概念进行概述。在市场竞争日趋激烈的背景下，面对各种机遇和威胁，企业必须不断适应环境并对环境变化做出灵活的反应。当前，企业间的竞争逐渐被供应链间的竞争所取代，企业要保持竞争优势，必须提升整个供应链的竞争能力，打造弹性供应链来应对各种风险，包括内外部环境风险、行业风险、供应链上下游关系风险以及决策支持风险（朱新球和苏成，2010；Zaheer and Fudge Kamal，2011）。也就是说，供应链的绩效在一定程度上取决于企业之间的密切配合，以及针对环境变化所做的合作关系的弹性调整。

从动态视角来看，策略弹性使企业能够调整其资源基础和能力以达到环境和组织之间良好的匹配（Tamayo - Torres et al.，2010）。这种快速反应能力不仅有助于企业更好地应对日常需求的波动，而且在中断或延迟风险发生后，能够使企业对现有能力进行重新部署从而使风险带来的影响降到最低。已有研究发现，策略弹性可调节产品创新与在不同竞争强度环境下的企业绩效之间的关系，也通过影响顾客价值和销售目标进一步对企业收入产生正向影响（Celuch et al.，2007；Grewal and Tansuhaj，2001；Li et al.，2010）。由此可见，策略弹性对打造弹性供应链、降低管理风险及提高企业经营绩效发挥着关键作用。

策略弹性的战略意义引起了学术界的关注。研究者认为企业在竞争环境中生存发展的重要特性是策略弹性，即企业参与并快速适应环境以获得竞争优势的能力（Hitt et al.，1998）。具体而言，策略弹性是企业识别环境变化并对新的行动过程做出资源承诺的能力，以及当有必要对目前资源停用时，能快速识别并做出相应行动的能力（Shimizu and Hitt，2004；Zhang，2005）。这样，认为灵活性的企业对面临的不确定性有了更好的准备，可以变换在市场中的位置、改变计划或退出当前战略（Tamayo - Torres et al.，2010）。海德和约翰（Heide and John，1992）将策略弹性划分为调整弹性和退出弹性，调整弹性是指合作双方为响应环境变化来调节其行为或合同的能力，退出弹性被视为企业退出某种合作关系的灵活性。

以上述文献为基础，本书认为策略弹性指的是供应链企业具有的调整其合约的形式来应对环境改变的能力。① 由于在合约中不可能对所有可能发生的情况做出详细的规定，合作的成功依赖于合作双方觉察到的他们关系中非正式的责任并调整策略来持续创造价值的能力。同时，本章与前述各章关于信任的定义一致，并将其分为可预测性和善意两个维度。

二、信任的关键前因变量

（一）依赖关系与信任

1. 买方依赖和信任

根据资源依赖理论（RDT），企业无法控制其所需的所有资源，因而需要与其交易伙伴相互依赖。② 例如，买方需要供应商关于产品和库存的信息进行计划和协调，对买方来说这些信息资源是稀缺的。又如，核心企业和供应商共同组建完整的产业链，这种管理模式提高了物流效率，但同时带来了上游对核心企业的高度依赖问题（林方和黄慧君，2007）。因此，供应链企业相互依赖，是供应链企业功能专业化的必然结果，不同的供应链企业专注具有相对优势的功能上，一方面获取规模效益，另一方面在功能上相互依赖。

在心理学和社会心理学中，依赖指一方主动寻求或期望得到其他方在经济、情感、安全、保护或者关心等方面的帮助（Zhou et al.，2007）。营销理论中，依赖则指渠道成员为了实现自己的目标而需要与另一个渠道成员维持交换关系的心理与行为状态（Buchanan，1992；Andaleeb，1995；庄贵军等，2006；胡保玲，2008）。研究发现，组织间依赖关系主要来自转换成本、有价值的资源与货币价值交付（Laaksonen et al.，2008）。李忆和司有和（2009）的分析表明，依赖关系指商业关系的一方为实现其经营目标而与对方维持关系的一种程度。本书认为，相互依赖具有程度和结构上的差异。依赖程度标志着供应链企业间一方对另一方依赖性的高低，

---

① 本章主要探讨的是合约修改弹性，后面两章中进一步研究退出弹性。

② 据 OECD 的研究，在过去的十年间，美国、日本和欧洲的跨国公司中，外部技术资源占有重要地位的企业比例已经从平均不到 20% 迅速上升 80% 以上。

而互依结构则表示互依的对称性与非对称性。① 本章主要考虑买方与供应商依赖程度对信任和策略弹性的影响，将买方与供应商依赖关系定义为双方为实现经营目标而对他方的依赖程度，并将双方依赖关系划分为三个维度：重要性、可替代性和影响力。

依赖关系的主要结果是产生权力。由于买方对供应商存在依赖性，供应商对买方就有了某种权利，从而会导致买方的顺从，但是，也可能破坏双方的信任（Lusch，1976；Oghazi et al.，2016；Haselhuhn et al.，2017）。有关战略联盟的研究表明，依赖关系与伙伴间的信任是负相关的（Young‐Ybarra and Wiersema，1999）。基于上述分析，提出如下假设：

H1：买方依赖对信任有显著的负向影响。

H1a：买方依赖中的"可替代性"维度对信任及其维度有显著的负向影响。

H1b：买方依赖中的"重要性"维度对信任及其维度有显著的负向影响。

H1c：买方依赖中的"影响力"维度对信任及其维度有显著的负向影响。

2. 供应商依赖与信任

类似地，如果供应商对买方存在依赖性，供应商则很难采取机会主义行为，买方处于有利地位，容易对供应商产生无形的压力，这种压力可能导致不可协调的冲突从而不利于双方信任的建立。于是，提出以下假设：

H2：供应商依赖对信任有显著的负向影响。

H2a：供应商依赖中的"可替代性"维度对信任及其维度有显著的负向影响。

H2b：供应商依赖中的"重要性"维度对信任及其维度有显著的负向影响。

H2c：供应商依赖中的"影响力"维度对信任及其维度有显著的负向影响。

（二）专用性资产投资与信任

有关专用性资产投资与信任之间的关系，在第六章已经进行了详细分析，这里不再赘述。需要说明的是，本章和第六章的研究目标不同，本章从供应商和买方两个角度同时考察对信任的影响，第六章主要从供应商的角度进行研究。本章提出以下假设：

---

① 概言之，影响依赖程度的因素主要有三个：交换关系的产出；替代关系的多寡与难易；替代成本。不论是供应商还是买方，实力越强者越倾向于被自己的合作伙伴较高程度地依赖，而实力越弱的成员越倾向于更多的依赖合作伙伴。

H3：买方专用资产投资对信任及其维度有显著的正向影响。

H4：供应商专用资产投资对信任及其维度有显著的正向影响。

三、策略弹性的决定因素

（一）依赖关系与策略弹性

汉德菲尔德和贝克特（Handfield and Bechtel，2002）指出，买方依赖与供应商反应能力水平的高低呈现负相关关系。也就是说，由于买方选择的局限性，赋有权力的供应商可能对买方的需求不能做出快速响应，从而导致时间响应的水平较低。① 同样地，基于依赖性的合作关系可能不利于调整合约条款的灵活性。当一方依赖于另一方时，其中一方就有了某种权力。因此，赋有权力的一方可能缺乏动机来调整以适应改变。基于此，提出如下假设：

H5：买方依赖对策略弹性有显著的负向影响。

H5a：买方依赖中的"可替代性"维度对策略弹性有显著的负向影响。

H5b：买方依赖中的"重要性"维度对策略弹性有显著的负向影响。

H5c：买方依赖中的"影响力"维度对策略弹性有显著的负向影响。

类似地，本书假设：

H6：供应商依赖对策略弹性有显著的负向影响。

H6a：供应商依赖中的"可替代性"维度对策略弹性有显著的负向影响。

H6b：供应商依赖中的"重要性"维度对策略弹性有显著的负向影响。

H6c：供应商依赖中的"影响力"维度对策略弹性有显著的负向影响。

（二）专用性资产投资与策略弹性

已有研究表明，资产专用性是企业资本结构的重要决定因素之一（Vilasuso and Minkler，2001）。然而，资产专用性和环境的不确定性直接增加了协调成本（Artz and Brush，2000），因此这可能使得企业不愿意进行策略的调整与改变。同时，研究也发现，资产专用性与策略弹性负相关（Young – Ybarra and Wiersema，1999）。根据上面的讨论，提出如下假设：

H7：买方专用性资产投资对策略弹性有显著的负向影响。

H8：供应商专用性资产投资对策略弹性有显著的负向影响。

（三）信息共享和策略弹性

由于企业为了保持竞争优势必然会收集和处理更多的信息来减少其所面临的不确定性，于是信息所具有的经济价值使得信息可能成为一种生产

---

① 这在一定程度上也说明了供应链企业在时序上产生依赖关系。

要素。然而，获取这些必要的信息和知识大多需要付出高昂代价，如通过耗费时间和资源的试错过程来发现它们。为了有效协调供应链成员间的行为，供应商与买方需要交换各种信息（叶飞和徐学军，2009；Frazier et al.，2009；Zhou et al.，2014）。本章借鉴蔡等（Cai et al.，2010）的定义，将信息共享定义为供应商与买方通过各种媒介对关键的，尤其是专有信息进行的准确交流与传递。通过建立供应链企业间的信息共享机制，一方面有利于及时发现供应链上潜在的各种风险，另一方面提高了供应链运作的协同性和效率，从而有利于弹性供应链的构建。基于此，提出以下假设：

H9：信息共享对策略弹性有显著的正向影响。

（四）信任和信息共享

沃尔玛与宝洁基于信任的合作模式已经成为供应商与零售商合作成功的典范，在信任的基础上，双方企业还实现了很好的信息共享。沃尔玛通过计算机联网和电子数据交换系统与宝洁分享信息，让宝洁随时了解其商品在沃尔玛各分店的销售和库存变动情况，以此来调整生产和发货。除此之外，双方还共同分享销售数据以及市场计划等等，从而实现了高效率、低成本。这是以信任为基础促进信息共享的典型实例。并且有关的实证分析也证明了信任在促进信息共享方面的正向作用（曾文杰和马士华，2011；Cai et al.，2010）。于是，提出假设：

H10：信任对信息共享有显著的正向影响。

（五）信任和策略弹性

研究组织间关系的文献在某种程度上与以下的观点是一致的：与合作伙伴建立信任关系的企业能更好地适应不断变化的环境、满足外界需求及解决可能出现的不可预知的问题。因此，建立信任的企业在决策制定和实际运作中应该能展现更大的灵活性。研究结果也表明，买方信任与供应商的反应能力正相关（Handfield and Bechtel，2002）。研究还发现，在对称的相互依赖的经销商—零售商关系中，信任对处于低相互依赖条件下经销商关系行为（灵活性、信息交换、团结）有适度的正向影响（Yilmaz et al.，2005）。据此，提出如下假设：

H11：信任对策略弹性有显著的正向影响。

H11a：信任中的"可预测性"维度对策略弹性有显著的正向影响。

H11b：信任中的"善意"维度对策略弹性有显著的正向影响。

在上述分析的基础上，提出以下研究模型，如图 7-1 所示。

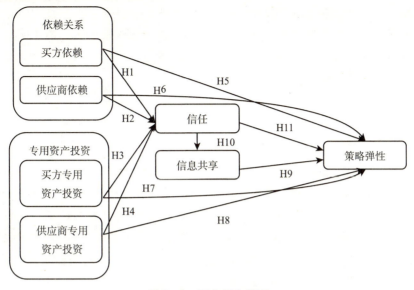

图 7-1　研究概念模型

总的来说,本书试图从买方和供应商两个角度来测量依赖关系和专用性资产性投资对策略弹性所产生的影响,同时考虑其对策略弹性的直接影响效应及通过信任中介变量所产生的间接影响效应。此外,考虑信任对策略弹性的直接与间接影响效应,其中间接影响效应以信息共享作为中介变量。

第二节　研究方法

为了确保测量工具的效度与信度,尽可能使用国内外已使用过的量表。另外,为了消除跨文化差异,通过小样本预测试,以修正测量量表。除此之外,本书的研究变量选择是在文献综述和理论模型的基础上,从原有问卷涉及的变量筛选出所需要的变量。量表的计分方式均采用李克特(Likert)七点尺度,被试者根据公司实际情况从"非常不同意"到"非常同意"做出评价。

一、变量的操作性定义与测量

(一)策略弹性的测量

具体地,本章将用"当发生意外情形时,我们与该供应商选择修改契约而不是坚持让对方遵守原契约（SF1）""我们合作关系的特征之一是能够灵活应对环境变化的要求（SF2）""我们随时调整契约以适应不断变化的市场环境（SF3）"等 3 个问项来衡量策略弹性。

（二）信任的测量

采用"我们就价格、交货形式和质量标准等问题达成了协议（T1）""我们会将所有问题在合同中写清楚（T2）""该供应商能够充分履行协议（T3）""该供应商在合作领域内专业而有实力（T4）""该供应商能够提出对我们有益的建议（T5）"等 5 个问项来衡量可预测性；用"该供应商的一些建议和做法有利于合作进展（T6）""我们相信该供应商的决策将对我们合作双方有利（T7）""我们相信该供应商的决策将对我们公司有利（T8）""我们信赖该供应商能够给予我们合同外的帮助（T9）""我们相信该供应商会公平、公正地对待我们（T10）"等 5 个问项来衡量善意。

（三）买方依赖的测量

采用"我们能够轻易获得该产品线的其他供应商（BD1）""选择其他供应商，不会对我们的收入产生实质性的影响（BD2）""如果转向其他的供应商，我们即使尽最大的努力也无法弥补失去该供应商的收入损失（BD3）"等 3 个问项衡量供应商可替代性；用"该供应商对我们来说非常重要（BD4）""该供应商的产品享有高质量的声誉（BD5）""失去该供应商我们将付出很大的代价（BD6）"等 3 个问项衡量供应商的重要性；用"合作目标（BD7）""合作中的经营决策（BD8）""预算分配（BD9）""研究项目的选择（BD10）"等 4 个问项衡量供应商的影响力。

（四）供应商依赖的测量

对于供应商依赖变量的测量，本章将用"该供应商可以轻易获得其他需要同种产品的客户（SD1）""如果转向其他的客户销售同种产品，该供应商能够轻易地弥补因失去我们而造成的收入损失（SD2）""该供应商找不到可以完全替代我们的客户（SD3）"等 3 个问项衡量买方的可替代性；用"我们对于该供应商来说非常重要（SD4）""我们为该供应商创造了很大的销售量（SD5）""若失去我们这个客户，该供应商将付出很大代价（SD6）""该供应商的经营业绩很大程度上取决于我们的营销努力（SD7）"等 4 个问项衡量买方的重要性；用"合作目标（SD8）""合作中的经营决策（SD9）""预算分配（SD10）""研究项目的选择（SD11）"等 4 个问项衡量买方的影响力。

（五）买方专用性资产投资的测量

对于买方专用性资产投资变量的测量，采用"我们公司愿意并且对以下几个方面的资产进行了投资实物资产，包括技术装备、基础设施等（BI1）""管理资产投资，包括配合对方的业务流程上的转变等（BI2）""人力资产投资（BI3）""技术资产投资，包括技术引进和研发等（BI4）"等4个问项衡量买方的专用性资产投资。

（六）供应商专用性资产投资的测量

对于供应商专用性资产投资变量的测量，采用该供应商愿意并且对以下几个方面的资产进行了投资："实物资产，包括技术装备、基础设施等（SI1）""管理资产投资，包括配合对方的业务流程上的转变等（SI2）""人力资产投资（SI3）""技术资产投资，包括技术引进和研发等（SI4）"等4个问项衡量供应商的专用性资产投资。

（七）信息共享的测量

采用"我们与该供应商都可以没有顾忌地同对方分享企业信息（I1）""该供应商将及时告知我们所应知道的信息（I2）""该供应商将告知我们一切对我们有用的信息（I3）""我们将及时与该供应商分享我们的产品信息和业务进展（I4）""我们双方都相信对方所告知的信息是准确可靠的（I5）""我们双方将就合作中的问题合力寻找解决方法（I6）"等6个问项衡量信息共享水平。

二、样本与项目分析情况

样本情况与第六章相同，此处不再赘述。本书以长三角地区的制造企业为研究对象，通过买方对供应商关于依赖关系、专用性资产投资及信任、信息共享与策略弹性的评价分析来探讨这些变量之间的相关关系，以此来验证本章提出的理论模型。

对涉及信任、策略弹性、买方依赖、供应商依赖、专用性资产投资、信息共享的各个因素分别进行项目分析，并删除不符合要求的题项后，发现剩余的题项均符合项目分析的标准，从而得到正式量表，即用来解释每个变量的对应题项。以下对这些题项分别进行信度和效度分析。

第三节 实证研究

一、信度和效度分析

研究以 Cronbach'α 系数来检验有关变量的信度。一般认为 α 值介于

0.7~0.8 之间属于高信度值（即分量表组合信度大于 0.7）；若低于 0.35，则就应拒绝。通过分析本文中各变量的 Cronbach'α 值均大于或接近 0.7，且大多数删减问项后的分量表 Cronbach'α 系数（以下简称 α 值）变小，说明本章变量具有较好的信度。

本书主要以结构式问卷作为研究工具进行资料收集，且采用国内外学者曾经使用过的量表，因此设计的问卷符合内容效度的要求。考虑到跨文化因素的影响，仍以探索性因子分析法（EFA）来验证各变量的结构效度，由分析结果知，各问项因子载荷均大于 0.6（大于 0.45 为满足标准），共同性大于 0.2，这表明本章的各变量具有较好的建构效度。

（一）信任及策略弹性的信度及因子分析

为验证信任及策略弹性的信度和效度，本书对可预测信任、善意信任及策略弹性进行信度及因子分析，得到如表 7 - 1 所示的结果。

表 7 - 1　　　　　　　信任及策略弹性的信度及因子分析结果

变量	问项	均值	方差	共同性	因子载荷	组合信度	删后信度
可预测信任	TR1	6.50	0.613	0.713	0.829	0.864	0.843
	TR2	6.06	1.350	0.652	0.788		0.863
	TR3	6.21	0.780	0.785	0.737		0.806
	TR4	6.18	0.870	0.608	0.643		0.837
	TR5	5.83	1.056	0.676	0.640		0.828
善意信任	TR6	5.88	1.026	0.800	0.808	0.906	0.875
	TR7	5.78	1.229	0.800	0.825		0.869
	TR8	5.32	1.426	0.696	0.799		0.887
	TR9	5.32	1.276	0.680	0.805		0.895
	TR10	5.79	0.975	0.658	0.761		0.896
策略弹性	SF1	5.50	1.238	0.685	0.828	0.801	0.771
	SF2	5.63	0.956	0.821	0.906		0.632
	SF3	5.38	1.418	0.670	0.818		0.788

如表 7 - 1 所示，就信任的两个维度而言，可预测信任的均值在 5.83~6.50 之间，而善意信任的均值在 5.32~5.88 之间，由此可知信任的程度普遍较高，而所有问项的共同性和因子载荷全都满足标准，且所有问项删减后量表信度下降，可以确定量表具有非常好的信度和效度。

对策略弹性而言，策略弹性各问项的均值在 5.38～5.63 之间，由此可知策略弹性的程度普遍较高，并且其对应的各问项的共同性及因子载荷值普遍较高。除此之外，所有问项删减后量表信度下降，因而量表具有非常好的信度和效度。

（二）信任关键前因变量的信度及因子分析

注意到在本研究中，信任的两关键前因变量分别为依赖关系（包括买方依赖和供应商依赖）、专用性资产投资（包括买方和供应商专用资产投资），为了验证它们的信度和效度，对于依赖关系的三个维度和专用资产投资的两个维度分别进行信度及因子分析，结果如表7-2和表7-3所示。

表7-2   依赖关系的信度及因子分析结果

变量		问项	均值	方差	共同性	因子载荷	组合信度	删后信度
买方依赖	供应商可替代性	BD1	3.12	1.498	0.819	0.905	0.866	0.795
		BD2	3.22	1.493	0.860	0.927		0.751
		BD3	3.23	1.889	0.706	0.840		0.891
	供应商重要性	BD4	5.06	1.108	0.790	0.889	0.702	0.425
		BD5	5.27	0.962	0.652	0.807		0.624
		BD6	3.73	1.379	0.471	0.686		0.763
	供应商影响力	BD7	5.39	1.614	0.755	0.869	0.891	0.869
		BD8	5.10	1.477	0.824	0.908		0.846
		BD9	4.72	2.034	0.756	0.870		0.850
		BD10	4.67	2.404	0.712	0.844		0.873
供应商依赖	买方可替代性	SD1	3.97	1.589	0.790	0.892	0.846	0.762
		SD2	4.08	1.376	0.795	0.889		0.757
		SD3	3.68	1.454	0.710	0.842		0.833
	买方重要性	SD4	4.85	1.143	0.606	0.877	0.838	0.822
		SD5	5.10	1.316	0.712	0.844		0.783
		SD6	4.37	1.680	0.769	0.783		0.750
		SD7	4.37	1.652	0.614	0.779		0.815
	买方影响力	SD8	5.39	1.614	0.755	0.869	0.891	0.869
		SD9	5.10	1.477	0.824	0.908		0.846
		SD10	4.72	2.034	0.756	0.870		0.850
		SD11	4.67	2.404	0.712	0.844		0.873

表7-3   专用资产投资的信度及因子分析结果

变量	问项	均值	方差	共同性	因子载荷	组合信度	删后信度
买方专用资产投资	BI1	5.70	1.571	0.881	0.939		0.879
	BI2	5.28	1.896	0.645	0.803	0.922	0.947
	BI3	5.58	1.579	0.872	0.934		0.882
	BI4	5.70	1.502	0.875	0.935		0.883
供应商专用资产投资	SI1	5.16	1.801	0.834	0.913		0.970
	SI2	5.03	1.874	0.911	0.955	0.964	0.951
	SI3	5.01	1.972	0.934	0.966		0.945
	SI4	5.09	1.846	0.934	0.967		0.945

对买方依赖和供应商依赖而言，大部分问项的均值均在4以上，说明买方和供应商之间确实有依赖关系的存在。进一步分析发现，买方依赖的共同性及因子载荷均达到相应的标准，且因子载荷值均在0.6以上，除BD3和BD6外，项目删除后量表信度下降，可知买方依赖量表具有非常好的信度和效度，而BD3和BD6虽然删减后可以提高整体量表的信度，但又因为BD3和BD6分别是供应商可替代性及重要性的一个重要的解释变量，且问卷的组合信度值已经较高（大于0.7），决定予以保留。通过对供应商依赖的分析发现，其对应各问项的共同性及因子载荷均达到相应的标准，且因子载荷值均在0.6以上，且所有问项删减后量表信度下降，可知量表具有非常好的信度和效度。应用SPSS18.0进行数据分析后，专用性资产投资的信度及因子分析结果如表7-3所示。

由表7-3可以看出，对买方专用资产投资和供应商专用资产投资而言，所有问项的均值均在5.01~5.70之间，说明买方和供应商都分别进行了专用资产投资。进一步分析发现：买方专用资产投资的共同性及因子载荷均达到相应的标准，且因子载荷值均在0.8以上，除BI2以外，项目删除后量表信度下降，可知买方专用资产投资量表具有非常好的信度和效度，而BI2虽然删减后可以提高整体量表的信度，但因为BI2分别是买方专用资产投资的一个重要的解释变量，且整体问卷的组合信度（0.922）值已经非常高，故决定予以保留。通过对供应商专用资产投资的分析发现，其对应各问项的共同性及因子载荷均达到相应的标准，且因子载荷值均在0.9以上，且除SI2外所有问项删减后量表信度下降，故量表具有非常好的信度和效度。同样的，SI2虽然删减后可以提高整体量表的信度，但因 SI2 分别是供应商专用资产投资的一个重要的解释变量，且整体问卷的组合信度（0.964）值非常高，也决定予以保留。

（三）信任中介变量的信度及因子分析

前述概念模型中已指出，考虑信任对策略弹性的影响时以信息共享为中介变量，故对信息共享进行信度及因子分析，分析结果如表 7-4 所示。

表 7-4　　　　　　　　　信息共享的信度及因子分析结果

变量	问项	均值	方差	共同性	因子载荷	组合信度	删后信度
信息共享	IS1	4.36	1.982	0.464	0.681	0.859	0.853
	IS2	5.34	1.311	0.719	0.848		0.820
	IS3	4.93	1.495	0.682	0.826		0.823
	IS4	4.90	2.018	0.550	0.742		0.839
	IS5	5.01	1.430	0.727	0.852		0.816
	IS6	5.77	1.080	0.447	0.669		0.856

对信息共享进行信度及因子分析发现，所有问项的均值均在 4.36 ~ 5.77 之间，说明买方和供应商之间有较高的信息共享水平。进一步分析发现信息共享的共同性及因子载荷均达到相应的标准，且因子载荷值均在 0.6 以上，所有项目删除后量表信度下降，可知信息共享量表具有非常好的信度和效度。

二、复回归分析与假设检验

（一）主要变量间的关系

1. 描述性统计与相关分析

相关分析是研究不同变量间密切程度的一种常用的统计方法，是描述两个变量间线性关系程度和方向的统计量。在进行相关分析之前，先计算各个潜变量在其所包含的所有问项上的总分，形成只包含总分值的新的变量表，变量标签相对应的为原潜变量名。然后，利用 SPSS18.0 对依赖关系、专用资产投资对信任及策略弹性的影响进行统计描述与相关性分析，各变量的描述统计信息和相关分析结果如表 7-5 和表 7-6 所示。

表 7 – 5　　　　　　　　预测变量、中介因素与结果变量的描述性统计

变量		最小值	最大值	均值	标准差
供应商依赖		22	76	50.30	9.337
买方依赖		20	66	43.51	7.43
供应商专用资产投资		4	28	20.29	5.203
买方专用资产投资		4	28	22.26	4.605
信任	可预测性	21	35	30.79	3.887
	善意	20	35	28.08	4.641
信息共享		14	42	30.32	5.723
策略弹性		10	21	16.52	2.784

表 7 – 6　　　　　　　　预测变量、中介因素与结果变量之间的
相关系数（Pearson 系数）

变量	BD	SD	BI	SI	TR	I	SF
BD	1.000						
SD	0.867 *** (0.000)	1.000 (0.000)					
BI	0.739 *** (0.000)	0.650 *** (0.000)	1.000				
SI	0.943 *** (0.000)	0.835 *** (0.000)	0.671 *** (0.000)	1.000 (0.000)			
TR	– 0.681 *** (0.000)	– 0.553 *** (0.000)	– 0.549 *** (0.000)	– 0.553 *** (0.000)	1.000		
I	– 0.711 *** (0.000)	– 0.590 *** (0.000)	– 0.541 *** (0.000)	– 0.704 *** (0.000)	0.963 *** (0.000)	1.000	
SF	– 0.663 *** (0.000)	– 0.546 *** (0.000)	– 0.505 *** (0.000)	– 0.653 *** (0.000)	0.946 *** (0.000)	0.964 *** (0.000)	1.000

注：*** 表示 $p < 0.01$。

　　由表 7 – 6 可知，从各变量的相关性来看，买方依赖、供应商依赖均与信任存在显著负相关性；从专用性资产投资与信任的相互关系来看，买方专用资产投资与供应商专用资产投资与信任存在负相关性。另外，研究上述各变量对策略弹性的影响可以发现，依赖关系（买方依赖和供应商依

赖)、专用资产投资(包括买方和供应商专用资产投资)也均与策略弹性存在显著负相关性;而信任、信息共享与策略弹性具有显著的正相关性。最后,考虑两个中介变量信任与信息共享之间的关系,分析结果显示两个变量间呈现显著的正相关性。

2. 信任两关键前因变量的假设检验

根据假设,本章主要探讨自变量依赖关系(买方依赖、供应商依赖)、专用性资产投(买方专用性资产投资、供应商专用性资产投资)对因变量信任的影响。采用解释型回归分析,即应用强迫进入变量法。表7-5和表7-6是形成的新变量描述性统计量和变量间的积差相关系数及其显著性情形。在此基础上,采用多元回归分析方法进一步验证变量间的因果关系。

(1)买方依赖维度与信任、策略弹性及其维度之间关系分析。以买方依赖的3个维度为自变量,以信任及其2个维度、策略弹性为因变量进行多元回归分析,结果如表7-7所示。可以看出,四个多元回归模型的F值均是显著的,且各变量的VIF值均远小于临界值10,说明各变量不存在严重的共线性问题,可以进行多元回归分析。

从表7-7的回归分析结果来看,供应商影响力与"信任""可预测性""善意"的回归系数分别为 -1.563 ($p < 0.01$)、-0.686 ($p < 0.01$)、-0.877 ($p < 0.01$),可知供应商影响力对信任及其维度有显著的负向影响,而供应商可替代性、重要性与信任及其维度的回归系数均未达到显著水平。从策略弹性层面来看,供应商可替代性、影响力与其之间的回归系数分别为 -0.067 ($p < 0.05$)、-0.558 ($p < 0.01$),说明供应商可替代性、影响力维度对策略弹性有显著的负向影响。由此可以得出,买方对供应商影响力依赖越高,越不容易建立双方之间的信任,也不利于双方策略的调整。H1c、H5a、H5c得到支持。

表7-7　买方依赖维度与信任、策略弹性及其维度的多元回归分析结果

自变量	因变量					
	可预测性	善意	信任	策略弹性	共线性诊断	
					容忍度	变异膨胀系数
截距	42.453 *** 36.399 (0.000)	45.073 *** 39.949 (0.000)	87.526 *** 56.968 (0.000)	25.889 *** 45.627 (0.000)	—	—

自变量	因变量					
	可预测性	善意	信任	策略弹性	共线性诊断	
					容忍度	变异膨胀系数
供应商可替代性	0.061 1.031 (0.304)	-0.111 -1.958 (0.520)	-0.051 -0.656 (0.513)	-0.067 ** -2.361 0.020	0.856	1.169
供应商重要性	0.099 1.244 (0.215)	0.107 1.355 (0.178)	0.207 1.919 (0.444)	0.168 4.228 (0.235)	0.787	1.270
供应商影响力	-0.686 *** -16.921 (0.000)	-0.877 *** -22.354 (0.000)	-1.563 *** -29.261 (0.000)	-0.558 *** -28.276 (0.000)	0.913	1.095
R^2	0.682	0.791	0.865	0.853	—	—
调整后 R^2	0.675	0.787	0.862	0.850	—	—
F 值	100.873 *** (0.000)	178.212 *** (0.000)	301.785 *** (0.000)	273.536 *** (0.000)	—	—

注：** 表示 $p < 0.05$，*** 表示 $p < 0.01$，单元格第一行数字为回归系数，第二行为 t 值，第三行为 p 值。

（2）供应商依赖维度与信任、策略弹性及其维度之间关系分析。以供应商依赖的 3 个维度为自变量，以信任及其 2 个维度、策略弹性为因变量进行多元回归分析，结果如表 7-8 所示。从表 7-8 可以看出，四个多元回归模型的 F 值均是显著的，并且各变量的 VIF 值均远小于临界值 10，说明模型中的各变量不存在严重的共线性问题，可以进行多元回归分析。

表 7-8　供应商依赖与信任、策略弹性及其维度的多元回归分析结果

自变量	因变量					
	可预测性	善意	信任	策略弹性	共线性诊断	
					容忍度	变异膨胀系数
截距	38.745 *** 27.161 (0.000)	41.573 *** 27.564 (0.000)	80.318 *** 31.643 (0.000)	23.915 *** 26.179 (0.000)	—	—

自变量	因变量				共线性诊断	
	可预测性	善意	信任	策略弹性	容忍度	变异膨胀系数
买方 可替代性	0.174 2.126 (0.305)	0.169 1.947 (0.053)	0.343 2.352 (0.201)	−0.118 ** −2.245 (0.026)	0.871	1.149
买方 重要性	0.003 0.037 (0.971)	−0.163 −1.818 (0.071)	−0.160 −1.059 (0.291)	−0.046 −0.840 (0.402)	0.606	1.649
买方 影响力	−0.505 *** −7.539 (0.000)	−0.624 *** −8.812 (0.000)	−1.129 *** −9.473 (0.000)	−0.398 *** −9.282 (0.000)	0.668	1.497
R^2	0.366	0.503	0.509	0.493	—	—
调整后 R^2	0.352	0.492	0.499	0.482	—	—
F 值	27.119 *** (0.000)	47.491 *** (0.000)	48.818 *** (0.000)	45.719 *** (0.000)	—	—

注: ** 表示 $p < 0.05$, *** 表示 $p < 0.01$。

从表 7 - 8 的回归分析结果来看,买方影响力与"信任""可预测性""善意"的回归系数分别为 - 1.129 ($p < 0.01$)、- 0.505 ($p < 0.01$)、- 0.624 ($p < 0.01$),可以得出买方影响力对信任及其维度有显著的负向影响,而买方可替代性、重要性与信任及其维度的回归系数均未达到显著水平。从策略弹性层面来看,买方可替代性、买方影响力与其之间的回归系数分别为 - 0.118 ($p < 0.05$)、- 0.398 ($p < 0.01$),说明买方可替代性、影响力维度对策略弹性有显著的负向影响。由此可以得出,供应商对买方影响力依赖越高,越不容易建立双方之间的信任,也不利于双方策略的调整。H2c、H6a、H6c 得到支持。

(3) 专用性资产投资与信任、策略弹性及其维度之间关系分析。以买方专用性资产投资及供应商专用性资产投资为自变量,以信任及其 2 个维度、策略弹性为因变量进行多元回归分析,结果如表 7 - 9 所示。从表 7 - 9 可以发现,四个多元回归模型的 F 值均是显著的,并且各变量的 VIF 值均远小于临界值 10,说明模型中的各变量不存在严重的共线性问题,可以进行多元回归分析。

表7－9 专用性资产投资与信任、策略弹性及其
维度的多元回归分析结果

自变量	因变量					
	可预测性	善意	信任	策略弹性	共线性诊断	
					容忍度	变异膨胀系数
截距	41.492 *** 31.891 (0.000)	41.235 *** 28.616 (0.000)	82.728 *** 34.804 (0.000)	24.353 *** 27.649 (0.000)	—	—
买方专用 资产投资	−0.179 ** −2.356 (0.020)	−0.099 −1.177 (0.241)	−0.278 ** −2.003 (0.047)	−0.073 ** −1.412 0.016	0.549	1.820
供应商专用 资产投资	−0.331 *** −4.917 (0.000)	−0.540 *** −7.240 (0.000)	−0.870 *** −7.080 (0.000)	−0.306 *** −6.727 (0.000)	0.549	1.820
R^2	0.367	0.455	0.484	0.435	—	—
调整后 R^2	0.358	0.448	0.477	0.427	—	—
F 值	41.205 *** (0.000)	59.374 *** (0.000)	66.601 *** (0.000)	54.611 *** (0.000)	—	—

注：** 表示 $p < 0.05$，*** 表示 $p < 0.01$。

由表7－9可以看出，买方专用性资产投资与"信任""可预测性"的回归系数分别为 −0.278（$p < 0.05$）、−0.179（$p < 0.05$），与"善意"维度的回归系数未达显著性水平。供应商专用性资产投资与"信任""可预测性""善意"的回归系数分别为 −0.870（$p < 0.01$）、−0.331（$p < 0.01$）、−0.540（$p < 0.01$），由此可知，专用性资产投资（包括买方和供应商）均对信任及其维度有显著的负向影响。从策略弹性来看，买方专用性资产投资、供应商专用性资产投资与策略弹性之间的回归系数分别为 −0.073（$p < 0.05$）、−0.306（$p < 0.01$），说明专用性资产投资（买方与供应商）都对策略弹性具有显著的负向影响。由此可以得出，供应商与买方进行专用资产投资既不利于双方信任的建立，也不利于双方策略的调整。由上述分析，假设 H7、H8 得到验证。对于假设 H3、H4，分析得到与原假设相反的结果，即假设 H3、H4 未得到验证。

3. 信任维度与策略弹性之间关系分析

以信任的2个维度为自变量，以策略弹性为因变量进行多元回归分

析, 结果如表7-10所示。由此可以看出, 可预测性、善意与策略弹性的回归系数分别为0.241 (p < 0.01)、0.411 (p < 0.01), 达到了显著性水平, 表明信任对策略弹性存在显著正向作用, 也说明供应链合作伙伴间建立信任的重要性。据此可知, H11a、H11b 均得到支持。

表7-10　　　　　　　信任维度与策略弹性的多元回归分析结果

自变量	因变量		
	策略弹性	共线性诊断	
		容忍度	变异膨胀系数
截距	-2.453 *** -4.258 (0.000)	—	—
可预测性	0.241 *** 9.324 (0.000)	0.512	1.953
善意	0.411 *** 19.015 (0.000)	0.512	1.953
信任	0.335 *** 34.973 (0.000)	1.000	1.000
R^2	0.905	—	—
调整后 R^2	0.904	—	—
F 值	679.826 *** (0.000)	—	—

注: *** 表示 p < 0.01。

4. 中介作用的验证结果

（1）买方依赖、信任与策略弹性之间关系的路径分析。由理论模型（见图7-1）可知, 买方依赖不仅可能直接影响策略弹性, 而且可能通过信任间接对策略弹性产生影响。因此, 需要对买方依赖、信任与策略弹性进行路径分析从而确定买方依赖对策略弹性的整体影响。在路径分析中, 通过进行两次复回归, 第一次以买方依赖、信任为自变量, 以策略弹性为因变量进行复回归; 第二次以买方依赖为自变量、信任为因变量进行复回归, 两次回归分析的结果如表7-11所示。

表7-11 买方依赖、信任与策略弹性的多元回归分析结果

自变量	因变量			
	信任	策略弹性	共线性诊断	
			容忍度	变异膨胀系数
截距	90.238 *** 31.518 (0.000)	-2.145 * -1.699 (0.091)	—	—
买方依赖	-0.721 *** -11.112 (0.000)	-0.013 -0.941 (0.348)	0.537	1.863
信任	—	0.327 *** 24.970 (0.000)	0.537	1.863
R^2	0.463	0.896	—	—
调整后 R^2	0.460	0.895	—	—
F 值	123.468 *** (0.000)	611.520 *** (0.000)	—	—

注：*表示 $p < 0.1$，***表示 $p < 0.01$。

可以看出，买方依赖与信任的回归系数 -0.721（$p < 0.01$），达到显著水平，所以接受 H1 的假设。从买方依赖、信任与策略弹性的回归分析结果发现，买方依赖与策略弹性的回归系数并不显著，可知 H5 不成立，而信任与策略弹性的回归系数为 0.327（$p < 0.01$），与假设 H11 一致。由此可以得出，假设 H5 不成立，但 H1、H11 得到支持。

（2）供应商依赖、信任与策略弹性之间关系的路径分析。在路径分析中，通过进行两次复回归，第一次以供应商依赖、信任为自变量，以策略弹性为因变量进行复回归；第二次以供应商依赖为自变量、信任为因变量进行复回归，两次回归分析的结果如表 7-12 所示。供应商依赖与信任的回归系数 -0.465（$p < 0.01$），达到显著水平，所以应接受 H2 的假设。从供应商依赖、信任与策略弹性的回归分析结果发现，供应商依赖与策略弹性的回归系数并不显著，可知 H6 不成立，而信任与策略弹性的回归系数为 0.329（$p < 0.01$），与假设 H11 一致。由此可以得出，假设 H6 不成立，但 H2、H11 得到支持。

表 7 - 12　　　　供应商依赖、信任与策略弹性的多元回归分析结果

自变量	因变量			
	信任	策略弹性	共线性诊断	
			容忍度	变异膨胀系数
截距	82. 284 *** 27. 403 (0. 000)	- 2. 328 ** - 2. 257 (0. 026)	—	—
供应商依赖	- 0. 465 *** - 7. 928 (0. 000)	- 0. 010 - 1. 019 (0. 310)	0. 695	1. 440
信任	—	0. 329 *** 28. 590 (0. 000)	0. 695	1. 440
R^2	0. 305	0. 896	—	—
调整后 R^2	0. 300	0. 895	—	—
F 值	62. 851 *** (0. 000)	612. 255 *** (0. 000)	—	—

注：** 表示 $p < 0.05$，*** 表示 $p < 0.01$。

（3）买方专用性资产投资、信任与策略弹性之间关系的路径分析。复回归分析如表 7 - 13 所示，买方专用性资产投资与信任的回归系数 - 0. 938（ $p < 0.01$ ），达到显著水平，但与假设不一致，所以拒绝 H3 的假设。买方专用性资产投资与策略弹性的回归系数为 0. 013（ $p < 0.05$ ），可知 H7 成立，并且信任与策略弹性的回归系数为 0. 339（ $p < 0.01$ ），与假设 H11 一致。由此可知，假设 H7 及 H11 得到支持。本章认为买方专用性资产投资不仅会直接影响策略弹性，而且还会通过信任的负向作用间接对策略弹性产生影响。

表 7 - 13　　　买方专用资产投资、信任与策略弹性的多元回归分析结果

自变量	因变量			
	信任	策略弹性	共线性诊断	
			容忍度	变异膨胀系数
截距	79. 762 *** 29. 410 (0. 000)	- 3. 750 *** - 3. 792 (0. 000)	—	—

自变量	因变量			
	信任	策略弹性	共线性诊断	
			容忍度	变异膨胀系数
买方专用资产投资	−0.938 *** −7.863 (0.000)	−0.013 ** 0.674 (0.025)	0.698	1.432
信任	—	0.339 *** 29.537 (0.000)	0.698	1.432
R²	0.302	0.896	—	—
调整后 R²	0.297	0.894	—	—
F 值	61.827 *** (0.000)	609.461 *** (0.000)	—	—

注：** 表示 p < 0.05，*** 表示 p < 0.01。

（4）供应商专用性资产投资、信任与策略弹性之间关系的路径分析。复回归分析结果如表 7-14 所示。可以看出，供应商专用性资产投资与信任的回归系数 −1.036（p < 0.01），达到显著水平，但与假设不一致，所以应拒绝 H4 的假设。从供应商专用性资产投资、信任与策略弹性的回归分析结果可见，供应商专用性资产投资与策略弹性的回归系数同样达到显著水平，可知 H8 成立，而信任与策略弹性的回归系数为 0.333（p < 0.01），与假设 H11 一致。由此可以得出，假设 H4 不成立，但 H8、H11 得到支持。于是，本章认为供应商专用资产投资与买方专用资产投资对信任及策略弹性有类似的影响。不仅如此，本研究还认为供应商专用性资产投资不仅会直接影响策略弹性，而且还会通过对信任的负向作用间接对策略弹性产生影响。

表 7-14　供应商专用资产投资、信任与策略弹性的多元回归分析结果

自变量	因变量			
	信任	策略弹性	共线性诊断	
			容忍度	变异膨胀系数
截距	79.889 *** 41.433 (0.000)	−2.968 *** −2.705 (0.008)	—	—

自变量	因变量			
	信任	策略弹性	共线性诊断	
			容忍度	变异膨胀系数
供应商专用资产投资	− 1. 036 *** − 11. 248 (0. 000)	− 0. 005 * − 0. 254 (0. 080)	0. 531	1. 885
信任	—	0. 333 *** 25. 217 (0. 000)	0. 531	1. 885
R²	0. 469	0. 895	—	—
调整后 R²	0. 466	0. 894	—	—
F 值	126. 525 *** (0. 000)	607. 600 *** (0. 000)	—	—

注：* 表示 p < 0. 1，*** 表示 p < 0. 01。

（5）信任、信息共享与策略弹性之间关系的路径分析。在路径分析中，通过进行两次复回归，第一次以信任、信息共享为自变量，以策略弹性为因变量进行复回归；第二次以信任为自变量、信息共享为因变量进行复回归，两次回归分析的结果如表 7 – 15 所示。

表 7 – 15　　　　信任、信息共享与策略弹性的多元回归分析结果

自变量	因变量			
	信息共享	策略弹性	共线性诊断	
			容忍度	变异膨胀系数
截距	10. 921 *** − 11. 167 (0. 000)	2. 295 *** 6. 876 (0. 000)	—	—
信任	0. 701 *** 42. 549 (0. 000)	0. 330 ** 34. 973 (0. 000)	0. 731	2. 660
信息共享	—	0. 469 *** 43. 352 (0. 000)	0. 731	2. 660

自变量	因变量			
	信息共享	策略弹性	共线性诊断	
			容忍度	变异膨胀系数
R²	0.927	0.929	—	—
调整后 R²	0.926	0.928	—	—
F 值	1810.406 *** (0.000)	879.357 *** (0.000)	—	—

注: ** 表示 p < 0.05, *** 表示 p < 0.01。

可以看出, 信任与信息共享的回归系数 0.701 (p < 0.01), 达到了显著水平, 所以应当接受 H10 的假设。另外, 从信任、信息共享与策略弹性的回归分析结果发现, 信任与策略弹性的回归系数为 0.335 (p < 0.01), 与假设 H11 一致, 信息共享与策略弹性的回归系数为 0.469 (p < 0.01), 亦达到显著性水平, 故应接受假设 H9。由此可以得出, 假设 H9、H10 及 H11 得到支持。

综上所述, 多元回归分析结果验证了大多数研究假设。值得注意的是, 买方专用性资产投资及供应商专用性资产投资与信任间的回归系数是负值且显著, 这与已有文献的结论并不一致。①

同时, 研究发现专用性资产投资对策略弹性有显著负向影响; 依赖关系 (包括买方角度和供应商角度) 及其影响力维度对信任有显著的负向影响。这也说明买方依赖和供应商依赖对信任的影响是没有差异的, 双方的依赖关系均值得关注。

另外, 依赖关系中的 "可替代性" "影响力" 维度会对策略弹性产生显著负向影响, 而信息共享、信任却对策略弹性产生显著的正向影响。专用性资产投资和信任均对策略弹性有直接和间接的影响, 即信任和信息共享的部分中介效应得到验证。

第四节 实证结果分析及策略建议

本节将分析依赖关系、专用资产投资与信任、策略弹性之间的影响关

---

① 其中的一个主要原因在于调查样本主要来自中小型企业, 下节给出了具体分析。

系，并对信任、信息共享的中介效应进行讨论。在此基础上，结合研究发现为企业管理提供有效的对策建议。

一、假设检验结果

将前面所有的假设检验结果汇总，如表 7 - 16 所示。在所有 25 项研究假设中，有 15 项获得支持，10 项未获得支持，没有获得支持的研究假设分别是 H1a、H1b、H2a、H2b、H3、H4、H5、H5b、H6、H6b。

表 7 - 16   理论模型的假设验证结果汇总表

假设	是否支持（以回归系数及显著性衡量）
H1：买方依赖→信任	支持
H1a：供应商可替代性→信任及其维度	不支持
H1b：供应商重要性→信任及其维度	不支持
H1c：供应商影响力→信任及其维度	支持
H2：供应商依赖→信任	支持
H2a：买方可替代性→信任及其维度	不支持
H2b：买方重要性→信任及其维度	不支持
H2c：买方影响力→信任及其维度	支持
H3：买方专用资产投资→信任及其维度	不支持
H4：供应商专用资产投资→信任及其维度	不支持
H5：买方依赖→策略弹性	不支持
H5a：供应商可替代性→策略弹性	支持
H5b：供应商重要性→策略弹性	不支持
H5c：供应商影响力→策略弹性	支持
H6：供应商依赖→策略弹性	不支持
H6a：买方可替代性→策略弹性	支持
H6b：买方重要性→策略弹性	不支持
H6c：买方影响力→策略弹性	支持
H7：买方专用资产投资→策略弹性	支持
H8：专用资产投资→策略弹性	支持
H9：信息共享→策略弹性	支持
H10：信息共享→信任	支持
H11：信任→策略弹性	支持
H11a：可预测性→策略弹性	支持
H11b：善意→策略弹性	支持

二、结果分析

（一）信任两关键前因变量与信任及策略弹性的回归分析结果

1. 信任两关键前因变量与信任的回归分析结果

（1）从依赖关系与信任之间的关系来看，买方依赖及其影响力维度对信任有显著的负向影响，这说明需要对买方的依赖程度进行评估，从而促进供应链企业信任的建立。另外，由供应商依赖与信任之间的回归分析结果发现，供应商依赖及其影响力维度同样会对信任产生显著的负向影响。因此，无论是供应商依赖还是买方依赖，他们对信任的影响是类似的，即依赖关系及其影响力维度对信任有显著的负向影响。这说明买方应选择多个可靠、实力强的供应商并与之建立稳定的合作关系，对供应商亦是如此。这符合实际的企业运营，并可为企业的策略制定提供强有力的理论支撑，使得管理者在对企业进行管理时不仅依靠经验，而应采用科学的管理方法。

（2）从专用资产投资与信任之间的回归分析结果可以看出，买方专用资产投资与供应商专用资产投资均会对信任产生显著负向影响。这与普遍的认识是不一致的，主要原因在于研究调查样本大多来源于中小型企业，对合作伙伴的约束机制不够完善，专用资产一旦投资即成为沉没成本，于是产生对合作伙伴的依赖性，这往往不利于双方信任的建立。因此，对企业决策者来说，在供应链企业间的合作过程中，对相关资产的投资必须慎之又慎。必须通过制定相应的规范及惩罚机制对合作企业进行约束，才能保证所投资产的有效利用。

2. 信任两关键前因变量与策略弹性的回归分析结果

（1）通过对依赖关系与策略弹性之间关系的分析得出，买方依赖的"可替代性""影响力"维度对策略弹性有显著的负向影响，说明买方应选择有一定实力的供应商并与之建立稳定的合作关系，进一步加强双方的信息交流与传递，使企业在策略调整方面具有更高的灵活性。类似地，对供应商依赖与策略弹性之间的回归分析结果发现，供应商依赖的"可替代性""影响力"维度会对策略弹性产生显著的负向影响，这同样说明供应商应该拓宽买方渠道，与多个可靠的、知名度高的品牌买方建立长期的合作关系，不能过度依赖某一家企业。只有这样，当外界市场发生变化时，才能保证企业在策略调整方面有更多的自主权与话语权，才能为企业争取更多的利益。

（2）通过对专用资产投资与策略弹性之间关系的分析可知，买方专用资产投资与供应商专用资产投资均会对策略弹性产生显著负向影响。这可能源于资产专用性和环境的不确定性直接增加了协调成本，从而导致企业不愿意进行策略的调整与改变。由此看来，专用资产投资更像一把"双刃剑"，在给企业带来利益的同时也会对企业的策略调整或变革带来阻力。因此，在双方的合作过程中，当企业进行资产投入时，企业管理者对所投资产的实时监管与控制是十分必要的。

（二）信任维度与策略弹性之间关系的回归分析结果

从信任对策略弹性影响的研究发现，信任及其"可预测性""善意"维度均对策略弹性有显著的正向影响，这充分说明供应商与买方间建立信任的重要性，它提高了企业策略调整的灵活性，有助于企业应对不断变化的市场环境来保持竞争优势。

（三）中介作用的验证结果

1. 信任的中介作用

通过买方专用资产投资、信任与策略弹性之间关系的路径分析看出，买方专用资产投资不仅会对策略弹性产生直接的负向作用，还会通过信任对策略弹性产生间接负向作用，即信任的中介作用得到有效验证。关于供应商专用资产投资，本章得到同样的分析结果。这暗示变量间的影响关系不是单一的，同时信任的中介作用也不容忽视。

2. 信息共享的中介作用

研究发现，信任对信息共享有显著的正向作用，信息共享对策略弹性有显著的正向作用，并且信任对策略弹性有显著的正向作用。不仅如此，当信息共享进入回归方程时，信任对策略弹性影响的显著性降低。这说明信息共享对信任的部分中介作用成立，即信任不仅会对策略弹性产生直接的正向影响，而且还会通过信息共享这个中介变量对策略弹性产生间接的正向作用。这充分说明企业间信息共享的关键作用，它不仅有助于企业策略调整的灵活性，而且对信任与策略弹性之间的影响路径产生影响。因此，供应链企业在合作过程中，必须建立充分的沟通渠道，保证企业间信息的有效交流与传递。

三、管理启示及策略建议

（一）供应链合作中信任建立的策略建议

由于依赖关系、专用资产投资对信任产生负向作用，因此，买方和供应商在彼此合作过程中，要处理好彼此之间的合作关系，不断提升自己的实力，避免过分依赖对方而使自己失去自主权，这有助于双方信任的建立并可提升企业的谈判能力及议价能力，在价格优惠与供货的及时性、充足性方面争取更多的便利等，从而能更好地满足自身企业的客户需求。另外，为了避免彼此之间发生冲突，买方与供应商要评估彼此的依赖程度及影响力，将其控制在适当的水平，并建立关系管理系统，同时应选择实力较强的合作伙伴。

鉴于专用资产投资对信任的负向影响，因而在供应链合作过程中，当一方或双方需要为合作进行资产投资时，决策者必须慎重考虑并做好风险的防控，并辅之以约束机制及相应的惩罚措施，避免因彼此的不信任给企业带来的不可弥补的损失，确保投资的高效率及为企业创造的价值。此外，企业应不断增强自身的核心竞争力，从而对合作企业产生一种威慑力，使其不敢轻易采取机会主义行为，供应链合作企业之间的信任自然随之增加。

（二）供应链合作中增强策略灵活性的建议

买方依赖的"可替代性""影响力"维度对策略弹性有显著的负向作用，并且专用资产投资也会对策略弹性产生负向影响。因此，必须对它们进行评估并采取相应的措施加以控制，以提高企业的策略弹性。

信任对策略弹性具有正向作用，加强供应链合作中供应商与买方间信任的培养能够增强企业的策略灵活性，提高供应链的快速反应能力。本章在理论分析部分提出买方对于供应商的信任使供应商获得更准确的预测能力、供货能力以及市场捕捉能力，实证研究结果证实了买方信任对于策略弹性的积极作用。

研究发现，信息共享对策略弹性有显著的正向作用，并且对信任与策略弹性之间的影响路径产生影响，即信息共享在信任与策略弹性的关系中起部分中介作用，较高的信任程度引起较高的信息共享，进而提高策略弹性。这充分说明供应链成员间通过各种有效的途径加强信息共享的必要性。有效的信息共享要求开诚布公的交流，而非选择性的进行信息交换。尽管大多数企业已经意识到信息共享的重要性，但大部分企业都不愿意披露自己更为机密的商业信息。一些领先的企业之间开始交换大量的销售数据和长期的预测情况，包括为其供应商提供未来一年的生产计划，甚至积极地公开自己的新产品、市场进入和技术发展计划，并付出额外的努力去解决共同的问题。当然，畅通无阻的信息共享必然基于很高的信任程度。可以说，高信任实现有效的信息共享，最终提高策略的灵活性。

第五节 本 章 小 结

已有研究表明，策略弹性对打造弹性供应链、降低管理风险及提高企业经营绩效发挥着关键作用。第四章和第五章的理论分析也充分表明，不论是单一供应链还是多条供应链竞争结构下，供应链企业都会根据市场环境、可得信息及竞争对手的策略而不断调整自身的策略行为，通过交互作用共同推动供应链企业信任的演化。尽管策略弹性有助于促进企业的运作管理这一观点已得到广泛的认同，但目前学术界对于策略弹性的定义及其影响因素的研究较少，尤其在供应链管理研究中缺乏策略弹性的深入分析。因此，本章以策略弹性为结果变量，探索供应链成员间的信任关系对于策略弹性的影响。

基于对信任及策略弹性的理论分析，结合已有研究成果及对本土企业的调研，本章构建了供应链企业间依赖关系、专用资产投资与信任、策略弹性之间关系的理论模型，其中包括了信任和信息共享的中介效应。针对样本数据，应用多元回归分析方法对理论模型的相关假设进行实证检验。研究结果表明，依赖关系（包括买方角度和供应商角度）及其影响力维度、专用性投资均对信任有显著的负向影响。同时，依赖关系中的"可替代性""影响力"维度、专用资产投资对策略弹性有显著负向影响，而信息共享、信任却对策略弹性产生显著的正向影响。此外，专用资产投资和信任均对策略弹性有直接和间接的影响，即信任和信息共享的部分中介效应得到验证。研究结果对于供应链企业具有重要启示，企业应重视对供应链合作中专用资产投资及合作伙伴的影响力进行分析与评估，以促进企业间信任关系的建立，并进一步提高企业策略调整的灵活性。

第八章　不同维度买方信任对合约修改弹性的影响

> 缺乏信任时，共同获益的合作机会有时不得不被放弃。社会行为规范，包括伦理和道德的规则，可能是补偿市场失灵的良方。
>
> ——肯尼思·阿罗（Kenneth Arrow，1971）

供应链中，供应商与制造商建立合作伙伴关系（supplier-buyer strategic partnership，SBSP）被普遍认为是应对复杂商业环境的有效途径（Raut et al.，2012）。近年来，供应商–制造商关系已经在交易费用经济学、资源依赖理论、销售渠道理论、关系治理等多外领域得到了广泛关注。贯穿于这些理论中的主线是当供应链企业在关系资本领域投资、注重信息交流、通过关系治理实现资源整合时，供应链企业能够获取超额利润，或称为关系性租金。其中，供应链企业建立合作伙伴关系获取关系性租金的重要表现便是企业合约修改弹性的增强以共同应对市场的不确定性，即在供应链的合作关系中，供应链上的买卖双方通过灵活有弹性的合约来实现对供应链运行绩效的改进。从表面上看，通过签订某种弹性的合约来实现灵活订货，供应链上买方的风险减小了，卖方的风险有所增加。但是，如果将买卖双方作为供应链系统整体来考察，供应链系统的整体利益将会增加并最终使双方获益，这就是供应链弹性合约所带来的优势。事实上，对合约进行合理调整已成为供应链成员在发展过程中的一个现实而重大的问题，这不仅可以增强交易的稳定性，也能够节约交易成本、降低敲竹杠的可能性、提升交易效率、促进供应链的协调（Tang and Tomlin，2008）。

对于合约修改弹性问题，尽管国内学者鲜有研究，但是为了能够更好地促进供应链合约修改弹性以降低供应链风险，提升供应链效率，国外学者已经从交易成本理论等角度进行了深入的分析（Wang and Wei，2007）。遗憾的是，该理论方法没有充分考虑现实环境的复杂性，未能有效分析显著影响人们交易行为的社会因素（信任等），因而可能导致相关结论有失偏颇。近年来的研究表明供应链中买方企业的信任对于提升供应链内部的合作伙伴行为（例如，共享计划信息、增强合约修改弹性、化解供应链企业间矛盾等方面）具有显著作用（Celuch et al.，2011；Wu et al.，2012）。[1] 那么在中国情境下，怎样建立和发展供应链企业间的信任关系？供应链企业信任如何影响其合约修改弹性？这些现实问题对供应链管理提出了挑战。特别地，信任具有不同的维度，合约修改弹性也具有不同的维度，那么不同维度的信任如何形成？不同维度的信任又是如何影响不同维度的合约修改弹性？供应链企业的专用资产投资又会在其中起到何种作用？对此，现有的文献并未提供完整和令人满意的回答。与第七章不同，本章将深入分析供应链买方信任的源起并探索不同维度的买方信任对不同维度合约修改弹性的影响，从而为发展我国供应链企业间的合作伙伴关系提供理论指导和决策建议。[2]

本章以下的结构如下：第一节通过文献梳理探讨买方信任及合约修改弹性维度的划分，构建了理论模型；第二节采用基于偏最小二乘法（PLS）的结构方程模型进行数据分析；第三节给出了实证检验结果并对其进行讨论；第四节总结了研究结论，对供应链企业建立、保持和发展信任关系提出了管理建议，并指出了研究的局限性和未来的研究方向。

第一节　文献回顾与理论假说

一、信任的维度

本章中有关供应链企业信任的定义与前面各章相同。为了便于讨论，本章研究由供应商和制造商所组成的二级供应链，买方信任是制造商对供应商的信任，卖方信任是指供应商对制造商的信任，彼此信任是指供应商与制造商相互信任，如未特殊说明，本章所指信任均为买方信任。

研究供应链中企业信任与合约修改弹性关系的前提是正确理解供应链企业专属信任的源泉。供应链企业间的信任关系可以分为两个层次：企业间信任和企业间人际信任。[3] 国内外对于供应链企业间人际信任的研究由

---

[1]　本章主要研究对象为供应链中的买方信任。

[2]　第七章为了简化分析，没有将信任和策略弹性进行维度上的划分，本章是第七章基础上的深化。

[3]　下文统一称"企业间信任"为"企业信任"。

来已久，主要是从心理学角度进行的，并且取得了诸多进展。行为理论甚至认为企业专属信任的来源是供应链企业间的人际信任，在供应链关系中具有主导性基础作用（Chen et al.，2011；Tejpal et al.，2013）。但是对于供应链来说，单纯从心理层面加以考虑可能会使相关结论过于片面。特别地，心理学家更加倾向于研究人际信任，而供应链成员可能同样关注企业信任。事实上，后者在很多情况下更为稳定，更能经得住诸如员工流失、人际摩擦等问题的侵袭，从而为企业建构稳定良好的供应链合作伙伴关系提供必要保障。基于这样的原因，人际信任和企业信任的来源有可能并不相同，尽管对于二者的分析方式可能是类似的。

对于信任的维度划分，扎克（Zucker，1986）认为信任可以分为基于个人的信任和基于制度的信任。加尼森（Ganesan，1994）将供应购买关系中的信任划分为可靠度与善意两种类别。巴尼和汉森（Barney and Hansen，1994）依据交换过程的类型不同将信任划分为弱信任、半强信任以及强信任三类。列维奇和邦克（Lewicki and Bunker，1995）根据信任的不同层面，将信任区分为谋算型信任、了解型信任和认同型信任。杨静（2006）则考虑到中国情境，将信任划分成"计算型信任"和"关系型信任"两个维度。尽管当前对于信任维度的区分已经较为成熟，但令人困惑的是，大多数研究仍然基于单维度信任（寿志钢等，2008），这可能是由于数据收集与信任维度选择的困难性所导致。为了能够有效区分不同信任维度的作用区别，同时考虑到数据可得性以及研究目的，本章借鉴萨科和赫尔珀（Sako and Helper，1998）的成果将信任分为合同信任（对运用合同来规制合作企业履约意愿的看法）、能力信任（对合作企业履行承诺能力的看法）与善意信任（对合作企业致力于双赢而拒绝机会主义行为的看法）三个维度。[①] 合同信任与能力信任属于理性信任，但长期的合作关系不能仅仅依靠理性因素来维持，而且需要感性信任（善意信任）的补充，因而这种信任维度的划分能够较好地兼顾信任维度的完整性与中国情境下的适用性。

二、供应链信任的源起

近年来，国内外学者对于供应链企业信任的来源问题进行了广泛深入的研究（Kwon and Suh，2004；Chen et al.，2011；王利等，2013；Kors-

---

[①] 国内研究企业间交往的文献中，一般认为在中国"人情化"办事的惯例下，窗口人员（领导、采购或销售人员）的个人品格被提高到一个更重要的层次，对窗口人员品质的看法将显著影响企业的道德形象，从而导致企业形象显示出强烈的人际关系特征，故对合作企业的善意信任主要是对窗口人员的善意信任。

gaard et al.，2015)，通过对相关文献的梳理，以下从四个方面探讨供应链企业信任的源起。

（一）价值观相似性与供应链企业信任

卢曼（Luhmann，2000）认为，信任必须在熟悉的世界中获取，因此相似性是产生信任的重要源泉。相似的价值观是合作伙伴间在行为、目标以及政策的重要性、适切性以及对错上拥有的相似的信念。众所周知，在微观层面的企业内文化研究中，价值观是组织文化定义的重要基石，而随着虚拟企业和企业联盟治理的兴起，共同的价值观已经成为企业间行为领域内的学者所关注的重要的变量之一。供应链上下游企业间价值观的相似程度越大，彼此间通晓思考与行为模式的知识就越多，安全水平就越高，学习成本与时间就越少，就越易于建立相互间的信任。所以，提出如下假说：

H1a：价值观相似性对供应链企业间的合同信任具有正向影响。

H1b：价值观相似性对供应链企业间的能力信任具有正向影响。

H1c：价值观相似性对供应链企业间的善意信任具有正向影响。

（二）制度与供应链企业信任

中国社会正经历着由"熟人社会"向"陌生人社会"的转变。在"陌生人社会"，信任多由合约产生，受法律保护，被称为"间接信任"或"制度化信任"，故制度信任可以认为是不考虑情感等因素的外部客观条件促成的信任。关于制度与信任关系的研究已相当丰富。郝臣（2005）指出，西方现代社会的陌生化特点使其信任机制呈现为一种"间接信任"，即信任必须有媒介的参与，这种媒介可以理解为一种制度，为信任的产生提供机制性的保障。殷茗和赵嵩正（2009）建立了一个基于制度信任与供应链协作信任的理论模型，实证研究结果表明基于制度信任的五个因素对供应链协作信任具有正向的差异性影响。蔡等（Cai et al.，2010）考察了中国情境下制度环境对买卖双方信任和信息融合的影响，结果发现法律保护、政府支持以及关系这三个制度环境的方面能够起到显著作用。此外，制度的完备性将对企业行为产生有效的规制，从而减少企业的机会主义与败德行为，促进供应链企业合作的顺利进行，进而提升供应链企业信任程度。特别是在企业间初次交易又缺乏相关信息的情况下，制度对于企业信任的作用将极大地凸显出来。基于上述讨论，可以得到如下假说：

H2a：制度对供应链企业间的合同信任具有正向影响。

H2b：制度对供应链企业间的能力信任具有正向影响。

H2c：制度对供应链企业间的善意信任具有正向影响。

（三）沟通与供应链企业信任

沟通被认为能够促进供应链中信任的产生。米什拉等（Mishra et al.，1998）发现当对方卷入谎言或对事实歪曲时，其信任程度会降低，而沟通能够有效消除双方的误解，提升信任程度。本和普特曼（Ben and Putterman，2009）通过实验方法证实了沟通对于增强信任的显著作用。尼亚加等（Nyaga et al.，2010）认为，企业的沟通有利于提升供应链成员间的关系水平。与此同时，也有很多研究表明信任对于提升沟通效率的作用（Paterson et al.，2008；叶飞和薛运普，2011）。正如安德森和纳拉斯（Anderson and Narus，1990）所指出的那样：合作之初，企业间有效的沟通是信任建立的必要条件，而在接下来的阶段中，这种信任的积累反过来又会促进更加有效和及时的沟通，由此揭示了沟通与信任之间的双向动态关系。鉴于本书的重点在于研究供应链企业信任的源起，故主要关注沟通对信任的作用。

良好的沟通要求以公开、诚实、正确和及时的方式来实现信息共享，因此沟通与信息共享的概念密切相关。信息共享是指供应链中各个企业共同拥有一些知识和行动，而实现信息共享，减少供应链中的信息风险，这是构建供应链合作伙伴关系最重要的因素之一（Zhou and Benton，2007）。一方面，信息共享增进了供应链成员间的相互了解，降低恶性冲突的可能性，减少信息搜寻成本，使双方更加明确市场或原材料的状况，提高了彼此行为的可预测性，从而有助于制定恰当的行为决策。另一方面，当合作中的一方采取信息共享行为，与合作企业分享本企业的交易、运作和战略层面的相关信息甚至是机密信息时，可能会将本企业的弱点暴露给合作企业，将己方置于不利的境地。因此当一方企业采取信息共享行为的时候，即向对方传递了一种"善意"信号，表示企业有长期合作的动机。合作企业间多方位、全面的信息共享，可以减少企业间的冲突，在一定程度上弥补信息不对称的影响，有效地降低企业行为的不确定性，进而促进企业间的信任和合作伙伴关系的建立。由此，可以得到如下假说：

H3a：沟通对供应链企业间的合同信任具有正向影响。

H3b：沟通对供应链企业间的能力信任具有正向影响。

H3c：沟通对供应链企业间的善意信任具有正向影响。

（四）声誉与供应链企业信任

声誉可以定义为在不完美信息重复博弈中，当事人利用自己类型的不确定性来发射某种信号，从而获取长远交易利益的行为。具体来说，企业的声誉主要体现为在以往的交易活动中诚实守信，能够提供货真价实的商品，在合作中关心伙伴的利益，能够公平地处理合作中的问题，在行业中获得的其他企业和人员的评价。有学者认为"声誉是一种资本财富"，在企业之间的交往中，声誉是企业拥有的最重要的无形资产之一。良好的企业声誉对于信任的建立具有重要作用，企业在过去的交往中所获得的正面的声誉越多越强，在未来就越有可能被推断为是合作安全的，因而更能为合作企业所信任。声誉的形成需要长期的积累，需要企业持续的财力、物力和人力的投入，但是，一旦企业发生无端的关系中止或者利己行为则会使声誉迅速下降。因此，声誉能够有效抑制企业的机会主义行为（符加林，2008）。一般地，拥有良好声誉的企业更有在市场上履行诚实和一致行为的动机，因为机会主义行为的潜在成本非常高，媒体和其他第三方机制的作用，会使得这种投机行为迅速地大规模传播，从而使企业花费大量时间和投入建立起来的良好声誉受损，导致企业丧失许多合作机会。因此可以认为，拥有良好声誉的供应商会赢得买方企业（制造商）更多的信任，这一点也得到了诸多西方学者经验研究的支持。

对于供应商与制造商之间的信任关系而言，供应商在过去的合作关系中所享有的声誉向制造商传递了两种信号：一是供应商在可能的合作中会诚实公正地对待制造商；二是供应商将不会采取机会主义行为，能提供优质的商品和服务。在经济全球化的大背景下，企业之间跨区域甚至是跨国合作越来越多，在合作初期，制造商没有足够的时间去了解和评估所有供应商并从中选择合作伙伴，声誉良好的供应商将更有可能得到制造商的信任。因此，声誉是制造商与供应商信任关系的一个重要条件。供应商声誉能够使买方信任感显著增强，因而被人们作为评估企业信任度的重要指标（高维和等，2010），供应链某个节点声誉越好，其他节点对其越信任。但是已有研究却对这种光环效应缺乏相应的关注，忽视了企业信任建立的背景变量（Schoorman et al.，2007）。基于此，本章在分析信任的形成因素时会充分考虑声誉的影响。根据上述讨论，可得到如下假说：

H4a：声誉对供应链企业间的合同信任具有正向影响。

H4b：声誉对供应链企业间的能力信任具有正向影响。

H4c：声誉对供应链企业间的善意信任具有正向影响。

三、供应链企业信任与合约修改弹性

供应链所面对的不确定性有三种表现形式：一是供应链衔接的不确定性，体现在企业（或部门）对合作伙伴行为预测的困难性上；二是运作不确定性，体现在系统运行不稳定和控制失效上；三是环境不确定性，指自

然环境、人文环境、政策环境的变化给供应链带来的不确定性（李辉等，2008）。其中，前两种供应链不确定性可以通过建立供应链成员的信任机制、使用先进技术加以控制；而第三种不确定性，集中体现在企业在合作过程中可能遭遇突发事件的风险以及外部环境剧烈变化时，倘若继续执行原合约，可能导致利益分配的高度不公，此时就需要对合约加以调整，使交易双方重新达到共赢，这就是合约的弹性调整（Stevenson and Spring，2007）。

由于有限理性、机会主义、外部性、信息不对称、外部环境不确定性、合约不可实证性、交易成本、缔约双方的自由平等性等因素的存在，合约天然是不完全的，供需双方有必要建立起相互信任的关系，促进非正式的理解与合作关系的建立，以弥补合约的欠缺。因此，信任是对不完备合约的有益补充。其后，这种不同主体间的非正式的理解与合作关系往往将会在新合约签订后正式化。也就是说，如果供应链企业间是互信的，着眼于长期合作收益，成员企业就有可能寻求在合约范围内的调整，以平衡成员企业之间的利益分配，这样信任关系就有效改善了合作企业应对环境变化的能力，降低了供应链中的风险，提升了供应链的灵活性（熊焰，2010）。故供应链企业信任与合约修改弹性是紧密结合的逻辑整体，两者配合能够有效降低不确定性的不利影响，并且供应链企业之间的信任为合约修改弹性的实现创造了条件，降低了合作破裂的可能性。尽管如此，目前却很少有实证研究对供应链信任与合约修改弹性的关系加以探索。

根据已有研究（Young – Ybarra and Wiersema，1999），供应链弹性可分为合约修改弹性（供应链企业调整其合约的形式来应对环境改变的能力）及合约退出弹性（当成员的需求被满足或合作关系的绩效不再符合期望时退出合作关系的容易程度），基于以上讨论，本章探索供应链企业不同维度的信任关系对于成员不同维度合约修改弹性的影响，并提出如下假说：

H5a：供应链企业间的合同信任对合约修改弹性具有正向影响。

H5b：供应链企业间的合同信任对合约退出弹性具有负向影响。

H6a：供应链企业间的能力信任对合约修改弹性具有正向影响。

H6b：供应链企业间的能力信任对合约退出弹性具有负向影响。

H7a：供应链企业间的善意信任对合约修改弹性具有正向影响。

H7b：供应链企业间的善意信任对合约退出弹性具有负向影响。

四、专用资产投资的调节作用

专用资产投资是供应链企业间关系研究的关键构念，是企业间关系性质的重要决定因素，也是渠道关系研究的重要课题。由于本书关注的是专用资产投资在买方信任对合约修改弹性影响中的调节作用，因此本章主要考察本企业（制造商）的专用资产投资。①

交易成本理论认为单边的专用性投资将显著提升合作另一方的机会主义倾向，从而损害供应链企业间的合作伙伴关系，因此除非有足够的保护机制，否则尽量不要进行专用资产投资。② 但是近来的研究更加关注专用资产投资为渠道关系带来的价值，这种价值主要通过以下三种方式表现出来：第一，专用性投资较之于一般资产而言更为有效，由于更加富有针对性，因而能够更好地提升生产效率；第二，专用性投资能够显示投资方对于交易关系的重视与尊重；第三，专用性投资可能是交易达成的先决条件，这将作为双方合作关系长远发展的可置信承诺，从而有利于增强双方合作的深度与广度。不仅如此，买方信任往往伴随着买方专用资产投资力度的加大，尤其是无形的专用资产投资，因此更高的专用资产投资力度往往意味着更强的合作意愿——更高的合约修改弹性与更低的合约退出弹性。由于上述原因，在现实的营销渠道中存在着大量的专用资产投资现象，例如，很多供应商会按照制造商的要求投入特定的生产设备，很多制造商也会按照供应商的需要改进运营流程，进而产生"锁定效应"。假如制造商和供应商的关系破裂，这种类型的投资会遭受重大损失，这在无形专用资产投资的情况下体现得更为明显。为了避免合作破裂，买方企业出于保护已有专用资产投资和信任对方的动机，也会愿意做出各种努力使合作不至于破裂。因此，专用资产投资很有可能会增强供应链的合约修改弹性而降低合约退出弹性。但是必须要看到，这种情况下，投入专用资产的一方就会暴露在合作企业机会主义行为的威胁之下，卖方有可能基于买方意欲维持合作的动机而做出机会主义的举动，一旦买方意识到这一点，就有可能导致合约的破灭。因此，运用实证的方法研究专用资产投资的调节效应有其必要性。

专用资产投资在不同信任维度上的作用可能不同，进而对最终合约修改弹性的影响也不相同。倘若盲目进行专用资产投资，有可能显著增加自身风险。为此，本章试图讨论专用资产投资在不同的信任维度中对供应链

---

① 专用资产投资实际包含着两方面的内涵，其一是本企业的专用资产投资，其二是合作企业的专用资产投资。

② 最新的研究认为，专用资产投资具有专一性和多用途的适应性，可称为"纵向专业化"和"横向专业化"。由于样本企业对专用资产投资的认知和应用尚停留在专一性阶段，因此本章讨论专用资产投资的专一性。

合约修改弹性影响的不同调节效应。基于上述研究目的，我们试图分析当专用资产投资水平不同时，不同维度的信任会对不同维度的合约修改弹性产生怎样的影响。由于当前鲜有关于这方面的讨论，因此相关结论对于买方企业的专用资产投资决策具有一定的指导意义和探索性质。根据上文中的文献回顾与推断，得出如下假说：

H8a：专用资产投资正向调节供应链企业间的合同信任与合约修改弹性的关系。

H8b：专用资产投资负向调节供应链企业间的合同信任与合约退出弹性的关系。

H9a：专用资产投资正向调节供应链企业间的能力信任与合约修改弹性的关系。

H9b：专用资产投资负向调节供应链企业间的能力信任与合约退出弹性的关系。

H10a：专用资产投资正向调节供应链企业间的善意信任与合约修改弹性的关系。

H10b：专用资产投资负向调节供应链企业间的善意信任与合约退出弹性的关系。

综合本节中提出的十大假说，可以得出本章的理论模型，如图 8 - 1 所示。

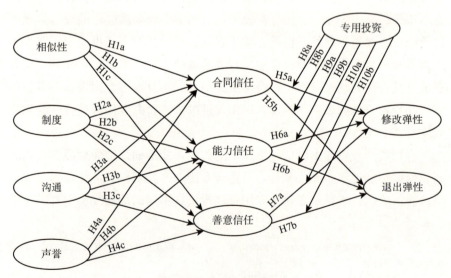

图 8 - 1　理论模型

第二节　研究方法

一、样本和数据收集程序

针对上述理论模型，在借鉴国内外研究成果和实地访谈的基础上，设计供应商与制造商之间信任与合约修改弹性的调查问卷。研究样本的主要特征如表 8 - 1 所示。

表 8 - 1   样本主要特征

	样本特征	数量（份）	比例（％）
企业性质	国有或国有控股	2	1.38
	集体企业	4	2.76
	有限责任	106	73.10
	股份有限	23	15.86
	合伙企业	1	0.69
	三资企业	9	6.21
行业	家电	0	0
	化工	18	12.41
	医药	7	4.83
	冶金	4	2.76
	建材	7	4.83
	汽车	3	2.07
	机械	40	27.59
	食品	9	6.21
	电子与通信	15	10.34
	其他	42	28.97
企业规模	<300 人	92	63.45
	300 ~ 2000 人	46	31.72
	>2000 人	7	4.83

	样本特征	数量（份）	比例（%）
与主要供应商 合作时间	<12 个月	5	3.45
	12～36 个月	31	21.38
	36～60 个月	36	24.83
	>60 个月	73	50.34
企业年限	<3 年	16	11.03
	3～5 年	21	14.48
	6～10 年	39	26.90
	11～15 年	33	22.76
	>15 年	36	24.83

调查主要采用问卷邮寄和专门走访两种方式，调查研究分为小样本预测和大样本调查。首先面向五所重点高校的 4 位专家和 16 位制造业企业的管理者对问卷进行了预测试，在对反馈意见进行综合分析的基础上，删除难以理解或者包含不必要的重复的项目，从而增强了题项的内容效度，由此形成正式的调查问卷。大样本调查历时 3 个月，在长三角地区进行。调查问卷委托三地的科技部门发放，共发放问卷份 380 份，回收 220 份。问卷回收后，经筛选得到有效买方问卷 145份，有效回收率为 38.2%。对收回的 145 份有效问卷和 75 份无效问卷进行 t 值检验，发现所有 t 值均不显著，表明并不存在显著的非回应偏差问题；对问卷所有条目一起做因子分析，发现在未旋转时得到的第一主成分占到的载荷量是 38.59%，并未占到多数，可见同源偏差并不严重。

二、实证方法选择

根据理论模型，价值观相似性、制度、声誉、沟通、合同信任、能力信任、善意信任、合约修改弹性、合约退出弹性等指标均无法直接观测，因而需要构建相应的观测变量。倘若通过问卷加以测度，则会产生测量误差并可能引致多重共线性问题，结构方程方法能够较好地处理上述问题，因而近年来被广为使用。本章采用基于偏最小二乘法（PLS）的结构方程模型进行数据分析，这是一种基于方差的结构方程建模方法，能同时对测量模型的信度与效度及结构模型内潜变量间的关系进行估计（Reinartz et al., 2009；Lockström and Lei, 2013）。相比基于极大似然估计的结构方程建模方法以及多元回归法，PLS 具有以下优点：第一，不要求变量原始数据满足正态分布假设；第二，适用于探索性分析，而非仅仅是验证性分析；第三，相对于 MLE - SEM 的大样本要求而言，PLS - SEM 运用再抽样技术能产生稳定的路径系数和显著水平，即使样本量少于 100；① 第四，能更好地处理可能存在的多重共线问题（Kock, 2012）。

PLS 最初是为了解决问题复杂而前期理论匮乏情况下如何进行预测分析而产生的，非常适合于进行探索性质的理论分析，本章主要探索供应链内企业信任与合约修改弹性之间的关系，并分析专用资产投资在此过程中的调节效应，因而该方法具有适用性（Chin, 2010）。

尽管大多数潜变量并非简单的线性关系，但许多结构方程软件却只能捕捉潜变量之间的线性关联。考虑潜变量之间的非线性关系是进行稳健分析的必要条件，目前仅有 WarpPLS 软件能够对潜变量之间的非线性关系加以捕捉，并能够用来对非正态分布的数据进行探索性与验证性分析，因此本章选取该软件进行分析。WarpPLS 提供了三种抽样方法：Jackknifing, Bootstrapping 及 Blindfolding，鉴于再抽样方法能够较好地处理极端值问题并在较小样本的情况下提供更为准确的 p 值估计，以下使用 Bootstrapping 及 Jackknifing 的再抽样方法。② 结果发现两种再抽样方法得到了完全相同的路径系数与 p 值，这说明研究结果是稳健的。

三、变量测度

本章所采用的量表主要包含三个方面：信任的源起、信任以及信任的结果，依靠现存的文献和实地考察选择各构念下的个体项目，对于企业的个体特征则转化为虚拟变量带入模型中进行控制。所有题项均使用 Liker 七维度量表来度量，要求应答者指出对这些指标的感知程度、认可程度或者满意程度。相关潜变量的来源以及详细个体项目如表 8 - 2 所示。

---

① 基于极大似然估计的结构方程模型样本应在 200 以上，而基于方差的结构方程模型则不受此限制。

② 无论是由于统计误差还是由于数据性质所致。

表 8 - 2　　　　　　　　　　　　变量测度及其来源

潜变量	度量指标	来源
价值观相似性（VS）	我们都认为合作能取得成功，有时做出妥协是必要的	摩根和亨特（Morgan and Hunt，1994）
	我们与该客户将调整我们的合作关系以应对不断变化的市场环境	
	我们致力于做出有利于双方利益的改进，而不仅仅关注自身的得失	
制度（IN）	我们与该客户的合作关系中有解决交易争端的规范	殷茗和赵嵩正（2009）
	我们与该客户达成共识，不会用自己的特定优势进行投机	
	我们与该客户之间对权利和义务有着正式的书面协议	
	我们的协议可以确保彼此免受对方不恰当行为的损害	
沟通（CM）	我们与客户都信赖对方被告知一些信息	德尼泽和扬（Denize and Young，2007）；李和金（Lee and Kim，1999）
	该客户会及时地告知我们应知道的信息	
	该客户会告知我们一切对我们有用的信息	
	我们将及时与该顾客分享我们的产品信息和相关进展情况	
	我们与该客户都相信对方所告知的信息是准确可靠的	
声誉（RP）	该客户在过去的合作中享有能够公平、公正地对待合作伙伴的声誉	安德森和韦茨（Anderson and Weitz，1992）
	该客户在过去的合作关系中能够公平、公正地处理合作中的问题	
	该客户在过去的合作关系中享有诚实并关心合作伙伴的声誉	
合同信任（CT）	我们就价格、交货形式、提前期、质量标准协议签订了一项协议	萨科和赫尔珀（Sako and Helper，1998）
	在此协议的基础上，我们还签署了一份详细的法律合同	
	我们倾向于将所有问题在合同中写清楚	
能力信任（AT）	该客户能够充分履行我们之间的协议	麦克奈特和诺曼（McKnight and Norman，2002）
	该客户在合作领域内专业而有实力	
	该客户能提出对我们有益的建议	
	该客户的一些建议和做法能够有效地改善合作的绩效	
善意信任（GT）	我们相信该客户的决策将对我们合作双方有利	麦克奈特和诺曼（McKnight and Norman，2002）
	我们相信该客户的决策将对我们公司有利	
	我们可以依靠该客户帮助我们，尽管我们的合约中可能没有写出来	
	我们相信该客户能够秉持公平、公正的态度地对待我们	

潜变量	度量指标	来源
专用资产投资 （IN）	我们为了合作的顺利开展，对以下几个方面的资产进行了大量的投资	安德森和韦茨（Anderson and Weitz, 1992）
	一旦退出该合作关系，我们在重新利用实物资产上有很大的困难	
	一旦退出该合作关系，我们在重新利用其他资产上有很大的困难	
	一旦退出该合作关系，我们所做的投资将蒙受巨大的损失	
合约修改弹性 （CM）	当发生意外的情形时，我们与该客户将选择修改合约而不是坚持让对方遵守原合约	扬·亚巴拉和魏斯玛（Young - Ybarra and Wiersema, 1999）
	我们合作关系的特征之一是能够有弹性地应对环境变化的要求	
	我们将随时调整合约以适应不断变化的市场环境	
合约退出弹性 （CQ）	我们将在下一年度中退出这段合作关系的可能性很高	扬·亚巴拉和魏斯玛（Young - Ybarra and Wiersema, 1999）
	此次合作给我们公司带来了低于预期的结果	
	我们对本次合作整体的绩效表现不满意	

第三节 研 究 结 果

按照"两步走"方法，第一步为了检测测量模型的可靠性，需要对测量尺度的信度和效度进行检验；第二步运用路径分析法对结构模型进行分析（Anderson and Gerbing，1992）。

一、测量模型

PLS 对于测量模型中反映型指标的测度是基于个别项目的信度、建构信度、会聚效度以及判别效度进行的（Hair et al.，2012）。当每个构念下条目的因子载荷超过 0.707 时，可以认为个别项目的信度是足够的。在本章的研究中，所有反映型指标的载荷均超过 0.707，而且每个测度项与所属变量的相关系数均要高于该测度项与其他潜变量的相关系数，如表 8 - 3 所示。

表 8 – 3　　　　　　　　　　　　　测量模型交叉载荷系数

变量	VS	IN	CM	RP	CT	AT	GT	CM	CQ	IN
VS1	**0.780**	– 0.310	– 0.054	– 0.436	0.229	– 0.070	0.177	– 0.087	– 0.088	0.052
VS2	**0.867**	– 0.018	0.058	0.055	– 0.029	0.110	– 0.202	0.113	– 0.008	0.012
VS3	**0.863**	0.298	– 0.009	0.339	– 0.178	– 0.047	0.043	– 0.035	0.088	– 0.059
IN1	0.033	**0.719**	0.221	0.108	– 0.065	– 0.087	– 0.105	0.187	0.025	– 0.156
IN2	0.066	**0.795**	– 0.032	– 0.032	– 0.069	– 0.010	0.140	– 0.000	0.161	– 0.095
IN3	– 0.021	**0.858**	– 0.007	– 0.213	0.017	0.167	– 0.034	– 0.074	– 0.052	0.061
IN4	– 0.066	**0.887**	– 0.144	0.147	0.097	– 0.083	– 0.008	– 0.080	– 0.114	0.153
CM1	0.181	– 0.276	**0.742**	– 0.248	0.281	– 0.153	– 0.043	– 0.102	– 0.188	– 0.137
CM2	– 0.257	0.372	**0.832**	0.134	– 0.226	0.244	0.048	0.105	0.196	0.052
CM3	– 0.022	– 0.087	**0.829**	0.016	– 0.104	– 0.022	0.047	0.285	0.126	0.074
CM4	0.166	– 0.192	**0.762**	– 0.133	0.205	0.027	– 0.070	– 0.388	– 0.283	0.082
CM5	– 0.035	0.135	**0.845**	0.190	– 0.107	– 0.108	0.008	0.056	0.104	– 0.077
RP1	– 0.051	– 0.022	0.002	**0.952**	– 0.037	– 0.043	– 0.022	– 0.037	– 0.053	– 0.005
RP2	0.047	– 0.067	0.001	**0.967**	0.058	– 0.065	– 0.035	0.008	– 0.017	0.001
RP3	0.003	0.094	– 0.003	**0.917**	– 0.023	0.114	0.060	0.030	0.072	0.004
CT1	0.172	0.157	– 0.014	– 0.133	**0.830**	0.138	– 0.103	– 0.177	0.001	0.050
CT2	0.004	– 0.157	0.052	0.036	**0.797**	– 0.106	0.022	0.197	– 0.079	– 0.206
CT3	– 0.169	– 0.006	– 0.034	0.094	**0.865**	– 0.034	0.078	– 0.012	0.071	0.142
AT1	– 0.206	0.120	0.037	0.051	0.170	**0.876**	0.007	– 0.045	– 0.036	– 0.027
AT2	– 0.001	0.053	0.022	0.071	– 0.072	**0.865**	– 0.404	0.114	0.035	– 0.085
AT3	0.046	– 0.050	– 0.034	– 0.122	0.104	**0.884**	– 0.114	– 0.008	– 0.026	0.015
AT4	0.166	– 0.127	– 0.025	0.003	– 0.212	**0.846**	0.524	– 0.061	0.028	0.099
GT1	0.157	– 0.271	– 0.012	– 0.058	– 0.029	0.209	**0.880**	0.044	– 0.025	0.123
GT2	0.085	– 0.230	0.035	– 0.159	0.162	– 0.123	**0.855**	0.055	0.113	0.194
GT3	– 0.160	0.200	0.007	0.042	0.006	– 0.178	**0.851**	– 0.045	– 0.099	– 0.189
GT4	– 0.090	0.319	– 0.030	0.182	– 0.142	0.087	**0.830**	– 0.057	0.011	– 0.137
CM1	– 0.262	0.213	0.030	0.002	– 0.003	– 0.336	0.348	**0.828**	0.092	– 0.022
CM2	0.081	– 0.066	– 0.042	0.123	– 0.165	0.184	– 0.131	**0.906**	– 0.137	0.054
CM3	0.176	– 0.142	0.017	– 0.138	0.186	0.137	– 0.207	**0.818**	0.058	– 0.038
CQ1	0.158	– 0.121	– 0.089	– 0.020	– 0.195	– 0.045	0.093	0.156	**0.841**	0.111
CQ2	– 0.116	0.081	0.054	– 0.022	0.085	0.077	– 0.088	– 0.048	**0.947**	– 0.036

变量	VS	IN	CM	RP	CT	AT	GT	CM	CQ	IN
CQ3	-0.024	0.027	0.025	0.040	0.087	-0.037	0.005	-0.089	**0.956**	-0.062
IN1	-0.057	-0.056	-0.083	0.114	0.004	0.033	-0.076	0.126	0.028	**0.939**
IN2	0.055	-0.021	0.073	-0.094	-0.040	-0.050	0.094	-0.302	-0.302	**0.803**
IN3	-0.027	0.055	-0.005	-0.071	-0.012	-0.019	0.040	0.079	0.055	**0.934**
IN4	0.037	0.018	0.027	0.037	0.043	0.029	-0.044	0.053	0.177	**0.935**

建构信度的目的在于检验观测变量是否一致地测度目标潜变量，通常使用组合信度指标与Cronbach'α指标加以测度（Mora et al.，2012）。努纳利和伯恩斯坦（Nunnally and Bernstein，1994）建议，当模型的建构信度达到0.7以上时是可以接受的。在本章研究中，五个潜变量均达到了标准。为了检测收敛效度，我们观察相应的平均变异萃取量（AVE）指标（Hair et al.，2011），结果发现本章中所有潜变量的AVE值均超过了0.5。判别效度意指各个构念直接的区分程度，PLS中通常有两种途径来检测判别效度：第一，各维度间完全标准化相关系数应该小于所涉及各维度自身AVE的平方根；第二，题项与该测度构念的载荷不应小于题项对其他构念的载荷。根据以上所述的方法对建构信度、收敛速度与判别效度进行具体分析，如表8-4所示，可知本书能够保证较好的判别效度。

表8-4 　　　　　　　　　建构信度、收敛效度与判别效度

变量	VS	IN	CM	RP	CT	AT	GT	CM	CQ	IN
R-squared					0.254	0.435	0.454	0.234	0.232	
Composite reliability	0.875	0.889	0.9	0.962	0.87	0.924	0.915	0.888	0.94	0.974
Cronbach'α	0.786	0.832	0.861	0.94	0.775	0.891	0.876	0.809	0.903	0.964
Avg. var. extrac	0.701	0.668	0.645	0.894	0.691	0.753	0.73	0.725	0.839	0.903
Full COLLIN. vif	2.49	2.545	1.871	3.142	2.083	3.471	2.841	2.039	1.803	1.495
Q-squared					0.254	0.438	0.451	0.232	0.220	
VS	**0.837**	0.679	0.521	0.649	0.339	0.459	0.463	0.565	-0.513	0.420
IN	0.679	**0.817**	0.487	0.619	0.396	0.414	0.384	0.550	-0.477	0.545
CM	0.521	0.487	**0.803**	0.599	0.344	0.459	0.527	0.489	-0.462	0.281
RP	0.649	0.619	0.599	**0.946**	0.522	0.650	0.616	0.560	-0.415	0.425

变量	VS	IN	CM	RP	CT	AT	GT	CM	CQ	IN
CT	0.339	0.396	0.344	0.522	**0.831**	0.653	0.550	0.348	-0.313	0.301
AT	0.459	0.414	0.459	0.650	0.653	**0.868**	0.764	0.368	-0.398	0.298
GT	0.463	0.384	0.527	0.616	0.550	0.764	**0.854**	0.405	-0.439	0.260
CM	0.565	0.550	0.489	0.560	0.348	0.368	0.405	**0.852**	-0.551	0.381
CQ	-0.513	-0.477	-0.462	-0.415	-0.313	-0.398	-0.439	-0.551	**0.916**	-0.328
IN	0.420	0.545	0.281	0.425	0.301	0.298	0.260	0.381	-0.328	**0.905**

注：表中黑体数值为相应潜变量 AVE 的平方根。

二、结构模型

首先是对模型拟合程度的判断，当 APC 以及 ARS 的 p 值均低于 0.05，且 AVIF 低于 5 时，可以认为模型具有良好的拟合程度。表 8 - 5 的结果显示，相关指标均符合要求，因此可以认为模型具有良好的预测力与解释力。特别地，通过对文中的潜变量进行多重共线性检验，结果显示，并不存在严重的多重共线性现象。[①]

表 8 - 5　　　　　　　　　　结构模型拟合度

项目	数值	条件
Average path coefficient（APC）	0.152，p = 0.003	Good if p < 0.05
Average R - Squared（ARS）	0.322，p < 0.001	Good if p < 0.05
Average Variance Inflation factor（AVIF）	2.336	Good if AVIF < 5

对结构模型的判断主要是通过结构路径系数的正负、大小、显著性，R^2 值以及 Q^2 值来进行，相关结果如图 8 - 2 以及表 8 - 6 所示。[②]

[①] PLS 方法本身能够较好地处理多重共线问题，但为确保结果的稳健性，我们依然测度了其 AVIF 值。

[②] 需要特别指出的是，不同产品供应链中企业间的信任可能是不一样的。故为保证本书结论的稳健性，我们另行对添加了顾客需求对象和规模等控制变量的模型进行了分析，结果显示模型的共线性增加了，但相关结论并未发生显著改变。

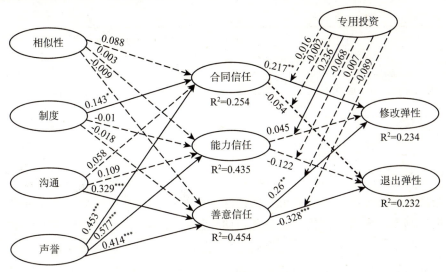

图 8 - 2　结构模型分析结果

注：＊表示 $p < 0.05$，＊＊表示 $p < 0.01$，＊＊＊表示 $p < 0.001$。

表 8 - 6　　　　　　　　　　　对内生变量的作用

项目		直接效应	p 值（bootstrap）	Boot SE	解释的 R^2
合同信任 （$R^2 = 0.254$；$Q^2 = 0.254$）	价值观相似性	0.088	0.171	0.092	0.030
	制度	0.143	0.081	0.102	0.057
	沟通	0.058	0.259	0.090	0.021
	声誉	0.453	< 0.001	0.091	0.146
能力信任 （$R^2 = 0.435$；$Q^2 = 0.438$）	价值观相似性	0.003	0.485	0.090	0.002
	制度	− 0.010	0.460	0.101	0.005
	沟通	0.109	0.132	0.097	0.052
	声誉	0.577	< 0.001	0.094	0.377
善意信任 （$R^2 = 0.454$；$Q^2 = 0.451$）	价值观相似性	− 0.009	0.471	0.119	0.004
	制度	− 0.018	0.434	0.110	0.008
	沟通	0.329	0.002	0.110	0.193
	声誉	0.414	< 0.001	0.102	0.248
合约修改弹性 （$R^2 = 0.234$；$Q^2 = 0.232$）	合同信任	0.217	0.029	0.114	0.076
	能力信任	0.045	0.370	0.134	0.016
	善意信任	0.260	0.034	0.142	0.142

项目		直接效应	p 值（bootstrap）	Boot SE	解释的 R^2
合约退出弹性 ($R^2 = 0.232$；$Q^2 = 0.220$)	合同信任	−0.054	0.250	0.081	0.017
	能力信任	−0.122	0.166	0.125	0.049
	善意信任	−0.328	0.002	0.109	0.167

（一）信任的源起

表 8 – 6 显示，各内生潜变量 Q^2 均大于 0，模型对于各因变量具有较好的预测性能。同时声誉在信任的三个维度上均产生了显著的正向作用，制度环境对合同信任有显著正向作用，而沟通则对善意信任有显著正向作用。具体来说，对于合同信任的形成来说，声誉的作用最大而且显著（14.6%），制度的作用其次（5.7%）；对于能力信任的形成来说，声誉能解释的方差高达 37.7%，但其他因素并不具有显著的解释力；对于善意信任的形成来说，声誉的作用依然最大（24.8%），沟通起到的作用略低于声誉（19.3%）。以上发现显示，在中国这样一个人情和关系社会，声誉在买方企业各维度信任的产生中均起到了关键性的作用。

制度能够在合同信任层面上起到显著的正向作用，如图 8 – 3 所示。但是在能力信任、善意信任维度则未能起到显著正向作用。以下从三个方面讨论其中可能的原因：第一，鉴于我国长期以来是一个人情和关系起到主导作用的社会，供应链企业也更多地依赖于非正式关系，制度观念尚显不足，因而正式制度缺乏其有效运作的社会基础。第二，在新兴的市场中，正式合约的有效性会受到限制，因为在新兴市场中竞争环境和制度环境变化剧烈，正式合约无法合理地规范每一种情形。目前我国的法律体系尚不健全，且正在经历着激烈的制度和法律环境变革，要让正式合约很好地起到帮助供应链企业对合作伙伴进行能力与善意甄别的作用还需要一定的时间。第三，制度挤出效应的存在——用于确保合同有效的制度设计可能使买方对卖方能力与善意的认知产生了挤出，因此制度环境未能有效促进制造商（买方）能力信任与善意信任的产生。

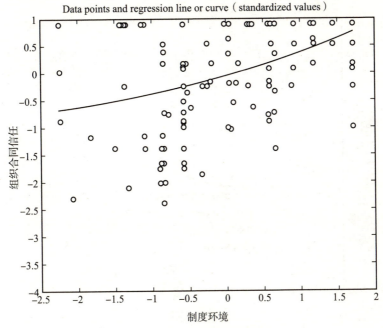

图 8 – 3　制度与组织合同信任

　　沟通对善意信任的正向作用显著，却无法对合同信任、能力信任起到有效作用。这说明我国企业行为较为客观理性，合同信任与能力信任需要在完善的制度环境与组织的硬实力（声誉）支撑下才能够形成。特别需要指出的是，伴随着沟通的增强，善意信任会短暂下降，继而快速上升，如图 8 – 4 所示，这提醒企业管理者在加强沟通过程中，开始时可能会遭遇对方善意动机上的质疑，企业不应就此作罢，而应该持之以恒，这样才能顺利获取来自合作企业的善意信任。

　　关于供应链上买方企业信任的源起，与我们通常认知不相符合的是，价值观相似性在任何一个维度都不能起到促进买方企业信任的作用。基于认同的信任被认为是信任的最高形式，国外学者认为当关系双方具有相同的价值观时这种信任就会产生。但我们的研究发现，鉴于中国市场环境的规范性不足并且市场经济建立时间短暂，这种信任很难在中国的商业关系中存在，而可能更多的产生于相互了解或者存在既有关系的个人之间。相应假说的具体验证结果如表 8 – 7 所示。

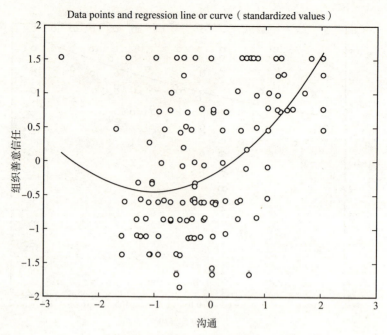

Data points and regression line or curve (standardized values)

图 8 - 4　沟通与组织善意信任

表 8 - 7　　　　　　　　　　研究假设 H1 ~ H7 的验证结果

研究假设	验证结果
H1a：价值观相似性对供应链企业间的合同信任具有正向影响	支持但不显著
H1b：价值观相似性对供应链企业间的能力信任具有正向影响	支持但不显著
H1c：价值观相似性对供应链企业间的善意信任具有正向影响	不支持
H2a：制度对供应链企业间的合同信任具有正向影响	支持
H2b：制度对供应链企业间的能力信任具有正向影响	不支持
H2c：制度对供应链企业间的善意信任具有正向影响	不支持
H3a：沟通对供应链企业间的合同信任具有正向影响	支持但不显著
H3b：沟通对供应链企业间的能力信任具有正向影响	支持但不显著
H3c：沟通对供应链企业间的善意信任具有正向影响	支持
H4a：声誉对供应链企业间的合同信任具有正向影响	支持
H4b：声誉对供应链企业间的能力信任具有正向影响	支持
H4c：声誉对供应链企业间的善意信任具有正向影响	支持
H5a：供应链企业间的合同信任对合约修改弹性具有正向影响	支持

研究假设	验证结果
H5b：供应链企业间的合同信任对合约退出弹性具有负向影响	支持但不显著
H6a：供应链企业间的能力信任对合约修改弹性具有正向影响	支持但不显著
H6b：供应链企业间的能力信任对合约退出弹性具有负向影响	支持但不显著
H7a：供应链企业间的善意信任对合约修改弹性具有正向影响	支持
H7b：供应链企业间的善意信任对合约退出弹性具有负向影响	支持

（二）信任、专用资产投资与合约修改弹性

如表 8 - 6 所示，对于合约修改弹性的形成而言，善意信任的贡献最大（解释了 14.2% 的方差），合同信任的作用次之（达到了 7.6%），能力信任则并未起到显著作用；而对于合约退出弹性来说，尽管不同维度的信任对合约退出弹性均呈负向影响，但只有善意信任的作用是显著的，且解释力高达 16.7%。以上发现显示，善意信任对两类合约修改弹性均起到了关键性作用。

研究发现买方专用资产投资只有在能力信任对合约修改弹性的作用过程中产生了显著的正向调节效应，这意味着当制造商专用资产投资额较低时，买方能力信任并不能增加合约的修改弹性，但是当制造商专用资产投资额较高时，买方能力信任对合约修改弹性的影响趋于显著，如图 8 - 5 所示。这意味着，当买方专用资产投资额较大时，买方对卖方的能力信任才能够起到增强合约修改弹性的作用，从这个维度来看，即使买方企业相信卖方有能力履约，其也不愿意轻易调整合约，只有当自身投入了较多专用资产的情况下，为了避免专用资产投资受到损失，才会愿意进行合约调整。除此之外，更高的专用资产投资额并不能显著增强其他维度的信任对合约修改弹性（修改弹性和退出弹性）的影响，也不能明显增强能力信任对合约退出弹性的影响，说明此时更多的专用资产投资额并不会起到促进供应链柔性的作用。这提醒买方企业应理性投资，盲目进行专用资产投资将无法通过调整合约实现对风险的分散，反而致使风险过度扩大。相应假说的具体验证结果如表 8 - 8 所示。

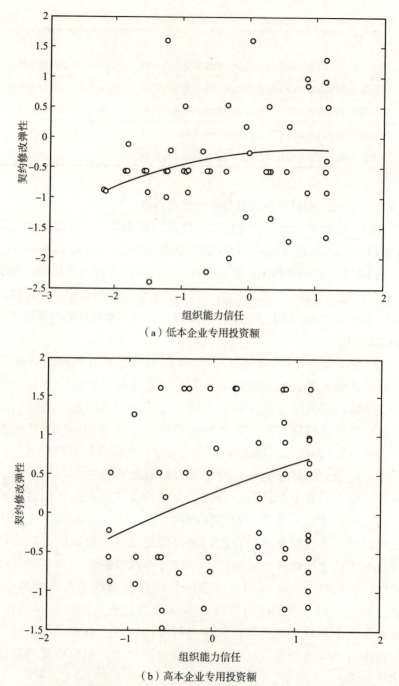

（a）低本企业专用投资额

（b）高本企业专用投资额

图8-5 本企业专用资产投资的调节作用

表 8 – 8	研究假设 H8 ~ H10 的验证结果
研究假设	验证结果
H8a：专用资产投资正向调节供应链企业间的合同信任与合约修改弹性的关系	支持但不显著
H8b：专用资产投资负向调节供应链企业间的合同信任与合约退出弹性的关系	支持但不显著
H9a：专用资产投资正向调节供应链企业间的能力信任与合约修改弹性的关系	支持
H9b：专用资产投资负向调节供应链企业间的能力信任与合约退出弹性的关系	支持但不显著
H10a：专用资产投资正向调节供应链企业间的善意信任与合约修改弹性的关系	支持但不显著
H10b：专用资产投资负向调节供应链企业间的善意信任与合约退出弹性的关系	支持但不显著

第四节　本 章 小 结

本章运用来自长三角地区制造业企业的调研数据，基于 PLS – SEM 方法对有关信任源起的西方理论在中国情境下的适用性进行了实证检验，在此基础上探索了供应链中不同维度的买方信任对不同维度合约修改弹性的影响，并考察了专用资产投资在其中的调节效应。结果表明：在供应链上买方信任的源起方面，制度环境能够促进合同信任的产生，沟通能够增强善意信任的程度，而声誉则对合同信任、能力信任、善意信任均具有显著的正向影响，并且声誉在三个维度信任的产生过程中均至关重要；在供应链上买方信任与合约修改弹性的关系方面，合同信任能够有效增强合约修改弹性，善意信任对合约修改弹性和合约退出弹性分别具有显著的正向与负向作用，并且善意信任在两个维度的合约修改弹性产生过程中均起到了关键作用；此外，专用资产投资只能够正向调节能力信任与合约修改弹性的关系，但却无法在信任与合约修改弹性的其他维度上起到调节作用。

研究结论对于深入理解中国情境下供应链中不同维度买方信任的源起以及信任与合约修改弹性间的复杂关系具有重要的启示作用：制度环境的保障对于合同信任的建立有着不可忽视的作用，政府方面应加强立法、鼓励第三方监控和反馈以及担保机制的发展，创造稳定完善的经济秩序、营造良好的市场环境，但是制度环境并不能促进能力信任与善意信任的产生，这提醒我们信任领域制度挤出效应的存在，企业不能仅仅依靠外在制度构建供应链上下游企业间的信任，更需要企业自身的努力；沟通对于善意信任的影响是企业应该始终关注的内容，即使在沟通初期遇到对方质疑也应该坚持不懈，伴随着沟通的深入，善意信任会显著增强；声誉对三个维度买方信任的产生贡献最大，因此企业应该珍惜自身形象，并利用好中国社会的关系网络以实现良好声誉的迅速传导。鉴于买方善意信任对合约修改弹性与合约退出弹性的形成影响最大，为了提升供应链的柔性与快速反应能力，供应商应该着力于声誉的提升以及沟通的加强以增强买方善意信任。此外，考虑到专用资产投资对合约修改弹性的作用有限，企业应致力于构建合理的专用资产投资保护机制，并使专用资产投资由"纵向专业化"向"横向专业化"突破，例如，振华重工、徐州重工、三菱重工等企业所做的那样，以有效控制"自身僵硬"的风险乃至创造更加广阔的市场需求。上述研究成果同时在一定程度上提醒我们在应用西方理论理解和指导中国企业的经济行为时，有必要谨慎考虑在中国的特殊国情与文化，特别当涉及企业价值观和制度环境时，研究结论与西方理论假设相反，因而值得特别关注。

与第六章和第七章考虑信任包含可预测信任和善意信任两个维度所不同的是，本章将信任划分为合同信任、能力信任和善意信任三个维度，这样既保证了研究的连贯性，又使得分析能更加深入。[1] 本章研究的局限性在于：第一，信任是一个随着时间的推进在不断变化的概念，特别地，伴随着宏微观环境的改变，在各个阶段不同维度买方信任的来源可能不同，买方信任对合约修改弹性的影响也有可能发生变动。第二，本书的研究主要是针对制造业企业，且企业规模普遍不大，样本则主要来自长三角地区，而行业、地区等因素的差异也可能对合约修改弹性具有一定的影响。

今后进一步的研究可以从以下几个方面展开：第一，在不同的时点对本书构念加以测度，以探索不同时点下各维度买方信任的来源及其对合约修改弹性的动态影响；第二，扩大样本量和样本的分布范围，提高样本的代表性，以探索相关结论是否同样适用于不同行业以及不同地区的供应链企业。

---

① 对信任进行不同维度的划分也体现了实证方法在变量关系分析上的优势，这对于上篇各章的理论模型起到了补充作用，因为构建模型时是将信任作为一个整体变量来考虑的。

第九章 供应链企业信任与合约修改弹性的 一个多重中介效应模型

经济义务通常能够得到履行而且是非常谨慎的履行的真实原因是，不遵守这些义务将置企业于一个不可容忍的境地。一个有声誉的企业有义务承担它的职责，尽管它的服从并不是由于任何本能、直觉的冲动，或是神秘的组群情感，而是由于一个精致的系统的运转，在其中每一个行动都有它自己的位置，必须明白无误地履行。

——利萨·伯恩斯坦（Lisa Bernstein，1992）

供应链的绩效一定程度上取决于成员间的密切配合，以及针对环境变化所做的合作关系的弹性调整（胡继灵，2007；Huo et al.，2016）。本书第四章研究指出，良好的供应链合作需要企业间长时间的互动及组织间深层次的嵌入。不同维度的组织信任与合约修改弹性的关系是供应链管理中的重要主题，但以往研究未能对此进行深入讨论。第七章从买方和供应商两个角度研究了依赖关系和专用资产投资对策略弹性的影响，第八章进一步对买方信任和合约修改弹性进行了维度划分，分析了供应链买方信任的源起并探索不同维度的买方信任对不同维度合约修改弹性的影响。尽管如此，现有研究未能深入考察信任不同维度之间的相互关联以及其中可能存在的多重中介效应。本章试图寻找上述问题在中国情境下的答案，这有助于我们更好地理解不同维度的组织信任对合约修改弹性的影响大小以及组织信任对合约修改弹性影响的传导路径。

基于上述研究目标，在前几章研究的基础上，本章构建了供应链企业信任与合约修改弹性的一个多重中介效应模型。本章以下的结构如下：第一节从理论角度探讨了组织信任维度的划分以及不同维度组织信任对合约修改弹性的影响，并据此构建了三路径多重中介模型（three-path mediation model）（Taylor et al.，2008；Hayes，2009），提出了不同维度组织信任以及组织信任与合约修改弹性间关系的九条假说，试图据此找出组织能力信任与合约修改弹性的关系，并且探索组织合同信任与善意信任在此过程中可能起到的多重中介作用；第二节描述了本书为达到此目的而使用的研究方法，考虑到研究主题具有一定的探索性质，对获取的调研数据采用偏最小二乘法（PLS）进行估计；第三节给出了基于 PLS – SEM 方法的实证研究结果，进一步证实了供应链成员间能力信任对合约修改弹性的重要作用，并且通过运用多重中介效应模型表明了合同信任与善意信任在"能力信任 – 合约修改弹性"关系中的重要作用。第四节对本章进行了总结，并就加强供应链企业的组织信任培育提出了管理建议。

总体而言，本章的研究与前三章各有侧重，是前述各章的进一步深化，并共同构成了一个有机的整体，对于深入理解中国情境下不同维度组织信任之间的关系以及不同维度组织信任对合约修改弹性的影响具有一定的指导意义。

第一节　文献回顾与理论假说

一、组织信任

许多学者都将信任当作多重维度来看待，尽管他们对信任维度的划分并不一致。[①] 与第八章相同，本章仍借鉴萨科和赫尔珀（Sako and Helper, 1998）的研究结果，将信任分为能力信任（对合作企业履行承诺能力的看法）、合同信任（对运用合同来规制合作企业履约意愿的看法）与善意信任（对合作企业致力于双赢而拒绝机会主义行为的看法）三个维度。能力信任与合同信任属于理性信任，这是信任的实践一面，其关心的是合作伙伴是否能真实地履行其诺言。但长期的合作关系不能仅仅依靠理性因素来维持，而且需要感性信任（善意信任）的补充，即相信供应链成员会友善地采取行动，这是信任的主观一面，它与合作伙伴对合作关系的信心更加相关。

信任的建立是一个心理过程，在这个意义上信任是有发展阶段的。不信任、有条件信任、无条件信任可以是一个渐进的过程（Jøsang et al., 2005；陈叶烽，2010；Schilke and Cook, 2015）。本书上篇的演化博弈建

---

① 关于信任不同维度划分的相关文献，第八章已进行了综述，本章不再赘述。

模分析也充分说明信任的动态演进过程是递推式、循环式、迭代式的互动过程。借鉴列维奇和邦克（Lewicki and Bukner，1995）关于信任发展阶段的研究，可以将能力信任、合同信任与善意信任之间的关系用图9-1来表示。

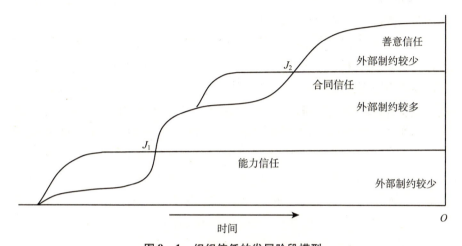

图9-1　组织信任的发展阶段模型

注：J_1点处部分能力信任转化为合同信任；J_2点处部分合同信任转化为善意信任。

　　供应链合作伙伴的能力水平是实现合约调整的必要保障。对于合作伙伴能力的信任会通过合同的形式固定下来，一部分能力信任会固化为合同信任。伴随着双方企业交往程度的加深，双方的理解程度也逐步增强，善意信任随之产生。如果我们将供应链系统中的信任关系视为一个网络，那么，对于能力信任的需求构成了整个信任网络中的需求节点，各个需求节点之间依靠合同加以联结，善意信任则是这个信任网络建设的结果，在此过程中，信任实际上是层层递进的。

　　本章将组织信任的发展归纳为 CCG 阶段：

　　（1）能力信任（competence-based trust）阶段。能力信任是指对合作企业履行承诺能力的看法。企业在合作之初，能力互补是产生合作最有力的理由。资源依赖理论指出，任何企业的成功都有赖于企业之间的精诚合作，这种合作能够达成的原因就在于双方能力的互补性。能力信任的基础是企业的逐利特性，能力信任正是建立于这种共同目标之上。即使是最为自私的企业，其对于有利可图的合作行为也不会排斥。

　　（2）合同信任（contract-based trust）阶段。合同信任是指对运用合同来规制合作企业履约意愿的看法。合作伙伴的能力固然重要，但是仅仅单纯的能力信任对供应链的有效运作依然造成着威胁：合作具有不稳定性。为此有必要通过合同将权利义务固化，使信任建立在可预见性的基础之上。合同信任正是基于对违约成本的考虑，通过签订一系列合约以提高违约成本，克服潜在的不确定性。需要指出的是，合同信任起作用的前提是对对方能力的信任，否则合同只是一纸空文，签订合同的意义也会消失，而且能力强的企业也倾向于签订更为详尽规范的合约。

（3）善意信任（goodwill-based trust）阶段。善意信任是指对合作企业致力于双赢而拒绝机会主义行为的看法。信任需要理性，单边的盲目的信任往往是合作失败的开始，而能力信任与合同信任为这种理性构建了基础。随着理性信任的不断发展，供应链成员间的交往时间、了解程度不断增加，双方会投入更多的感情因素，此时部分理性信任就升华为感性信任–善意信任。特别地，各个组织信任维度之间并非相互取代、非此即彼的关系，而是相互补充、相互促进的。供应链的有效运作同时需要这三种维度的组织信任。需要指出的是，上述逻辑受到宏观环境因素的显著影响，组织信任的发展阶段并非一成不变，例如，在当社会法律制度极不完善，即使建立合同也难以有效落实的情况下，或者社会中存在着良好的声誉机制，无须建立完善合同以防范合作企业机会主义行为时，能力信任可能直接转化为善意信任，而无须先转化为合同信任；又如，当宏观经济状况较为恶劣时，为保证经济利益，关系恶劣的竞争对手之间也可能产生合作行为，但却很难产生善意信任。这些宏观因素可能导致组织信任发展在某一阶段停滞，致使某一或者某些维度的组织信任匮乏。本章假定合同法律制度是规制供应链中企业行为的主要途径，同时经济发展情况稳定，社会未出现显著动荡。

根据信任发展阶段的 CCG 模型，提出如下假设：

H1：能力信任对合同信任具有正向作用。

H2：能力信任对善意信任具有正向作用。

H3：合同信任对善意信任具有正向作用。

二、组织信任与合约修改弹性

供应链的不确定性有三种表现形式：一是供应链衔接的不确定性，体现在企业（或部门）对合作伙伴行为预测的困难性上；二是运作不确定性，体现在系统运行不稳定和控制失效上；三是环境不确定性，指外部环境的变化给供应链带来的不确定性（许淑君和马士华，2002；李辉等，2007；曹玉玲和李随成，2011）。其中，前两种不确定性可以通过建立供应链成员的信任机制、使用先进技术加以控制；而第三种不确定性，集中体现在企业在合作过程中可能遭遇突发事件的风险以及外部环境剧烈变化时，倘若继续执行原合约，可能导致利益分配的高度不公，故需要对合约加以调整，使交易双方重新达到共赢，这就是合约的弹性调整（Young-Ybarra and Wiersema，1999；刘浩华，2007），因此合约修改弹性反映了供应链合作伙伴关系的环境适应能力。

由于有限理性、机会主义、外部性、信息不对称、外部环境不确定性、合约不可实证性、交易成本、缔约双方的自由平等性等因素的存在，合约天然是不完全的，供需双方有必要建立起相互信任的关系，促进非正式的理解与合作关系的建立，以弥补合约的欠缺。因此，信任是对不完备合约的有益补充（李建标和李朝阳，2013）。其后，这种不同主体间的非正式的理解与合作关系往往将会在新合约签订后正式化。也就是说，如果供应链成员间是互信的，着眼于长期合作收益，成员企业就有可能寻求在合约范围内的调整，以平衡成员间的利益分配，这样信任关系就有效改善了合作企业应对环境变化的能力，降低了供应链中的风险，提升了供应链的灵活性（Tsay and Lovejoy，1999；Tang and Tomlin，2008）。故供应链企业间的信任与合约修改弹性是紧密结合的逻辑整体，两者配合能够有效地降低不确定性的不利影响，并且供应链企业间的信任为合约修改弹性的实现创造了条件，降低了合作破裂的可能性，因而信任在事实上成为组织间关系的重要治理机制。

对于当下的企业而言，通过增强合约修改弹性以提升供应链的环境适应能力极为重要。为了达到这个目标，企业必须有策略地管理好不同维度的组织间信任，因此，这就需要深入理解不同维度间的组织信任以及组织信任与合约修改弹性之间的关系。为此，本章运用了多重中介效应的研究方法，这为我们深入分析组织信任不同维度之间以及组织信任与合约修改弹性的复杂关系提供了有力的工具。

根据上述讨论，提出以下假设：

H4：能力信任对合约修改弹性具有正向作用。

H5：合同信任对合约修改弹性具有正向作用。

H6：善意信任对合约修改弹性具有正向作用。

三、合同信任与善意信任的多重中介作用

供应链合作中所指的能力是指能够使企业在某种交易情境下具有一定影响力与属性的集合，这是企业合作中产生信任的基础性条件。在供应链

成员的合作过程中，信任总是与合作者的能力特征紧密相连。鉴于信任的产生是基于对合作者将执行某一行为的期望，信任方必须有理由相信被信任方具备执行某一行为并完成交易的欲望和能力（Brockner and Martin，1997）。梅耶等（Mayer et al.，1995）通过对以往信任影响因素的研究进行总结发现，能力出现的频率最高。陈春花和马明峰（2006）也将能力作为影响信任决策的重要因素。

尽管研究表明能力信任具有积极作用（Morgan and Hunt，1994；Hewett and Bearden，2001），但更多学者关注其作用的边界（Bell et al.，2002；Lui and Ngo，2004）。许多研究发现能力信任更像一把"双刃剑"：在企业合作过程中，倘若被信任方具有正当的动机，能力越高，信任方对被信任方的正面预期就会越大，其合作渴望就越强烈，对合约修改弹性的接受程度就越高；但如果被信任方的动机不良，其能力越高，信任方的负面预期就越大，其合作渴望反而会削弱，对合约修改弹性的接受程度就越低。此外，由于能力识别存在一定的困难，单纯依靠能力信任进行合作行为存在一定风险。为了制约能力信任的负面效果，可以从合同信任（正式途径）与善意信任（非正式途径）两个角度进行。

（一）正式途径

结构洞理论揭示了信任网络中信息的不对称性，组织能力可能难以准确感知，为此供应链企业有必要通过签订合约使合作关系稳定化以甄别合作企业的行为，建立起合同信任。此外，供应链企业通过签订完善的合约，能够最大限度地减小对方利用自身的关系行为来损害自身利益的可能性，这样合约的调整就不会损害双方的正当利益。倘若缺乏合同信任，鉴于能力认知的不对称性以及能力动机的复杂性，能力信任对合约修改弹性的影响可能是有限的。因而，可以提出假设：

H7：能力信任对合约修改弹性的影响受到合同信任的中介作用。

（二）非正式途径

由于善意信任是对被信任者主观动机的感知，因此它在能力信任对合约修改弹性的影响中，可能会发挥重要的中介作用。在供应链企业的合作过程中，企业不可避免地会进行专用投资（尤其是无形资产、隐性知识的专用投资）等行为，从而将自身弱点暴露给合作企业，而这将成为合作企业进行机会主义行为的诱因。如果企业认为合作企业机会主义行为的可能性很高，那么即使合约修改弹性调整能够带来超额收益，企业也有理由担心自身能否从中真正获取相应的利益。因此，倘若缺乏善意信任，能力信任对合约修改弹性的影响将大大削弱。故提出以下假设：

H8：能力信任对合约修改弹性的影响受到善意信任的中介作用。

根据本章提出的信任发展 CCG 阶段模型，组织能力信任可能通过对信任其他维度的作用最终形成对合约修改弹性的影响。在实践中则表现为企业可能同时运用正式途径与非正式途径规避能力信任的不利影响，因此，将上述单重中介效应模型组合便可得到相应的多重中介效应模型，这从理论和实践方面均具有一定的探索性。最终可以得到如下假设：

H9：能力信任对合约修改弹性的影响依次受到合同信任和善意信任的中介效应影响。

基于上述讨论，可以得到本章的理论模型，如图 9 - 2 所示。

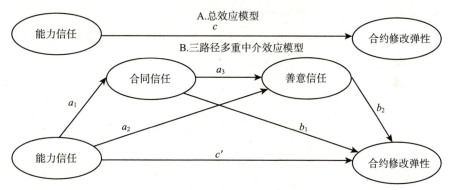

图 9 - 2　三路径多重中介效应模型

注：H1 = 能力信任→合同信任 = a_1；H2 = 能力信任→善意信任 = a_2；H3 = 合同信任→善意信任 = a_3；H4 = 能力信任→合约修改弹性 = c'；H5 = 合同信任→合约修改弹性 = b_1；H6 = 善意信任→合约修改弹性 = b_2；H7 = 能力信任→合同信任→合约修改弹性 = $a_1 b_1$；H8 = 能力信任→善意信任→合约修改弹性 = $a_2 b_2$；H9 = 能力信任→合同信任→善意信任→合约修改弹性 = $a_1 a_3 b_2$。

第二节　研究方法

一、实证方法选择

样本与数据收集程序与第八章完全相同，参见表 8 - 1，不再赘述。根据上述的理论模型，组织能力信任、组织合同信任、组织善意信任、合约修改弹性等指标均无法直接观测，因而需要构建相应的观测变量。倘若通过问卷加以测度，常常会产生测量误差并可能引致多重共线性问题，而结构方程方法能够较好地处理上述问题，因而在近来的研究中广为使用（Barroso et al.，2010；李国锋和孟亚男，2013）。本章文采用基于偏最小二乘法（PLS）的结构方程模型进行数据分析，选取 WarpPLS3.0 软件进行分析。①

检验中介效应的传统方法是 Sobel 检验（Sobel, 1986），也被称为系数生成法（Preacher and Hayes, 2008）。这种方法在多重线性回归中被广为使用。但这种检验方法却无法在 PLS 中采用（Sosik et al., 2009），原因如下：第一，当运用 PLS 方法时，路径系数之间并不是独立的；第二，PLS 并不能提供 Sobel 检验所需要的原始的未标准化路径系数。此外，海因斯（Hayes, 2009）指出了 Sobel 检验存在着一个主要的缺陷，即需要假设样本数据符合正态分布。为此，学者们开始寻找 Sobel 检验的替代方法。一种可行的方法是 bootstrapping，这是一种非参再抽样方法，其不需要假设样本符合正态分布。相关仿真研究显示，bootstrapping 方法的准确性要高于 Sobel 检验（Cumbers et al., 2002；MacKinnon et al., 2004）。为此，本章选取 bootstrapping 的方法来检验间接效应的显著性。

二、变量测度

根据本章研究主题，借鉴以往学者对组织信任维度的划分以及组织信任对合约修改弹性影响的研究成果，本章所采用的量表主要包含两大部分：组织信任以及组织信任的结果。各变量的测量项目主要借鉴已有的国内外研究并充分考虑中国制造业企业的特殊情况，在小样本调查的基础上进行修改。最终大样本的量表问项来源主要分为两类：一是直接引用在国内外研究中被广泛采用，信度、效度均较高的测量项目；二是借鉴已有的国内外的研究成果，并结合本研究以及中国供应链企业的实际情况进行修改而得到的测量项目。

（一）能力信任

能力信任是对合作企业履行承诺能力的看法，主要包括有效合作的能力、履行合约的可靠性以及改善合作绩效的可能性。量表来源主要是萨科和赫尔珀（Sako and Helper, 1998）以及麦克奈特和诺曼（McKnight and Norman, 2002）。在对量表进行信效度检验的基础上，本研究用以下四个问项来测量组织能力信任：Q1-1 该客户能够充分履行我们之间的协议；Q1-2 该客户在合作领域内专业而有实力；Q1-3 该客户能提出对我们有益的建议；Q1-4 该客户的一些建议和做法能够有效地改善合作的绩效。

---

① 关于采用 PLS 方法的优点以及应用 WarpPLS3.0 软件的理由已经在第八章详细说明。

（二）合同信任

合同信任是对运用合同来规制合作企业履约意愿的看法，主要包括契约的完备性以及建立完备契约的倾向。量表来源主要是萨科和赫尔珀（Sako and Helper, 1998）。在对量表进行信效度检验的基础上，本章选用以下三个问项来测量组织合同信任：Q2 - 1 我们就价格、交货形式、前期、质量标准协议等问题签订了一项协议；Q2 - 2 在此协议的基础上，我们还签署了一份详细的法律合同；Q2 - 3 我们倾向于将所有问题在合同中写清楚。

（三）善意信任

善意信任是对合作企业善意性的看法，主要包括公平、公正性以及对方在合作中表现出的利他行为倾向，量表主要来源是萨科和赫尔珀（Sako and Helper, 1998）以及麦克奈特和诺曼（McKnight and Norman, 2002）。在对收集的原始数据进行信效度分析的基础上，选择了以下四个问题测量：Q3 - 1 我们相信该供应商的决策将对我们合作双方有利；Q3 - 2 我们相信该供应商的决策将对我们公司有利；Q3 - 3 我们可以依靠该客户帮助我们，尽管我们的合约中可能没有写出来；Q3 - 4 我们相信该客户能够秉持公平、公正的态度地对待我们。

（四）合约修改弹性

如前所述，合约修改弹性指供应链成员具有调整其合约的形式来应对环境改变的能力，它是衡量供应链反应能力和适应能力的重要方面，选用扬·亚巴拉和魏斯玛（Young - Ybarra and Wiersema, 1999）关于合约修改弹性的量表：Q4 - 1 当发生意外情形时，我们与该供应商选择修改契约而不是坚持让对方遵守原合约；Q4 - 2 我们合作关系的特征之一是能够灵活应对环境变化的要求；Q4 - 3 我们随时调整契约以适应不断变化的市场环境。

第三节 研 究 结 果

与第八章相类似，按照"两步走"方法，第一步为了检测测量模型的可靠性，需要对测量尺度的信度和效度进行检验；第二步运用路径分析法对结构模型进行分析（Anderson and Gerbing, 1992）。

一、测量模型

PLS 对于测量模型中反映型指标的测度完全是基于个别项目的信度，建构效度，会聚效度以及判别效度进行的（Hair et al., 2012）。具体而言，当每个构念下条目的因子载荷超过 0.707 时，就可以认为个别项目的信度是足够的（Carmines and Zeller, 1979）。通过计算，在本章的研究中，所有反映型指标的载荷均超过 0.707，且每个测度项与所属变量的相关系数要高于该测度项与其他潜变量的相关系数，如表 9 - 1 所示。

表 9 - 1   测量模型交叉载荷系数

类别	能力信任	合同信任	善意信任	契约弹性
能力信任 1	**0.876**	0.225	− 0.008	− 0.05
能力信任 2	**0.865**	− 0.088	− 0.358	0.103
能力信任 3	**0.884**	0.063	− 0.131	− 0.029
能力信任 4	**0.846**	− 0.207	0.511	− 0.023
合同信任 1	0.251	**0.830**	− 0.154	− 0.025
合同信任 2	− 0.214	**0.797**	0.137	0.099
合同信任 3	− 0.044	**0.865**	0.022	− 0.068
善意信任 1	0.247	− 0.046	**0.880**	0.015
善意信任 2	− 0.182	0.108	**0.855**	− 0.043
善意信任 3	− 0.213	0.02	**0.851**	− 0.008
善意信任 4	0.144	− 0.083	**0.830**	0.037
契约弹性 1	− 0.338	0.084	0.289	**0.828**
契约弹性 2	0.267	− 0.157	− 0.109	**0.906**
契约弹性 3	0.046	0.089	− 0.171	**0.818**

建构信度的目的在于检验观测变量是否一致地测度目标潜变量（Straub et al., 2004），通常使用组合信度指标与 Cronbach' α 指标加以测度（Roldán and Sánchez - Franco, 2012）。当模型的建构信度达到 0.7 以上时，其结果是可以接受的（Nunnally and Bernstein, 1994）。本章的研究中，五个潜变量均达到了标准。为了检测收敛效度，观察相应的平均变异萃取量（AVE）指标（Hair et al., 2011），发现本章中潜变量的 AVE 值均超过了 0.5。判别效度意指各个构念直接的区分程度，PLS 中有两种途

径来检测判别效度：第一，各维度间完全标准化相关系数应该小于所涉及各维度自身 AVE 的平方根；第二，题项与该测度构念的载荷不应小于题项对其他构念的载荷。本章的研究能够保证较好的判别效度，如表 9 - 2 所示。

表 9 - 2　　　　　　　　　　建构信度、收敛效度与判别效度

类别	能力信任	合同信任	善意信任	合约修改弹性
R-squared		0.439	0.607	0.218
Composite reliability	0.924	0.87	0.915	0.888
Cronbach'α	0.891	0.775	0.876	0.809
Avg. var. extrac	0.753	0.691	0.73	0.725
Full Collin. vif	2.957	1.795	2.524	1.231
Q-squared		0.437	0.605	0.214
能力信任	**0.868**	0.653 ***	0.764 ***	0.368 ***
合同信任	0.653 ***	**0.831**	0.55 ***	0.348 ***
善意信任	0.764 ***	0.55 ***	**0.854**	0.405 ***
合约修改弹性	0.368 ***	0.348 ***	0.405 ***	**0.852**

注：表中黑体数值为相应潜变量 AVE 的平方根；*** 表示 $p < 0.001$。

二、结构模型

首先是对模型拟合程度的判断，当 APC 以及 ARS 的 p 值均低于 0.05，且 AVIF 低于 5 时，可以认为模型具有良好的拟合程度。表 9 - 3 的结果显示，相关指标均符合要求，因此可以认为模型具有良好的预测力与解释力。特别地，我们针对文中的潜变量进行了多重共线性检验，结果显示，并不存在严重的多重共线性现象。[1]

表 9 - 3　　　　　　　　　　结构模型拟合度

项目	数值	条件
Average path coefficient（APC）	0.337，$p < 0.001$	Good if $p < 0.05$

---

[1]　PLS 方法本身能够较好地处理多重共线问题，但为确保结果的稳健性，我们依然测度了其 AVIF 值。

项目	数值	条件
Average R – Squared（ARS）	0.422，p < 0.001	Good if p < 0.05
Average Variance Inflation factor（AVIF）	2.024	Good if AVIF < 5
GOF	0.552	Good if GOF > 0.36*

注：*通常认为当 GOF 值大于 0.36 时，模型的适配度很高。

接下来，根据科恩（Cohen，1988）的方法对效应值系数进行计算，这对于分析直接效应、间接效应以及总效应至关重要。

（一）直接效应

对结构模型的判断主要是通过结构路径系数的正负、大小、显著性，R^2 值以及 Q^2 值来进行，相关结果如图 9 – 3 以及表 9 – 4 所示。

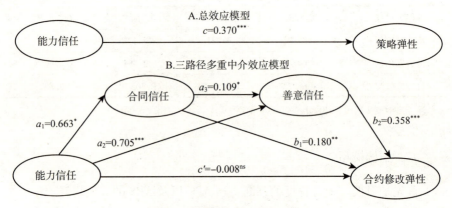

图 9 – 3 结构模型的分析结果

注：*表示 p < 0.05，**表示 p < 0.01，***表示 p < 0.001，ns 表示不显著。

本章中路径模型的结果如图 9 – 3 所示。需要说明的是，R^2 是 PLS 路径模型中用来评价内部关系解释效果的重要指标，R^2 数值越大，说明内生潜变量未能被内部模型解释的方差越小。

表 9 – 4 显示，各内生潜变量 Q^2 均大于 0，模型对于各因变量具有较好的预测性能。对于合同信任的形成来说，能力信任能够解释 43.9% 的方差；对善意信任的形成来说，能力信任能够解释的方差高达 54.6%，合同信任解释的方差则仅有 6.1%；对合约修改弹性而言，善意信任能够起的作用最大而且显著（15.8%），合同信任的作用次之（6.3%），但是能力信任的作用并不显著。

表 9 – 4　　　　　　　　　　　　　对内生变量的作用

项目		直接效应	p 值（bootstrap）	Boot SE	解释的方差
合同信任 （$R^2 = 0.439$；$Q^2 = 0.437$）	能力信任	0.663	<0.001	0.050	0.439
善意信任 （$R^2 = 0.607$；$Q^2 = 0.605$）	能力信任	0.705	<0.001	0.071	0.546
	合同信任	0.109	0.045	0.052	0.061
合约修改弹性 （$R^2 = 0.218$；$Q^2 = 0.214$）	能力信任	−0.008	0.475	0.123	0.003
	合同信任	0.180	0.046	0.098	0.063
	善意信任	0.358	<0.001	0.040	0.158

此外，我们发现假设 H4 未能得到显著支持，能力信任对合约修改弹性的直接作用（c'）并不显著，假设 H1 ~ H6 的验证结果如表 9 – 5 所示。

表 9 – 5　　　　　　　　　　　　假设 H1 ~ H6 的验证结果

研究假设	验证结果
H1：能力信任对合同信任具有正向作用（能力信任→合同信任 = a_1）	支持
H2：能力信任对善意信任具有正向作用（能力信任→善意信任 = a_2）	支持
H3：合同信任对善意信任具有正向作用（合同信任→善意信任 = a_3）	支持
H4：能力信任对合约修改弹性具有正向作用（能力信任→合约修改弹性 = c'）	不支持
H5：合同信任对合约修改弹性具有正向作用（合同信任→合约修改弹性 = b_1）	支持
H6：善意信任对合约修改弹性具有正向作用（善意信任→合约修改弹性 = b_2）	支持

善意信任对合约修改弹性的影响如图 9 – 4 所示。我们发现在初始阶段，伴随着善意信任的提升，合约修改弹性会经历一个减弱的过程，随后显著增强，继而又逐渐减弱。其中的原因在于，合作初期，为了培育良好的合作关系，打造企业形象，组织会尽力按照规定履约，而不是寻求合约的动态调整，即使招致少量损失也在所不辞；伴随着合作的深入，合作关系逐渐稳定，为了最大程度上维护企业自身利益，企业会开始寻求合约的动态调整；当合作深入到一定程度之后，企业在利他心理和关系行为的影响下，又会适当减少对于合约修改弹性的需求。

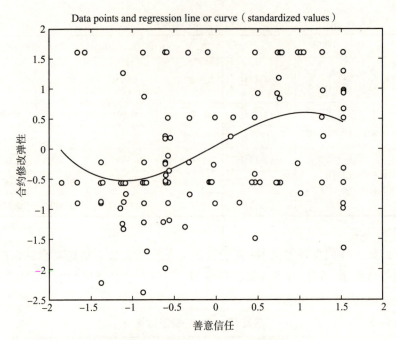

图 9 – 4 善意信任与合约修改弹性

　　合同信任与合约修改弹性的关系则如图 9 – 5 所示。可以看出，在初始阶段，合同信任对合约修改弹性的作用并不显著，只有当合同信任增强到一定程度之后，合同信任才会对合约修改弹性的增强起到明显的推动作用。这提醒企业管理者在中国情境下，签订完善和具有可执行性的合约对于合作意愿的效果需要达到一定程度之后才会显现，完善的合约是体现企业能力水平的重要方面，企业不应在初期见收效寥寥便就此作罢，而应持之以恒，这样才能顺利收获稳健灵活的合作关系。需要指出的是，突出合同信任与善意信任对合约修改弹性的显著作用并不意味着抹杀能力信任对合约修改弹性的贡献。事实上，能力信任对于合同信任的形成贡献巨大；而对于善意信任的形成来说，能力信任又起到了至关重要的作用。因此可以说，合同信任、善意信任对于合约修改弹性的作用更为直接，但是能力信任的作用是间接的，却更为深远。为此，下一节将探讨能力信任、合同信任、善意信任、合约修改弹性间可能存在的间接作用路径。

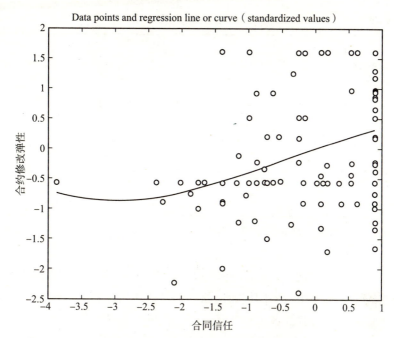

图9-5　合同信任与合约修改弹性

（二）间接效应

总效应是潜变量之间直接效应与间接效应的总和（Henseler et al.，2009）。如果仅仅使用路径系数来测度潜变量之间的影响程度，那么常常会导致低估并有可能引发第一类错误，尤其是当其他潜变量对其有间接影响的时候。根据前述模型可知，尽管当我们单独考虑能力信任对合约修改弹性的作用时，发现二者之间存在显著的正向关系，但是考虑合同信任与善意信任在其中的中介作用后，却发现二者的显著关系消失了。与此同时，能力信任、合同信任、善意信任则两两显著，从而满足了巴伦和肯尼（Baron and Kenny，1986）所提出的中介效应存在的条件。下面，我们进一步考察在能力信任与合约修改弹性发生关系的过程中，中介变量的作用机制。

根据威廉姆斯和麦金农（Williams and MacKinnon，2008）的建议，选择bootstrapping方法来检验间接效应。如表9-6所示，能力信任对于合约修改弹性有显著的总影响，但是当中介变量引入后，能力信任对合约修改弹性的影响不再显著（H4：c'）。这意味着合同信任与善意信任在此过程中起到了完全中介作用。

表 9 – 6　　　　　　　　　中介效应检验结果

能力信任对合约修改弹性总影响				能力信任对合约修改弹性直接影响				能力信任对合约修改弹性间接影响				
系数	p 值	Boot SE	效应值	系数	p 值	Boot SE	效应值	项目	系数	p 值	Boot SE	效应值
0.370	<0.001	0.072	0.137	-0.008	0.475	0.123	0.003	合计	0.390	0.007	0.156	0.174
								H7 = a_1b_1	0.125	0.041	0.061	0.046
								H8 = a_2b_2	0.256	0.004	0.095	0.095
								H9 = $a_1a_3b_2$	0.026	0.043	0.014	0.033

注：表内 p 值小于 0.05 的即为显著的路径。

如前所述，假设 H4 未能得到支持，但是假设 H7～H9 均得到了支持，这意味着本章模型中三条间接效应路径都是显著的。其中，路径"能力信任→善意信任→合约修改弹性"能够产生的间接效应最大，其效应值达到了 0.095，这是能力信任对合约修改弹性产生作用的最佳路径。假设 H7～H9 的具体验证结果如表 9–7 所示。

表 9 –7　　　　　　　　　假设 H7～H9 的验证结果

研究假设	验证结果
H7：能力信任对合约修改弹性的影响受到合同信任的中介作用（能力信任→合同信任→合约修改弹性 = a_1b_1）	支持
H8：能力信任对合约修改弹性的影响受到善意信任的中介作用（能力信任→善意信任→合约修改弹性 = a_2b_2）	支持
H9：能力信任对合约修改弹性的影响依次受到合同信任和善意信任的中介效应影响（能力信任→合同信任→善意信任→合约修改弹性 = $a_1a_3b_2$）	支持

第四节　本章小结

西方理论界就信任问题进行了大量的理论及实证研究，目前信任已经被证实对于供应链企业间的关系具有重要的协调作用。早期国内关于信任的研究主要集中在社会学、心理学层面上。近年来，陆续有学者从企业组织间信任的视角开展研究，但就总体来看以理论分析为主，实证研究偏少。特别地，鲜有针对组织信任不同维度之间关系及其对合约修改弹性影响的系统分析。考虑到中国是个典型的关系型社会，国外的研究成果虽然丰富却未必适合中国的情境。本研究给出了信任的发展阶段模型，在此基础上考察了能力信任与合约修改弹性之间的关系并探索了合同信任与善意信任在此过程中的多重中介效应。

具体而言，本章在借鉴经典文献并考虑中国国情的基础上，将组织信任划分为能力信任、合同信任、善意信任三个维度，基于长三角地区145家制造业企业的调研数据，应用新型的 PLS - SEM 方法深入探索了不同维度的组织信任之间的关系及其对供应链合约修改弹性的多重中介作用。研究发现：第一，不同维度的组织信任之间不仅仅是递进关系，同时也是并行关系（Tsai and Ghoshal，1998），这意味着能力信任与合同信任、善意信任之间是密切相关的；第二，能力信任对合约修改弹性具有显著正向影响，而合同信任与善意信任在能力信任对合约修改弹性的影响过程中起到了完全中介作用；第三，合同信任、善意信任对合约修改弹性起到直接作用，而能力信任则起到间接作用。能力信任对合约修改弹性发生作用的最佳路径为"能力信任→善意信任→合约修改弹性"；第四，短期来看，善意信任对合约修改弹性具有最大的影响；而从长期来看，能力信任对合约修改弹性的作用最为深远。

为了能够更好地促进供应链合作、增强供应链的灵活性，企业管理者应深入理解不同维度组织信任之间的关联，并从整体上对组织信任加以把握。企业在同合作伙伴的交往过程中，对不同维度组织信任的培育要有所侧重：为了在短期内有效增强供应链柔性，应对外部环境风险，组织应重点加强善意信任的培育，在中国情境下，应慎重选择企业窗口人员（领导、采购或销售人员），需按照德才兼备，以德为先的标准进行，如有必要，还需进行相应培训，以提升组织的道德形象；长期来看，组织能力信任对合约修改弹性的影响最为深远，组织最需要的是练好内功，提升自身声誉，这样才能在复杂多变的形势下获取持续的竞争优势。

第十章　结论与展望

> 自私自利和喜欢争论的人们是很难凝聚在一起的，如果没有凝聚力，没有事情能够有效地进行。一个群体拥有更多具有勇气、同情心和相互信任的成员，他们乐于帮助和保护他人……这样的话，整个社会的道德水平将会明显提高。
>
> ——查尔斯·达尔文（Charles Darwin，1873）

博弈论的奠基者冯·诺依曼（von Neumann）曾说过："假定社会经济的物质基础——或者从更广泛的角度说整个社会的物质基础是既定的。从人类传统和经验来看，人类具有适应这种既定背景的独特方式。这体现在人类确立的富有灵活性的而非僵硬的归因系统。该归因系统既包含了一些普遍原则，但又在许多特定方面允许差异性，它描述了'业已形成的社会秩序'或'普遍接受的行为标准'。"信任作为行为规范或习惯，正是这个归因系统中的重要元素，它在社会经济活动中扮演着重要角色，能够降低相关利益主体的交易成本、提高整体收益并促成相互合作，有利于社会的整合和有序。本着这一指导思想，本书从行为演化的视角探讨了供应链企业信任问题，多层次、多维度地对供应链企业的内在关系进行了实证分析。

本书的核心内容是供应链企业信任是如何形成与演变的，围绕这个问题，首先引入了关于信任的几个密切相关的概念，并对心理学、社会学和经济学等不同学科视阈下的信任研究进行了总结和对比分析，接着对供应链企业信任的概念进行了梳理，通过典型案例说明了供应链企业信任构建的成功之道和失败原因，以此为背景详细阐述了本书关于供应链企业信任的定义、理论基础与研究方法，这三个内容的分析为正文供应链企业信任的演化分析与实证研究这个核心主题作了基础和铺垫。

在上篇的四个章节（第二章至第五章）里，我们围绕供应链企业信任演化这一主题，按照不同和供应链结构依次展开，通过构建系列演化博弈模型对供应链企业信任的行为特征、作用机理和有效性条件进行了研究，主要包括四个部分：第一，供应商与制造商间的信任评估及其演化；第二，基于产品质量的制造商与零售商信任演化分析；第三，考虑学习行为的供应链企业信任演化模型；第四，含利他行为的双渠道供应链信任投入的演化博弈。

下篇的四个章节（第六章至第九章）则以本土企业为样本，运用实证分析方法对供应链企业信任进行检验，主要内容有：第一，供应链合作中买方信任的前因分析；第二，依赖关系和专用资产投资对策略弹性的作用；第三，不同维度买方信任对合约修改弹性的影响；第四，供应链企业信任与合约修改弹性的一个多重中介效应模型。

通过上述理论建模和实证分析，本书得到了许多富有新意的研究结论，并且对已有相关研究提供了理论支持。在本书最后，将总结研究的主要结论和重要发现，进一步思考研究结论的实践意义，分析研究的不足之处并指明后续研究的方向。

第一节　主要工作及结论

（1）本书上篇基于现实中供应链企业的有限理性，构建演化博弈模型研究了供应链企业信任的形成发展、表现形式、产生作用的条件和机理。

第一，建立了供应商与制造商之间的信任估值模型，在此基础上分析了双方信任关系的演化及合作关系的稳定性。研究表明：信任评估是信任演化的基础因素，只有明确相应风险与收益，才能提高信任决策的准确性，提高合作关系的稳定性。为使信任估值模型发挥其效果，需要建立信任追踪机制，记录合作成员的行为，及时修正数据，形成动态评价机制，以供决策参考。综合信任评估过程中，还应充分考虑信任发展趋势和信任的一致性水平。信任估值能够确定合作双方的初始信任程度，而在供应商与制造商信任关系的演化过程中，考虑到双方进行的信任博弈是一种重复博弈，长期中双方的策略可能会发生改变，即双方因为高信任水平而愿意降低的产品价格与增加的产品购买量是动态变化的，从而将带来潜在收益、潜在成本以及超额收益的动态变化，因此必须把握影响演化路径的重要因素，通过合理的制度安排促进成员关系向高信任均衡演化。

第二，从制造商质量投资角度出发，构建了制造商与零售商信任关系的演化博弈模型。研究显示，制造商投资成本与零售商对制造商的转移支付影响演化结果，过高的"投资成本"会造成制造商放弃对产品质量进行投资，而过度的"信任成本"则使零售商望而却步。在单群体演化模型中，演化稳定策略是存在的，制造商群体中投资者的初始比例及零售商群体中持信任态度者的初始比例均影响系统的演化路径。但是，在两群体演化模型中却不存在演化稳定策略，而呈现出围绕中心点型不动点的周期运动，制造商和零售商双方博弈的周期性行为模式充分表明信任关系建立过程中的复杂性和艰巨性。此外，考虑到制造商和零售商的质量努力水平，以农产品供应链为研究对象构建了演化博弈模型，揭示了供应链合作动态发展的不同阶段中双方信任关系的变化，强调声誉和质量努力水平对于促进供应链企业信任具有积极的作用。针对信任关系的动态性特征，政府应当采取有效的激励措施，搭建合作平台，投资基础设施，引导良性竞争，维护市场公平，促使农产品供应链不同行为主体的质量努力程度向高水平方向移动。

第三，研究了含不同学习行为的供应链企业信任演化问题，具体包括路径学习、模仿学习和信念学习等三种行为。首先，应用最优反应动态的学习规则，刻画了供应商与制造商博弈的行为特征并探讨了信任均衡与初始状态、信任基数的相关性，研究指出群体中采用信任策略的成员比例越高，会促使其他成员也选择同一策略，整个供应链呈现出有生机的演进，最终群体双方处于高信任状态。其次，考虑模仿学习行为，由于现实中供应商与制造商在博弈过程中可能存在学习障碍，建立了含噪声项的两群体演化动态。结果表明：与不含噪声的复制动态相比较，引入噪声的复制动态具有完全不同的演化特征，尤其是当供应商与制造商二者具有不同的噪声时，动态系统将收敛于一个非子博弈完美均衡，该博弈中，制造商以混合策略存在于市场，供应商群体应当保持一定数量的个体选择"合作"策略，才能成功抵制采取"不合作"策略个体的侵蚀。最后，通过引入信念学习，研究了新兴电子商务O2O平台消费者（买方）和企业（卖方）行为规律以及交易信任机制，指出卖方应从长远利益角度出发进行交易，提升消费者的信任度，促进平台和商务模式的有序发展。

第四，鉴于双渠道供应链的理论研究进展和实践应用前景，将单一供应链拓展到双渠道供应链情形，通过引入互惠利他行为，将双渠道供应链视为直销终端与零售终端之间相互学习与动态博弈的一类非线性系统，构建了直销渠道和零售渠道存在竞争时的演化博弈模型，分析了渠道成员的学习能力、信任投资决策、风险补偿机制对于演化均衡的影响，并与传统双渠道供应链进行了比较。结果显示：直销渠道和零售渠道群体的利他行为演化取决于供应链企业的学习能力及敏感度；直销渠道和零售渠道群体是否选择信任策略取决于其信任投入的产出率，只有当信任投入的产出率对于参与者双方均较为理想时，系统才向高任信均衡方向演化，而某一方的高信任投入决策并不具有演化稳定性；结合苹果公司的案例探讨以及数值算例分析，充分说明"搭便车"收益、信任投入风险、信任评估成本在一定程度上影响双渠道供应链企业进行信任投入的积极性，应当通过有效的契约规定，对双渠道供应链中低信任投入者的行为进行一定的惩处，用以降低那些低信任投入者"搭便车"的收益，并对高信任投入者行为做出相应的补偿，从而降低高信任投入的风险。

（2）本书下篇以本土企业为样本，对中国情境下供应链企业信任的前因、形成及供应链企业信任对策略弹性的影响进行了实证分析。

第一，基于买方与供应商间的信任关系对供应链成员间信任的前因进行了较为全面的探索，为促进买方—供应商信任进而提高供应链的柔性和协调整体绩效表现提供了有一定指导价值的意见和建议。通过对前人所发展出的合约、能力、承诺、互惠性和利他性等多个条目的测量，并经过因子分析，得出两个因子并将其解释为可预测信任和善意信任。研究显示：买方企业员工规模、成立时间、资产额以及与主要供应商的合作时间等买方特征变量对供应链企业间中买方信任的影响并不显著，主要影响买方信任的是供应商的特征和双方互动关系。经回归分析发现：声誉、人际信任以及制度环境主要影响可预测信任，其中以声誉的影响作用最大；而声誉、沟通、共同的价值观以及专用资产投资对善意信任影响显著，尤以共同的价值观的影响作用为最；可预测信任和善意信任对合约修改弹性以及合作绩效表现的影响均达显著，其中可预测信任对合约修改弹性影响较大；善意信任对合作绩效表现影响较大。同时，研究指出制度保障在双方可预测信任建立的过程中起到不可忽视的作用，供应商企业应注重声誉机制的建设，控制好信息共享水平和专用资产投资水平。

第二，分别从供应商角度和买方角度探究信任的两个关键前因变量依赖关系和专用资产投资对信任的影响及其对策略弹性的直接影响与通过信任所产生的间接影响，并探讨信任对策略弹性的直接和间接影响效应，其中信息共享作为其中介变量。研究发现：无论是供应商依赖还是买方依赖，二者对信任的影响是类似的，即依赖关系及其影响力维度对信任有显著的负向影响；买方专用资产投资与供应商专用资产投资均会对信任产生显著负向影响，这一结果反直觉，但对供应链企业具有警示作用；同时，依赖关系的"可替代性""影响力"维度对策略弹性有显著的负向影响，买方专用资产投资与供应商专用资产投资均会对策略弹性产生显著负向影响。此外，从信任与策略弹性之间的回归分析结果发现，信任及其"可预测性""善意"维度均对策略弹性有显著的正向影响。实证分析的另一重要发现是，信任及信息共享的部分中介作用得到验证。一方面，专用资产投资不仅会对策略弹性产生直接的负向影响，而且还会通过信任产生间接的负向影响；另一方面，信任会对策略弹性产生直接及间接影响。上述研究一定程度上揭示了信任前因、信任、信息共享、策略弹性之间的作用机制。

第三，以中国企业文化为背景，在实地访谈的基础上将供应链企业间的信任进行适合本土文化的维度划分，分为"合同信任""能力信任""善意信任"，并经过大样本调研数据得到初步验证，回答了不同维度的信任如何形成以及不同维度的信任怎样影响供应链企业不同维度的合约修改弹性这两个问题。具体而言，以买方信任为切入点，考察了中国情境下组织信任的源起并探索了不同维度的组织信任对不同维度合约修改弹性的作用，在此基础上分析了买方专用投资的调节效应。基于 PLS - SEM 方法对调研数据进行实证分析表明：制度环境对组织合同信任有显著正向作用，组织沟通对组织善意信任有显著正向作用，而声誉则对合同信任、能力信任、善意信任均具有显著正向影响；组织合同信任对合约修改弹性具有显著正向作用，组织善意信任对合约修改弹性和合约退出弹性分别具有显著的正向与负向作用，而组织能力信任只有在配合买方高专用投资的情况下才会对合约修改弹性产生显著正向影响。这些研究发现对培养、发展和保持供应链成员间的信任，以及深入理解组织信任与合约修改弹性之间的关系具有一定的指导意义。

第四，在将供应链企业信任划分为"合同信任""能力信任""善意信任"等三个维度的基础上，进一步论述了供应链企业信任的发展阶段模型，并深入考察了能力信任与合约修改弹性之间的关系并探索了合同信任与善意信任在此过程中的多重中介效应。经过结构模型的分析发现，合同信任、能力信任和善意信任受不同因素的影响，并且对合约修改弹性的影响也是不同的，因此将信任仅作为单一维度的分析是不充分的，供应链企业信任维度及不同阶段的划分可以使信任与合约修改弹性的关系更为清晰。基于 PLS - SEM 方法的实证研究发现：能力信任对合约修改弹性具有显著正向影响；合同信任与善意信任在能力信任对合约修改弹性的影响过程中起到了完全中介作用；合同信任、善意信任对合约修改弹性起到直接作用，而能力信任则起到间接作用，能力信任对合约修改弹性发生作用的最佳路径为"能力信任→善意信任→合约修改弹性";三种维度的组织信任之间是相互关联和层层递进的;短期来看,善意信任对合约修改弹性具有最大的影响,而从长期来看,能力信任对合约修改弹性的作用最为深远。因此,供应链企业之间建立伙伴关系时,应根据不同的信任程度来选择其合作方式。

第二节　对企业的管理启示

信任是企业合作伙伴关系确立的基础,在当前市场竞争日趋激烈,而社会的整体信任度偏低的背景下,供应链企业间如何在合作关系内部寻求信任的建立和激励机制是企业面临的一个重大问题。具体来说,企业怎样与供应商建立信任?供应链企业间的信任是如何演化的?哪些因素对供应链企业信任具有重要影响?供应链企业之间如何根据信任程度建立相应的合作关系?这些都是企业亟待解决的问题,本书获得的研究结论,可以为供应链企业应对上述问题提供一定的借鉴。更重要的是,为企业提供了一个新的视角,使其改变常规思路,更好地促进企业间信任的建立。

一、建立供应商的企业声誉管理机制

企业声誉是企业无形的资本,较高的声誉是企业立足市场求得发展、获得竞争优势的法宝,有利于企业降低融资成本、规范商业风险、改善经营管理、提高社会知名度、扩大市场份额。因此塑造企业良好的声誉是每一个供应链企业应注重和着重解决的问题。广义上讲,与企业相关的所有信息都可以被看成为企业声誉的内容。企业的声誉是社会和经济生活中其他利益相关者对企业的综合评价,因此声誉激励机制其实是一种外在的社会性激励。在当今信息社会里,传媒业高速发展,市场交易的透明度更高,虽然企业的声誉理论最近才逐步进入主流的管理学研究框架中,在管理实践中各个企业却早已开始重视自身形象的打造。声誉好的企业更容易得到其他利益相关者的认同,在与其他企业的合作中更容易获得交易伙伴的信任,发展长期合作的关系,相反地,声誉不好的企业则很难寻找到合作伙伴。在中国企业中,存在着长期淡化声誉管理的弊病,而在供应链合作伙伴关系的范畴下,正如前面的假设部分证实的声誉对可预测信任和善意信任都有着显著的影响,因此为了能够建立、提高和加强企业对供应商的信任感,声誉的管理显得尤为重要和迫切。这就需要供应链企业更新观

念，提高认识，从管理上高度重视。企业声誉需要经过很长时间才可以建立，但是声誉变坏却在朝夕之间。要管理好供应链企业的声誉，主要应从以下几个方面着手：企业首先应做到提供符合合约规定的商品和服务并公正、公平的对待合作中的伙伴和处理合作中的问题，企业积极的合作行为是树立良好声誉的先决条件；其次要谨慎对待媒体，不同的媒体有不同的传播习惯，与恰当的媒体保持良好的关系，并体保持通畅的沟通渠道，能够保证企业有效传播正面形象并及时获得和处理相关信息。

二、建立合作方价值评估体系

正如本书第二章研究所显示的，供应链企业对合作方的价值评估体系，具体应包括能力评估体系、合作预期价值以及对合作关系的贡献值的评估体系，建立和健全这种评估体系，对信任的建立有着重要的作用。首先从买方对供应商的信任的角度来讲，买方在选择供应商的时候会有一套供应商的评估体系，包括供应商的生产能力、与己方的匹配性等等，可以帮助买方找到最适合的供应商，因此，当买方选择了某一个供应商的时候就是标志着一段信任关系的确立。其次，供应商对制造商信任的估值除制造商的声誉水平外，还主要依赖于双方过去的交易经验以及基于预期合作（承诺）产生的信任。此外，如果供应链企业在合作中能够在双方约定下详细地制定对合作绩效的贡献值的评估体系，将有利于更恰当地分配供应链系统利润，使得合作关系在基于公平、公正的前提下获得良性的发展，也更加有利于供应链企业间信任关系的确立。

三、建立合作规范并制定有效的冲突解决机制

供应链企业在订立合同的过程中，明确各方的权利和义务，建立明晰各方行为结果的机制，以避免某一方可能的机会主义行为，能够增加对方的可预测信任，从而提高合约修改弹性和合作绩效。对于供应链企业来说，如果确信其他成员企业会履行承诺，那么该企业也将可能表现出很强的可信度。在合作中，可通过保护性合同或是有效的契约来阻止合作伙伴的机会主义行为，即对不合作的行为或违约行为进行惩治，这样的合约条款可使成员企业清楚可能的行为结果，消除投机意识，同时也可提高对其他成员的行为可预测性。而要使每个成员采取恰当的行为，尤其是规避机会主义行为，还需要在供应链内建立一套合理的分配机制。因此，供应链企业应订立有效的合作规范，其中就包括：一是明确权利和义务，建立合理的收益分配机制，从正向激励方面激发企业与供应商间信任和密切合

作；二是制定有效的冲突解决和惩罚机制，促使成员企业履行自己的义务，加大机会主义行为的成本，这些规范型信任措施将会稳定供应链内企业与供应商的合作关系。供应链企业之间的相互信任是供应链得以生存下去的保证，尤其在社会信用普遍缺失的情况下，企业之间制定的协议及对协议的遵守非常重要。供应链企业共同制定商业道德规范和公平交易制度，并给予相应的奖惩作为协议能顺利实行的保证。从供应商促进买方信任以改进系统收益的角度，供应商应带头规范合作信用；与制造商休戚与共，共同维护市场价格体系；共同研究顾客需求，共同制定业务规划，密切协调产销衔接。从双方合作的角度，各成员企业之间可通过规范、合同等建立起长期有效的合作关系，保证供应链的协调运转，进而加强相互之间的信任。

四、合理共享信息，分享供应链知识

通过信息技术的应用，选择适当的合作伙伴充分合作，以及实施供应链管理，共享信息资源，可以使供应链的整体优势得以发挥。信任和信息共享是供应链企业间建立合作伙伴关系面临的困境。但是，企业间如果缺少信任和信息共享，那么就无法提升供应链的效率。快速高效的决策和供应链内部的协同运营都需要信任，但不可否认的是，信息共享仍然存在着现实的、严重的风险，毕竟并非每个企业都值得信赖的。从数据分析的结果来看，信息共享的作用并不如预期那样突出，因此不能滥用和泛用信息共享策略。当供应商或者客户同时也是信息共享企业方的竞争对手时，机密信息的共享等于暴露了己方的脆弱性而可能会使己方置于容易被攻击的位置。所以，对于供应链企业而言，应当共享有意义的信息，适度共享信息和双向共享信息。

在信息共享的时候，应保持第一个原则：及时，有效，全面。企业之间共享信息应具备质量保证，使沟通的信息切实为对方所需，例如透明和公开的业务流程可以使合作伙伴更多地了解彼此的需要、偏好及对问题的看法，实现与客户或供应商的即时沟通，实现供应链的准时制造和高效运作要求。而一旦企业与供应商预期相互关系的进一步发展可带来更大的互惠时，企业与供应商间的信任关系也就随供应链的发展而不断得以强化。第二个原则是适度。泛用信息共享策略，无视对方的需要，共享任何层次方面上的信息，一方面会增加对方处理信息的成本，很有可能延误市场的最佳商机，因此反而降低对方的信任度；另一方面己方的信息不经处理的流向对方，使己方处于对方机会主义行为的危险之中，很有可能将给企业

带来巨大的灾难。第三个原则是双向的信息交换，单向的信息交换很有可能会导致机会主义行为，在合作关系中，企业应充分结合对方的交换信息的意愿做出信息共享决策。供应商应该长期持续地关注沟通的改善，并且分享供应链知识，促进组织间的学习。

具体而言，应关注高级管理层在生产和计划等职能上的相互合作，如在产品、交货、服务等方面尽可能地满足客户合理的个性化需求，建立供应商的企业领导与客户之间的对话，邀请客户各层次的员工到企业厂区参观，销售人员经常性地拜访客户以了解客户的需求，互派员工到对方的企业中学习，共享企业在生产经营活动中所积累的知识等等。供应链知识的分享不仅有可能使企业间的知识积累发挥 $1+1>2$ 的效果，供应链企业间还因为这种分享和学习的过程加深了对于双方的行为方式和文化理念的理解，从而促进了双方的融合，因此可以增进合作双方的信任关系。

五、加强供应链文化建设，打造共融的价值观

良好的供应链文化将能在供应链系统内形成一股强大的凝聚力和归属感，增强成员企业之间的团结协作，减少不必要的矛盾冲突，从而降低交易成本，并且形成一种相互信任、相互尊重、共同发展、共享成果的合作关系，并且使供应链成员企业间具有相同的合作目标和共同的价值标准，从而维持供应链的稳定与发展。供应链企业在合作过程中，形成的共同的价值观，是供应链节点间强有力的黏合剂，也是形成供应链文化的根基。因此，在供应链协调管理中，应充分吸收供应链成员企业的优秀企业文化，加强供应链文化建设。供应链文化是成员企业随着合作的深入逐步建立起得一种共享的意识，它还包含无形的关系、体制、技巧和知识等。成员之间共同的目标和充分的沟通是形成供应链合作文化的重要基础，而良好的供应链合作伙伴关系必然是以合作、诚信、公平等具有积极价值的理念为支撑。

就企业与供应商的合作关系而言，双方需要就企业的价值体系和文化等进行充分的沟通，来获得对方的信任。有效的方法应是在供应链内不同背景文化的成员企业间进行良好的沟通，这需要供应链的管理人员敏锐地意识到供应链企业间存在的文化差异。由于这种差异会对企业观念、行为以及绩效产生影响，因此必须通过跨文化的管理培训、鼓励非正式接触、提高行为和策略的透明度等措施来努力消除彼此的隔阂和陌生，使各种文化在供应链中相互渗透和相互交融。最终，通过相互学习和取长补短，形成供应链企业都能接受的、既融合各种文化特色又有鲜明的联盟特征的处

事原则和方法，从而确保供应链企业有一个统一的并为各方所接受的价值观和文化基础。

第三节　对政府的政策建议

从系统论的角度来看，供应链企业信任的建立，不仅需要从内部构建有效的机制，同样也需要宏观社会环境的支撑。已有研究显示，我国供应链企业间的不信任行为经常表现为：没有与对方长期合作的打算，合作时间短；利用实力在交易过程中要挟对方；利用供应商的信任，把一个供应链的机密信息泄露给其他供应商，或封锁信息，以谋取短期利益。[①] 在转型经济背景下，针对上述低信任、违约现象，应当深刻理解社会结构与这些经济行为的内在联系，使建立在此基础上的制度设计（法律、其他制约力量等）、道德呼吁（学校教育、社会环境的统一而不是背离）才更有可能有的放矢。因此，有必要建立和健全法律保障体系、完善相关法规和标准、强化第三方机制的作用。企业是逐利的群体，如果缺乏恰当的强制性的规则，很有可能会因为追求自身利益的最大化而侵害其他合作者的利益。所以建立一个稳定健全的法律保障体系，使得身处其中的供应链企业在违规时得到相应的惩治，将能够有效地改善企业可能的机会主义行为。

一、加强经济立法，完善市场法规，并严格执法

制度理论认为人们之所以讲信任是因为受到社会规范和法律制度的制约，违背信任的行为将会受到惩罚，对他人的信任则是来源于制度的威慑作用。根据这一理论，一个有效的政府、一套健全的法律法规和一个强有力的执行机制是至关重要的。我国当前存在制度不健全的问题，严重地影响整个社会信任机制的产生和发展。由于执行力度不够，企业间违约、毁约事件屡见不鲜，虽然企业间的交易均有合同，但对于违约的惩罚力度不够、执行困难较大，使得合同的有效性明显降低，这也是我国社会信任度提高所要解决的首要问题。[②] 政府部门应制定符合我国市场的经济法律和法规，一方面加强经济法规的立法工作，使得企业做到有法可依。我国还处于市场经济的初期阶段，各方面的法律法规仍不完善，使得个别企业有

---

① 参见：许淑君和马士华（2002）。
② 这一问题在第三章和第四章中已经分别进行了论述。

机会钻法律的空隙从中获利，损害了其他企业的利益并损害了市场秩序。在立法过程中，不仅仅要学习其他经济体的法律法规，更应该就我国国情和所处的市场阶段，甚至应充分考虑到我国的社会风俗，逐步完善市场经济法规。另一方面还要做到有法必依，这就要求加强执法力度，严厉打击不当的市场行为和企业。再完善的制度，如果没有强有力的执法体系，也只能成为一纸空文，在执行法律的时候不因企业的大小、所有权性质或是企业在地方经济中的地位而徇私，保障所有的企业处于同等经济地位，能够加强法律可信度，从而促进有序市场秩序的建立。

二、放权给第三方机制，营造良好的第三方机制发展环境

长期以来，我国的经济社会管理主要依靠行政手段；在充分发挥法律的作用上，仍有很大空间。随着经济的快速发展、社会的急剧转型，单纯依靠传统方式显然无法适应社会管理的新形势。在供应链领域，涉及多种第三方机制，例如，监控机制、反馈机制、评估机制、担保机制还有其他诸如物流以及标准等等。供应链企业在选择合作伙伴的时候，不可能有充分的机会和能力去全面的接触待定的合作伙伴，如果缺乏有效的反馈和评估机制，那么企业就难以获得待定合作伙伴的实际信息，从而无法做出非常有效的选择，同时从交易成本经济学的角度也是非常不经济的。从实证部分的调研结果来看，第三方的作用得分比较低，这说明企业人员对第三方机制的作用并不是非常了解，或者说企业没有合理的运用第三方机制，究其主要原因很有可能是缺乏第三方机制或者的作用环境或者第三方机制不能使人信服。对于政府而言，合理放权给第三方机制，为第三方机制的发展提供良好的运行环境的同时，加强对第三方机制的监管和控制，可以为供应链企业提供更多的保障性服务，使得供应链企业间行为更加透明化，能够有效地帮助确立供应链成员间的可预测信任以及促进供应链合作伙伴关系的建立。

三、全面倡导商业道德伦理规范

因为立法的程序很复杂，并且法律总不是面面俱到的，在运用法律和第三方机制的另一方面应该大力倡导适合市场经济发展的商业道德伦理规范。西方发达国家的成功经验表明：健全有效的经济伦理是保证市场经济有序运行的重要社会资源。市场经济秩序的内在伦理包括经济自由、经济公平、竞争信仰以及消费主权、企业伦理、工作伦理和理性价值观，因此必须建立有效的经济伦理，使各企业自觉遵守市场交易的公平公正原则，

减少经济交易与合作过程中的摩擦，提高市场运作效率，只有大部分企业走出非理性的误区，我国市场经济的发展才能走向成熟和繁荣。

供应链企业信任不仅需要成员企业的努力，还受到外部环境的巨大影响。因此有必要根据中国企业的实际情况，中国社会文化特点，建立良好的企业合作气氛和竞争规则。近年来，尽管法律和制度建设（例如，大量法律法规的订立，某些监控、反馈和担保机构的设置），但是企业间经济活动的不和谐、不信任现象并没有得到很大程度的缓和。这说明不仅要建立以法制为基础的信任保障体系，还应该借助道德力量，建设新市场经济伦理道德观。供应链企业之间相互信任关系的建立至少应当有两个基本前提：存有在共识基础之上所共享且有实效的伦理规范，以及成员企业对这种伦理规范的自觉履行，而这就需要全社会对商业道德伦理规范的普遍关注和重视。因此，政府应做好商业道德伦理规范的呼吁和引导工作。

第四节　研究的贡献与局限性

一、创新之处

概括起来，本书的研究贡献（创新性）主要体现在学术思想、学术观点和研究方法上。

（一）学术思想方面

本书不仅研究企业的生产运营问题，也关注企业成长中的伦理道德问题。从行为演化的角度出发，通过探究供应链企业的行为互动规律、信任演化过程及外部影响因素，分析供应链企业间信任产生的动因、信任的作用机制以及信任构建的策略，一定程度上深化了对于供应链企业信任管理的理论研究，并为相关对策研究提供崭新的研究思路，在学术思想上具有一定的创新性。

（二）学术观点方面

本书认为，供应链企业的机会主义倾向和败德行为不是单个企业行为所能解释的，应从群体性行为视角揭示交易活动环节的基础运行规律；信息不对称是产生信任危机的根源，需要进行有效的信任评估，通过合理的制度安排促使供应链达到高信任的演化均衡；对供应链企业信任问题的探索，需要以本土文化、本土企业为基本立足点进行经验研究。

（三）研究方法方面

本书将理论建模与实证分析有机地结合，应用演化博弈分析方法探讨供应链企业信任的形成和演化规律，通过以制造业企业为样本进行的实证研究，探索信任产生的前因及合作的演化路径。理论建模和实证分析相互补充，规避了两种方法割裂的缺点，为供应链企业信任问题的量化分析提供了更为科学的方法，在研究方法上具有一定的创新性。

二、研究价值

（一）理论价值

第一，将针对单个企业的行为研究拓展至群体性行为，考察企业行为与市场特征之间的互动关系，有助于丰富供应链管理理论；第二，从演化角度剖析供应链决策主体行为影响机理，为有效化解信任危机提供理论依据，有助于深化信任理论研究；第三，将供应链企业间信任进行适合本土文化的维度划分，有助于拓展基于中国情境的企业间信任领域的研究。

（二）应用价值

第一，研究不同供应链结构并揭示从低信任均衡向高信任均衡演进的路径，有助于企业破解"信任困境"；第二，根据供应链合作的演化路径，引导不同发展阶段的企业制定相应策略，有助于提高整个供应链的整体效率及竞争优势；第三，基于本土企业实际调查数据的实证研究结果，对于指导供应链实践更具针对性，有助于改变信任缺失的现状并促进企业间进行良性竞争。

三、研究的局限性

在总结本书的理论成果的同时，还应该看到，供应链企业信任管理本身是一个系统工程，涉及众多方面的问题。囿于研究方法及篇幅所限，本研究尚存在以下不足。

（一）演化建模的局限性

在进行演化博弈建模时，本书主要以二级供应链为对象，包括供应商与制造商构成的二级供应链以及制造商与零售商构成的二级供应链，事实上，由于信任具有非对称性、多对应性、传递性等属性，供应链企业信任的形成可能源于多群体之间行为互动。[①] 此外，从供应链企业信任发展的不同阶段而言，本书主要考察的是信任的产生、形成与发展阶段，而没有

---

① 信任还包括可预测性、可靠性、可度量性、动态性等一系列属性。

考虑对退化阶段供应链企业信任的研究。①

（二）概念模型的局限性

本书下篇的实证分析部分在构建各章的概念模型时，虽然已经将尽可能多的因素纳入到研究模型中，但数据分析中发现，许多因素都呈现出多维度的性质，而部分实证研究的假设仅考虑影响因素中的大类与信任及合作的关系，还未能深入到各因素的子维度层面。虽然通过对整体轮廓层面的研究，得出了若干有价值的发现，却也会因为缺少对更细分层次的研究而忽略了一些重要关系。

（三）样本选择的局限性

本书的调查样本来自制造业，虽然也包含了多个行业，但主要限制在制造业这一领域。由于不同产业间的环境、特色差异巨大，因此在制造业领域外的其他产业中，本研究结论的适用性需通过进一步的实证去检验。此外，从样本数量来看，考虑到针对企业的调研耗时较长、工作量较大，样本数量已经符合统计学的要求，但模型中涉及的变量较多，并采用结构方程模型进行分析，而结构方程模型对样本量的要求较高，因此样本数量仍显得不充足。

第五节　研究展望

信任是经济理论研究的核心元素和永恒主题，也是供应链管理实践中包含众多期待和复杂技术的研究难点。本书对于供应链企业信任问题进行了积极的探索，得到了若干新结论，后续研究可以从如下几个方面展开：

第一，双渠道供应链已成为当前研究的热点，与传统供应链企业相比，双渠道供应链企业面临着更多的不确定性，因此分析不同渠道之间如何通过协同建立信任以应对风险是值得探讨的重要问题。② 此外，退化阶段作为一个重要阶段应该纳入供应链企业信任的动态过程中，分析关系退化阶段中供应链信任的关键因素，探究供应链企业信任退化和修复机制的流程以及在不同条件下供应链企业信任的重构策略。

第二，对供应链企业信任的前因与信任、合作的关系进行更深入的研

---

① 研究退化阶段供应链企业信任的关键因素可以为防止信任侵害，保持和修复信任关系提供方向。

② 尽管第五章对这一问题进行了研究，但仍不完整。

究。在研究局限性已经提到，本书的部分实证内容主要针对各大类的因素与信任及合作的关系进行分析。因此，在后续的研究中，可以在此基础上，进一步探讨其他因素与供应链企业信任之间的关系，对相关变量的子维度与信任及合作的关系进行深入研究，可以得到更多有价值的发现，从而为供应链企业提供更为明确的指导方向。

第三，由于人力、物力及时间的限制，本书并没有针对不同的行业进行比较研究。考虑到行业间的差异较大，所以通过将样本限于制造业，这样可以发现行业内供应链企业信任建立的规律性，而通过对行业间的比较研究，则可以发现各行业中企业间信任及合作关系建立的差异。同时，如果对供应链企业间信任建立、发展的过程可以采用纵向研究，则能对信任的发展过程及其对合作的影响有更清晰的把握，并可以从中发现信任与合作的演化规律，以期实现与演化建模分析的一致性。①

维夫雷多·帕累托曾说："人类社会可以看作是一个由具有一定时空属性和受制于一定联系的个体构成的系统，流行于大众的推理（推导方式）、理论和信念作为大众（心理）状态的具体表现，应该连同其他社会事实一起作为研究的对象。我们探求其间的规律性，试图发现它们的起源"。② 本书的主要目的在于建立一个统一的分析性框架，理解供应链企业信任的形成与演化过程以及信任在经济交易活动中的作用。我们始终强调自然选择和适应性学习两种机制共同推动供应链企业信任的演化。③ 事实上，在供应链环境下，应当有效地培养并利用传统的激励机制来规范供应链企业的行为，这些行为除信任之外，还包括彼此之间的团结、互惠、尊重和补偿。这一目标的实现，任重而道远。

---

① 纵向研究是一项具有挑战性研究课题。
② ［日］青木昌彦. 比较制度分析［M］. 周黎安，译. 上海：上海远东出版社，2001：248.
③ 自然选择观下将演化视为一个持续的过程，而适应性学习则强调演化的中心问题是一种反复试错的机制。

附录 1　演化博弈建模方法

本部分内容安排如下：首先，介绍演化博弈论的基本思想；其次，阐明复制动态方程的建立过程；再次，分析演化均衡、演化稳定策略等基本概述并分析各均衡之间的关系；最后，对演化稳定策略的判别方法进行归纳总结。

一、基本思想

演化博弈论的形成和发展充分借鉴了生物进化的有关理论。进化论的三个基础性假定是：异质性（heterogeneity）、适应性（fitness）和选择（selection）。进化论认为，动物行为大多是由基因决定的，一个或几个基因（genotype）的复合体（遗传型）控制着特定的行为模式，称为行为的表现型（phenotype）。基因库的多样性保证了种群中表现型的异质性。某些行为比其他行为更能适应当前的环境，并且表现型的成功可以被量化为适应性（适应度）。生物繁衍过程中，在下一代中更具适应性的表现型在数量上比那些不具有适应性的表现型来说更加多一些（Dixit and Skeath，2003）。这种选择过程是动态的，它改变着表现型的组合结构，并且也许最终会达到一种稳定状态。

随着时间的推移，偶然的因素可能带来新的基因变异（mutations）。这类变异中相当一部分会产生不适应环境的行为，从而最终将消亡。但是，偶尔也会有少数变异会带来一种较为适应环境的新的表现型，于是这样的一种变异基因就会成功地侵入（invade）一个种群。也就是说，它将扩散开来并且成为种群的一个重要的组成部分。

在任何时候，种群可包含其一些甚至其全部的生物学上可想象到的表现型。那些比其他表现型更具适应性的表现型在数量上将会增加，一些不具适应性的表现型会消失，而且其他目前在种群不存在的表现型会尝试着侵入它。当种群不能被任何变异成功入侵时，通常就称这种群结构以及当前表现型是演化稳定的（evolutionary stable）。生物进化的过程，就是一个基因不断繁殖和适应的过程。

表现型的适应性一方面取决于个体或有机体与环境的关系，另一方面也取决于种群中其他大多数成员的行为特点。因为种群是表现型的一种混合体，从中挑选出来的不同对表现型会给它们的互动带来不同的策略组合。表现型适应性的实际定量测度是其在与种群中其他表现型之间的所有相互作用中获得的平均支付（盛昭瀚和蒋德鹏，2002）。那些具有较强适应性的动物会有更大的进化成功机会。种群动态变化的最终结果将会是一种演化稳定的结构。

在充分吸收上述观点的基础上，演化博弈论放松了理性行为的假定，进而认为博弈中参与者并没有自己选择策略的自由，有的参与者天生会选择某种策略，而其他参与者则会选择另外的策略。这种选择过程最后导致的结果就是一个稳定的状态，当然不是指每时每刻它都是稳定的，而是在特定环境下在总体上趋于稳定的状态。这样，相比生物学而言同，策略的遗传性思想在博弈论中获得了更加广泛的解释。

从种群中随机挑选出若干对表现型的组合与同种（或不同种）表现型组合重复进行博弈，每次相互作用中，参与人的支付取决于双方的策略，这种依赖性通常由"博弈规则"来描述，并且在支付矩阵中得到反映。可以将某一策略的适应性定义为该策略与种群中所有其他策略博弈时的平均支付或总支付，某些策略相比于其他策略具有更高水平的适应性。在下一轮的博弈中，那些适应性更强的策略将会被更多的参与人使用并繁殖开来，适应性较低的策略则只有较少的参与人才使用。有时，某些个体会尝试过去没有使用过的策略，这就对应于变异的产生。如果这种新策略比当前采用的策略更具适应性，它就会开始被种群体中更大比例的个体所采用。因此，演化博弈探讨的核心的问题是：种群中特定策略的扩散、消失及变异的过程是否有一个演化稳定的结果。

需要特别指出的是，尽管与生物学有一定的类比性，但社会经济博弈中具有较强适应性的策略扩散以及具有较低适应性的策略消失的理由与生物学中严格的遗传机制却不尽相同。因为社会中有很多信息和行为方式不是靠基因传递的，而是靠交流、学习来传递的，并且传递的方式也是多种多样的。在重复博弈过程中，参与人会对成功的策略进行观察，然后接着去模仿，在随后的博弈中，参与人开始进行一些有目的的思考和对先前的经验法则的修正。在大多数策略博弈中，这种"社会的"和"教育的"传递机制远比生物学遗传显得更为重要。最后，新的策略的有意识地试验代替了生物学博弈中的偶然变异。

生物博弈的演化稳定结构有两种类型。第一种指某个表现型比任何其他表现型更具适应性，并且种群会趋向于其单独构成。这样一种演化稳定结果被称为单态型（monomorphism），即单一的形式。此时，这种唯一出现的策略被称为一种演化稳定策略（evolutionary stable strategy，简称ESS）。另一种是指两种或更多种表现型可能具有同样的适应性（并且比其他表现型更具适应性），故它们能以一定比例共存，我们称种群表现出多态型（polymorphism），即形式的多样化。在这个种群中，如果没有新的表现型或可靠的变异比现有的多态型种群中的表现型更具适应性，那么这种状态就是演化稳定的。

多态型与博弈中的混合策略概念是密切相关的。但是，二者也存在着一个重要的区别。若要获得多态型，不需要个别参与人采用混合策略。每个参与人都选择纯策略，但是种群却会因不同参与人选择不同纯策略而呈现为一种混合策略。

二、复制动态方程

首先介绍单一种群（同质种群）参与对称博弈的复制动态方程。在单一种群情形下，主要研究那些具备相同的策略集并且支付完全对称的个体的随机配对过程。按照上一部分的分析，这里，一个"策略"代表一个特定的行为，且每个个体都遗传性地采取某个特定的策略。在生物学博弈中，支付可以被定义为后代的数量。它通常还被称为"适应性"。

令 $S = \{s_1, \cdots, s_i, \cdots, s_n\}$ 为参与人的纯策略集，$f(s, s')$ 为某参与人选择策略 s，而其对手选择策略 s' 时该参与人的支付，用 m 表示混合策略。下面叙述基因复制动态过程。

在某时点上，某种群中各个不同的群体准备分别选择某个策略进行博弈。为了研究这些群体的进化，假定只有适应性最强的群体才能生存，这样，就需要构建一个动态调整过程。在生物博弈中通常使用的是马尔萨斯动力系统，即 RD（Montet and Serra，2003）。根据 RD 模型，如果某个群体的适应能力超过了种群的平均水平，那么它之中的个体数量就会增加。而如果某群体的支付低于平均水平，那么它在整体种群中的比例就会下降。

假定有大量的参与人进行同一个对称博弈。为叙述方便，参与人的纯策略被限定为两个：s 和 s'。令 n_t 和 n'_t 分别代表 t 时点选择策略 s 和 s' 的参与者的数量，N_t 为总的参与者数量，即 $N_t = n_t + n'_t$。

令 $r_t(s)$ 为 t 时刻选择策略 s 的参与者在总体中的比例，则：

$$r_t(s) = \frac{n_t}{n_t + n_t'} = \frac{n_t}{N_t}$$

选择策略 s 的参与者的期望支付为：

$$f_t(s) = r_t(s) f_t(s, s) + r_t(s') f_t(s, s')$$

这样，所有参与者的平均支付为：

$$\bar{f}(s) = r_t(s) f_t(s) + r_t(s') f_t(s')$$

根据上述假设，可以定义出一系列不同形式的 RD 模型。连续时间下最普遍采用的一种形式为下面的微分方程：

$$\dot{r}(s) = r(s)\left[f(s) - \bar{f}\right] = F(r)$$

这一复制动态方程描述了选择不同策略 s 和 s' 的种群的进化过程。它反映了 RD 的基本思想是：如果策略 s 优于平均水平，那么选择该策略的群体在整个种群中的比例就会上升。得到上式的方法有很多，下面主要介绍两种典型的建模方法。

范·达梅（Van Damme，1991）构建的是一个非代际交叠模型，在每个时段，参与人随机配对进行一个对称博弈。这些参与人的后代对应着他们的支付，并将在下一个时段取代他们。选择每个策略的参与人的数量取决于前一期博弈的支付情况。

如果 n_t 个参与人在 t 时刻选择了策略 s，那么在 $t+1$ 时刻就会有 $n_t u_t$ 个参与人选择 s。$t+1$ 时刻参与人的期望数量为 $n_t f_t(s) + n_t'(s') f_t(s') = N_{t+1}$，此时选择策略 s 的参与人的比例为：

$$r_{t+1}(s) = \frac{n_t f_t(s)}{(n_t + n_t') \bar{f}_t} = r_t(s) \frac{f_t(s)}{\bar{f}}$$

在该离散时间模型中，种群的进化可以被表述为：

$$r_{t+1}(s) - r_t(s) = r_t(s) \frac{f_t(s) - \bar{f}_t}{\bar{f}_t}$$

假定每个时段都非常短，这样可以将上式改写为：

$$\dot{r} = r(s) \frac{f(s) - \bar{f}}{\bar{f}}$$

最后，调整时间尺度后进一步有：

$$\dot{r}(s) = r(s)\left[f(s) - \bar{f}\right]$$

上述模型中，所有参与人都自我繁殖，并且在繁殖之后不能继续生存。如上一部分所述，这一假设或许可以适用于某些物种，但显然不适用于全部，而且它不能很好地运用于经济学等学科，因为现实中参与人能够不断地学习。

与以上模型不同的是，宾默尔（Binmore，1992）给出了一个代际交叠模型。考虑在某个长度为 τ 的时段上一个群体自我繁殖，博弈的支付表示参与人的后代，并且在 t 时刻每个选择策略 s 的参与人将繁殖出 $f_t(s)$ 个后代。在 $t+\tau$ 时刻，选择策略 s 的数量为：

$$n_{t+\tau} = n_t + \tau n_t f_t(s)$$

下一期的参与人总数为：

$$N_{t+\tau} = n_t[1 + \tau f_t(s)] + n_t'[1 + \tau f_t(s')]$$

下一期选择策略 s 的参与人的比例为

$$r_{t+1}(s) = \frac{n_{t+\tau}}{N_{t+\tau}} = \frac{n_t[1 + \tau f_t(s)]}{n_t[1 + \tau f_t(s)] + n_t'[1 + \tau f_t(s')]}$$

或者

$$r_{t+1}(s) = \frac{n_{t+\tau}}{N_{t+\tau}} = \frac{r_t(s)[1 + \tau f_t(s)]}{r_t(s)[1 + \tau f_t(s)] + r_t(s')[1 + \tau f_t(s')]}$$

这样，种群进化可以表示为：

$$r_{t+1}(s) - r_t(s) = r_t(s)\frac{\tau f_t(s) - \tau \bar{f_t}}{1 + \tau \bar{f_t}}$$

取极限 $\tau \to 0$，得到：

$$\dot{r}(s) = r(s)[f(s) - \bar{f}]$$

三、演化均衡与演化稳定策略

演化博弈中，均衡不仅是指动态过程的静止状态（稳定状态，或动态方程的不动点），还意味着静止点的某种形式的稳定性。为了更好地描述动态的演化过程，将演化博弈中的静态概念与动态过程统一起来，赫什莱弗（Hirshleifer，1982）提出了演化均衡（evolutionary equilibrium，简称EE）的概念。

定义 1 若从使得 $F(s) = 0$ 的定点 $s \in S$ 的任意小邻域 $M \subset N \subset S$ 内出发的轨线在开邻域 N 内并渐近趋向于 s，则称 s 是局部渐近稳定的（asymptotically stable）。

事实上，演化均衡就是演化动态过程的任一渐近稳定的不动点。

下面对单群体（或对称）的情形给出演化稳定策略的定义（Hofbauer and Sigmund，1988；Weibull，1995）。

假设某群体中的每个个体都有相同的纯策略集，将混合策略集定义为：

$$S = \left\{ (s_1, s_2, \cdots, s_m) \mid \sum_{k=1}^{m} s_k = 1, \ s_k \geq 0 \right\}$$

其中，s_k 表示某一时刻采取第 k 个纯策略的概率。显然，纯策略是混合策略的一种特殊情形。

定义 2 如果策略 $s \in S$ 满足：

条件（1）对任何 $s \neq s'$ 且 $s' \in S$ 有 $f(s, s) \geq f(s', s)$；

条件（2）即使 $f(s, s) = f(s', s)$，也有 $f(s, s') > f(s', s')$ 成立；

则称策略 s 是演化稳定策略。

定义 2 的条件（1）说明：如果策略 s 是演化稳定策略，那么选择突变策略 s' 的个体对选择策略 s 的个体博弈会得到较少的支付，因而不能侵入选择演化稳定策略的群体中；条件（2）说明：演化稳定策略 s 可以侵入突变者群体中，从而使得选择突变策略者在演化过程中从群体中消失。

从定义 2 可以看出，当系统处于演化稳定状态时，小扰动并不会影响系统的演化状态，系统将锁定在这一状态。因此，虽然演化稳定策略是一个静态概念，但却能够反映系统局部的演化动态性质。纳什均衡与此不同，它是一个静态的概念且不能反映系统的动态性质。

根据定义 2 中的条件（1）可知，演化稳定策略 s 是对其自身的最优反应策略，即演化稳定策略肯定是纳什均衡策略。定义 2 中的条件（2）说明纳什均衡并不一定是演化稳定策略，它剔除了弱劣的纳什均衡策略。因此，演化稳定策略是纳什均衡的精炼。

需要指出的是，演化博弈很可能出现参与者非对称的情形。例如，考虑两个相互影响的大规模种群，每个种群的成员都被随机地选出并配对进行博弈，根据前面的分析，此时应当可以得到由两个复制动态方程所组成的系统。若记 $S = \left\{ (s_1, s_2, \cdots, s_m) \mid \sum_{k=1}^{m} s_k = 1,\ s_k \geq 0 \right\}$，$T = \Big\{ (s_1, s_2, \cdots, s_n) \mid \sum_{j=1}^{n} s_j = 1,\ s_j \geq 0 \Big\}$，**A** 为种群 1（行参与人）的支付矩阵，**B** 为种群 2（列参与人）的支付矩阵，行参与人的策略为 **x**，列参与人的策略为 **y**，对于这样的两种群博弈，克里斯曼（Cressman, 1992）给出了如下定义。

定义 3 对于 $S \times T$ 中 $(\mathbf{x}^*, \mathbf{y}^*)$ 的一些邻域中的所有其他 $(\mathbf{x}, \mathbf{y})$，要么 $\mathbf{x}^* \cdot \mathbf{Ay} > \mathbf{x} \cdot \mathbf{Ay}$，要么 $\mathbf{y}^* \cdot \mathbf{Bx} > \mathbf{y} \cdot \mathbf{Bx}$，那么，称 $(\mathbf{x}^*, \mathbf{y}^*)$ 是演化稳定策略。

注意上述定义中 $\mathbf{x} \cdot \mathbf{Ay}$ 表示向量 **x** 与向量 **Ay** 的内积。非对称情况（与单群体情况相反）最有趣的事实是，内点（即严格混合策略组合）不可能是渐近稳定的。

前面已经分别给出了演化均衡和演化稳定策略的定义，那么，演化均衡、演化稳定策略以及纳什均衡之间究竟具有怎样的关系？一个简单的联系可以概括为：ESS⊆EE⊆NE。具体来说，纳什均衡是复制动态方程的一个稳定状态，演化均衡也一定是纳什均衡。但是，演化稳定策略却不一定是演化均衡（Cressman，1992）。复制动态方程可以保证演化稳定策略为演化均衡，但在一般的动态方程中演化稳定策略却既不是演化均衡的充分条件，也不是演化均衡的必要条件（Friedman，1991）。

四、演化稳定性的判别

演化稳定性概念来自于动力学的考虑。在某些情形，基本的动力学可以通过单型 S_n 上的微分方程来建模。

设 U 为 $N \times N$ 矩阵，N 为纯策略数，A 为 $n \times n$ 矩阵，n 为种群中的类型数，每一个对应于策略 s_i，$a_{ij} = s_i \cdot Us_j$。种群状态由类型 E_i 的比例 x_i 定义，假定种群以比例 $x_1, \cdots, x_n$ 被分成类型 $E_1, \cdots, E_n$，如果种群很大且世代连续，可以假设状态 $x(t)$ 在 S_n 上为 t 的可微函数。E_i 的增长率 $\dfrac{\dot{x}_i}{x_i}$ 为其进化结果的一个度量。根据进化论的基本原理，这个进化结果为 E_i 的适应度 $f_i(x)$ 与种群的平均适应度 $\bar{f}(x) = \sum\limits_{i=1}^{n} x_i f_i(x)$ 之差。这样，就可以得到复制动态方程如下：

$$\dot{x}_i = x_i [f_i(x) - \bar{f}(x)]$$

状态 $x \in S_n$ 对应的平均种群策略 $s = \sum\limits_{i=1}^{n} x_i s_i$。根据比例 x_i 的变化，策略 s 给出了策略空间 S_N 的一条路径。对于线性情形的 f_i，此时，存在 $n \times n$ 矩阵 A 使得 $f_i(x) = \sum\limits_{j=1}^{n} a_{ij} x_j = (Ax)_i$，上述方程可写为：

$$\dot{x}_i = x_i [(Ax)_i - (x \cdot Ax)]$$

下面主要介绍两群体复制动态中平衡点的演化稳定性判别方法。当 $n = 2$ 时，设 E_1 和 E_2 对应 S_N 中的策略 s 和 s'，若 x_1 和 x_2 分别为其比例，则它们的支付分别为：

$$f_1(x) = (Ax)_1 = s \cdot U(x_1 s + x_2 s')$$
$$f_2(x) = (Ax)_2 = s' \cdot U(x_1 s + x_2 s')$$

因为 $x_2 = 1 - x_1$，只需考虑 x_1 的变化，不妨记 x_1 为 x，这样区间 $[0, 1]$ 上的复制动态方程由下式给出：

$$\begin{aligned} \dot{x} &= x[f_1(x) - \bar{f}(x)] \\ &= x(1-x)[f_1(x) - f_2(x)] \end{aligned}$$

$$= x(1-x)[x(s \cdot Us - s' \cdot Us) - (1-x)(s' \cdot Us' - s \cdot Us')]$$

区间的两个端点 $x=0$ 和 $x=1$ 为不动点，对应于一个或另一个类型。根据克里斯曼（Cressman, 1992）的方法，s' 为演化稳定的，如果它不被任何其他的类型 s 入侵。这意味着 $x=0$ 为渐近稳定。s 的比例越来越减少。这种情形成立当且仅当以下情况：$s \cdot Us' < s' \cdot Us'$ 或 $s \cdot Us' = s' \cdot Us'$ 且 $s \cdot Us < s' \cdot Us$。

实际处理中，可以根据弗里德曼（Friedman, 1991）所述方法，得到两个复制动态方程后，对 $\dot{x}_1$ 和 $\dot{x}_2$ 分别关于 x_1 与 x_2 求偏导数得到相应的雅可比（Jacobian）矩阵，最后根据该矩阵 J 对应的行列式的值 $\det J$ 和矩阵的迹 $\mathrm{tr}J$ 来判定具体策略是否是 ESS。基本判定依据为：第一，当 $\det J > 0$ 且 $\mathrm{tr}J < 0$ 时，对应策略是演化稳定的；第二，当 $\det J > 0$ 且 $\mathrm{tr}J > 0$ 时，对应策略不是演化稳定的；第三，当 $\det J < 0$，$\mathrm{tr}J = 0$ 或者 $\mathrm{tr}J$ 符号不确定时，对应的平衡点为鞍点。

本书上篇所构建的演化博弈模型的稳定性判定主要依据上述方法，当然，对于超过两个的多种群演化博弈模型的稳定性判定则更为复杂，可参见相关文献（Hofbauer and Sigmund, 1988；Weibull, 1995）。

附录2 调查问卷

尊敬的企业负责人：

您好！我们是××大学的供应链管理学术研究课题组成员，目前正在进行一项关于供应链企业间信任关系的调研工作，特邀您参与填写此问卷。课题组关心的是调查问卷的统计分析结果，我们不会向课题组以外的任何人泄露受访企业信息；调查数据不会用于本课题研究以外的任何商业目的；也不作为评价任何个人、部门或企业的依据。您的回答对于课题研究非常重要，感谢您的理解与支持！如有疑问，欢迎与课题组联系。

企业的基本情况：

1. 贵公司的名称：_____

2. 贵公司所属的企业性质？（单选）

A. 国有或国有控股 B. 集体企业 C. 私营企业 D. 三资企业

3. 贵公司成立多久了？

A. 1～3 年（包括 3 年）　　　B. 3～5 年　　　　C. 5～10 年

D. 10～15 年　　　E. 15 年以上

4. 贵公司的资产总额_____；年销售额_____

5. 贵公司的企业规模？（单选）

A. 大型（2000 人以上）　　　　B. 中型（300～2000 人）

C. 小型（300 人以下）

6. 贵公司的企业生产类型是：（单选）

A. 大量生产型　　　B. 成批生产型　　　C. 单件生产型

D. 多品种中小批量生产型

7. 贵公司所属的行业是：（单选）

A. 家电　B. 化工　C. 医药　D. 冶金　E. 建材

F. 汽车　G. 机械　H. 食品　I. 电子与通信　J. 其他___

8. 企业与主要供应商的合作时间？

A. 1 年以内（包括 1 年）　　B. 1 ～ 3 年　　C. 3 ～ 5 年

D. 5 年以上

请您选择贵公司的某个主要供应商，供应商名称是＿＿＿＿＿＿＿＿，
针对贵公司与该供应商的交易关系完成对以下问题的回答。

请您指出对下列陈述同意或不同意的程度。如果未作特殊说明，则：
7 表示完全同意；6 表示很同意；5 表示同意；4 表示不确定；3 表示不同
意；2 表示很不同意；1 表示完全不同意，请您将对应陈述语句的得分上
用符号"√"标出。

| 供应链成员间信任关系 |

	完全同意	很同意	同意	不确定	不同意	很不同意	完全不同意
Q1－1　我们会将所有问题在合同中写清楚。	7	6	5	4	3	2	1
Q1－2　该供应商能够充分履行协议。	7	6	5	4	3	2	1
Q1－3　该供应商在合作领域内专业而有实力。	7	6	5	4	3	2	1
Q1－4　该供应商不会用自己的特定优势进行投机。	7	6	5	4	3	2	1
Q2－1　我们相信该供应商的决策将对我们合作双方有利。	7	6	5	4	3	2	1
Q2－2　我们相信该供应商的决策将对我们公司有利。	7	6	5	4	3	2	1
Q2－3　我们信赖该供应商能够给予我们合同外的帮助。	7	6	5	4	3	2	1
Q2－4　我们相信该供应商会公平、公正地对待我们。	7	6	5	4	3	2	1

供应链成员间关系的影响因素

	完全同意	很同意	同意	不确定	不同意	很不同意	完全不同意

组织间人际信任

Q3-1　该供应商的代表对我们非常坦诚。

7　　6　　5　　4　　3　　2　　1

Q3-2　该供应商的代表非常专业。

7　　6　　5　　4　　3　　2　　1

Q3-3　与该供应商的代表的沟通过程令人非常愉快。

7　　6　　5　　4　　3　　2　　1

Q3-4　该供应商的代表关心我们的需求。

7　　6　　5　　4　　3　　2　　1

沟通质量认知

Q4-1　该供应商可以没有顾忌地同我们分享企业信息。

7　　6　　5　　4　　3　　2　　1

Q4-2　该供应商将及时告知我们所应知道的信息。

7　　6　　5　　4　　3　　2　　1

Q4-3　该供应商将告知我们一切对我们有用的信息。

7　　6　　5　　4　　3　　2　　1

Q4-4　我们相信对方所告知的信息是准确可靠的。

7　　6　　5　　4　　3　　2　　1

共同的价值观

Q5-1　我们与该供应商会相互支持彼此的经营目标。

7　　6　　5　　4　　3　　2　　1

供应链成员间关系的影响因素

	完全同意	很同意	同意	不确定	不同意	很不同意	完全不同意

共同的价值观

Q5－2　我们都认为为了合作能取得成功，有时妥协是必要的。

| | 7 | 6 | 5 | 4 | 3 | 2 | 1 |

Q5－3　我们与该供应商致力于做出有利于双方利益的改进。

| | 7 | 6 | 5 | 4 | 3 | 2 | 1 |

Q5－4　我们双方将就合作中的问题合力寻找解决方法。

| | 7 | 6 | 5 | 4 | 3 | 2 | 1 |

声誉

Q6－1　该供应商享有能够公平、公正地对待合作伙伴的声誉。

| | 7 | 6 | 5 | 4 | 3 | 2 | 1 |

Q6－2　该供应商享有能够公平、公正地处理合作中的问题的声誉。

| | 7 | 6 | 5 | 4 | 3 | 2 | 1 |

Q6－3　该供应商享有诚实并关心伙伴的声誉。

| | 7 | 6 | 5 | 4 | 3 | 2 | 1 |

专用资产投资

该供应商愿意并且对以下几个方面的资产进行了投资：

Q7－1　实物资产，包括技术装备、基础设施等。

| | 7 | 6 | 5 | 4 | 3 | 2 | 1 |

Q7－2　管理资产投资，包括配合对方的业务流程上的转变等。

| | 7 | 6 | 5 | 4 | 3 | 2 | 1 |

Q7－3　人力资产投资。

| | 7 | 6 | 5 | 4 | 3 | 2 | 1 |

Q7－4　技术资产投资，包括技术引进和研发等。

| | 7 | 6 | 5 | 4 | 3 | 2 | 1 |

	完全同意	很同意	同意	不确定	不同意	很不同意	完全不同意

制度环境

Q8-1　第三方机构确保所有交易活动按规则完全实施。　7　6　5　4　3　2　1

Q8-2　我们双方都能够及时获得对方的投机行为信息。　7　6　5　4　3　2　1

Q8-3　我们行业中有通行准则。　7　6　5　4　3　2　1

Q8-4　我们与该供应商的合作关系中有可以解决交易争端的规范。　7　6　5　4　3　2　1

Q8-5　合约可以保护我们彼此免受对方不恰当行为的损害。　7　6　5　4　3　2　1

供应链成员间信任的结果

	完全同意	很同意	同意	不确定	不同意	很不同意	完全不同意

Q9-1　当发生意外情形时，我们与该供应商选择修改契约而不是坚持让对方遵守原契约。　7　6　5　4　3　2　1

Q9-2　我们合作关系的特征之一是能够灵活应对环境变化的要求。　7　6　5　4　3　2　1

Q9-3　我们随时调整契约以适应不断变化的市场环境。　7　6　5　4　3　2　1

　　合作往往导致预料之外的结果，可能是消极的（例如：专有信息泄露），也有可能是积极的（例如：新市场的开发、技术的完善等），该合作关系在什么样的程度上带来以下结果：

供应链成员间信任的结果

	完全同意	很同意	同意	不确定	不同意	很不同意	完全不同意
Q10 – 1　给我们公司带来了超出预期的积极结果。	7	6	5	4	3	2	1
Q10 – 2　给我们公司带来了预料之外的消极结果。	7	6	5	4	3	2	1
Q10 – 3　预期目标的实现。	7	6	5	4	3	2	1
Q10 – 4　整体的业绩表现。	7	6	5	4	3	2	1

其他问题

1. 我们与该供应商已经合作了_____年_____个月。
2. 问卷中所提及的供应商的地址和联系方式?

　　该供应商的地址是：_____

　　该供应商的联系电话：_____

　　Email：_____

结束语：

1. 再次感谢您对本次调查的支持和配合，并向所有参与问卷填写的人员致敬!

2. 如果您希望了解本次调查的结论，请留下您的联系方式：

姓　　名：_____　职　　务：_____

联系电话：_____　E – mail：_____

最后，祝您工作顺利! 祝愿贵公司事业蒸蒸日上!

参考文献

[1] Adobor H. Trust as sensemaking: The microdynamics of trust in inter-firm alliances [J]. Journal of Business Research, 2005, 58 (3): 330 – 337.

[2] Aiello G, Enea M, Muriana C. The expected value if the traceability imformation [J]. European Journal of Operational Research, 2015, 244 (1): 176 – 186.

[3] Alchian A A. Uncertainty, evolution, and economic theory [J]. The Journal of Political Economy, 1950, 58 (3): 211 – 221.

[4] Alex P. On the evolutionary stability of altruistic and spiteful prefer-ences [J]. Journal of Economic Behavior & Organization, 2000, 42 (1): 125 – 129.

[5] Ali H, Birley S. The role of trust in the marketi activities of entrepre-neurs establishing new ventures [J]. Journal of Marketing Manage-ment, 1998, 14 (7): 749 – 763.

[6] Ali M M, Babai M Z, Boylan J E, Syntetos A A. Supply chain fore-casting when information is not shared [J]. European Journal of Op-erational Research, 2017, 260 (7): 984 – 994.

[7] Akerlof G. Labor contracts as partial gift exchange [J]. Quarterly Journal of Economics, 1982, 97 (2): 543 – 569.

[8] Andalleeb S S. Dependence relations and the moderating role of trust: Implications for behavioral intention in marketing channels [J]. In-ternational Journal of Research in Marketing, 1995, 12 (2): 157 – 172.

[9] Anderson E, Weitz B. The use of pledges to build and sustain com-mitment in distribution channels [J]. Journal of Markteing Research, 1992, 29 (1): 18 – 34.

[10] Anderson J C, Narus J A. A model of distributor firm and manufacturer firm working partnerships [J]. Journal of Marketing, 1990, 54 (1): 42 – 58.

[11] Anderson J C, Gerbing D W. Assumptions and comparative strengths of the two-step approach comment on Fornell and Yi [J]. Sociological Methods & Research, 1992, 20 (3): 321 – 333.

[12] Argote L, Epple D. Learning curves in manufacturing [J]. Science, 1990, 247 (4945): 920 – 924.

[13] Arrow K J, Frank H. General Competitive Analysis [M]. San Francisco: Holden – Day, 1971.

[14] Arrow K J. Optimal and Voluntary Income Distribution [M] //In Economic Welfare and the Economics of Soviet Socialism: Essays in Honor of Abram Bergson, edited by S. Rosenfilede. Cambridge, U. K. : Cambridge University Press, 1981.

[15] Artz K W, Brush T H. Asset specificity, uncertainty and relational norms: An examination of coordination costs in collaborative strategic alliances [J]. Journal of Economic Behavior & Organization, 2000, 41 (4): 337 – 362.

[16] Ashraf N, Bohnet I, Piankov N. Decomposing trust and trustworthiness [J]. Experimental Economics, 2006, 9 (3): 193 – 208.

[17] Attanasi G, Battigalli P, Manzoni E. Incomplete-information models of guilt aversion in the trust game [J]. Management Science, 2016, 62 (3): 648 – 667.

[18] Aulakh P S, Kotabe M, Sahay A. Trust and performance in cross-border marketing partnership: A behavioral approach [J]. Journal of International Business Studies, 1996, 27 (5): 1005 – 1032.

[19] Axelrod R, Hamilton W D. The evolution of cooperation [J]. Science, 1981, 211 (4489): 1390 – 1396.

[20] Barney J B, Hansen M H. Trustworthiness as a source of competitive advantage [J]. Strategic Management Journal, 1994, 15 (S1): 175 – 190.

[21] Baron R M, Kenny D A. The moderator-mediator variable distinction in social psychological research: Conceptual, strategic, and statistical considerations [J]. Journal of Personality and Social Psychol-

ogy, 1986, 51 (6): 1173 – 1182.

[22] Barroso C, Carrión G C, Roldán J L. Applying maximum likelihood and PLS on different sample sizes: Studies on SERVQUAL model and employee behavior model [M]. Handbook of Partial Least Squares. New York: Springer Berlin Heidelberg, 2010.

[23] Bansaou M. Interorganizational cooperation: The role of information technology an empirical comparison of U. S. and Japanese supplier relations [J]. Information System Research, 1997, 8 (2): 107 – 124.

[24] Batt P J. Building trust bewteen growers and market agents [J]. Supply Chain Management, 2003, 8 (1): 65 – 78.

[25] Becker G S. Irrational behavior and economic theory [J]. Journal of Political Economy, 1974, 70 (1): 1 – 13.

[26] Bell G G, Oppenheimer R J, Bastien A. Trust deterioration in an international buyer-supplier relationship [J]. Journal of Business Ethics, 2002, 36 (1~2): 65 – 78.

[27] Ben N A, Putterman L. Trust, communication and contracts: An experiment [J]. Journal of Economic Behavior & Organization, 2009, 70 (1): 106 – 121.

[28] Bendoly E, Donohue K, Schultz K L. Behavior in operations management: Assessing recent findings and revisiting old assumptions [J]. Journal of Operations Management, 2006, 24 (6): 737 – 752.

[29] Bendoly E, Croson R, Goncalves P. Bodies of knowledge for research in behavioral operations [J]. Production and Operations Management, 2010, 19 (4): 434 – 452.

[30] Berg J, Dickhaut J, McCabe K. Trust, reciprocity, and social history [J]. Games and Economic Behavior, 1995, 10 (1): 122 – 142.

[31] Bester H, Güth W. Is altruism evolutionarily stable? [J]. Journal of Economic Behavior & Organization, 1998, 34 (2): 193 – 209.

[32] Binmore K. Fun and Games [M]. Lexington, MA: D. C. Health, 1992.

[33] Bolton G E, Katok E. Learning-by-doing in the newsvendor prob-

lem: A laboratory investigation of the role of experience and feedback [J]. Manufacturing & Service Operations Management, 2008, 10 (3): 519 – 538.

[34] Bornholdt S M, Jensen K S. Emergence and decline of scientific paradigms [J]. Physical Review Letters, 2011, 106 (5): 058701

[35] Bowles S, Gintis H. The evolution of strong reciprocity: Cooperation in heterogeneous population [J]. Theoretical Population Biology, 2004, 65 (1): 17 – 28.

[36] Bowles S. Group competition, reproductive leveling, and the evolution of human altruism [J]. Science, 2006, 314 (5805): 1569 – 1572.

[37] Boyd R, Richerson P J. Group beneficial norms can spread rapidly in a structured population [J]. Journal of Theoretical Biology, 2002, 215 (3): 287 – 296.

[38] Bradach J L, Eccles R G. Markets versus hierarchies: From ideal types to plural forms [J]. Annual Review of Sociology, 1989, 15: 97 – 118.

[39] Brandenburger A M, Nalebuff B J. Co-opetition [M]. Crown Business, 1997.

[40] Bragin J. Review of social self-organization: Agent-based simulations and experiments to study emergent social behavior (Understanding complex system) [J]. Journal of Artificial Societies & Social Simulation, 2013, 16 (2): 16 – 56.

[41] Brinkhoff A, Özer Ö, Sargut G. All you need is trust? An examination of inter-organizational supply chain projects [J]. Production and Operations Management, 2015, 24 (2): 181 – 200.

[42] Brockner J, Martin C. When trust matters: The moderating effect of outcome favorability [J]. Administrative Science Quarterly, 1997, 42 (3): 558 – 583.

[43] Buchanan L. Vertical trade relationships: The role of dependence and symmetry in attaining organizational goals [J]. Journal of Marketing Research, 1992, 29 (1): 65 – 76.

[44] Cachon G P. Supply chain Coordination with Contracts [M] //In: de Kok, A. G., S. C. Graves, Eds., Handbook in Operations Re-

search and Management Science, Volume on Supply Chain Management: Design, Coordination and Operation. North Holland, Amsterdam, 2003: 229 – 339.

[45] Celuch K, Murphy G B, Callaway S K. More bang for your buck: Small firms and the importance of aligned information technology capabilities and strategic flexibility [J]. Journal of High Technology Management Research, 2007, 17 (2): 187 – 197.

[46] Camerer C F, Loewenstein G, Rabin R. Advances in Behavioral Economics [M]. Princeton: Princeton University Press, 2003.

[47] Cai G G, Zhang Z G, Zhang M. Game theoretical perspectives on dual-channel supply chain competition with price discounts and pricing schemes [J]. International Journal of Production Economics, 2009, 117 (1): 80 – 96.

[48] Cai G G. Channel selection and coordination in dual-channel supply chains [J]. Journal of Retailing, 2010, 86 (1): 22 – 36.

[49] Cai S, Jun M, Yang Z. Implementing supply chain information integration in China: The role of institutional forces and trust [J]. Journal of Operations Management, 2010, 28 (3): 257 – 268.

[50] Carmines E G, Zeller R A. Reliability and validity assessment [M]. Beverly Hills and London: Sage, 1979.

[51] Cannon J P, Doney P M, Mullen M R, Petersen K. Building long-term orientation in buyer-supplier relationships: The moderating role of culture [J]. Journal of Operations Management, 2010, 28 (6): 506 – 521.

[52] Carter C R, Kaufmann L, Michel A. Behavioural supply management: A taxonomy of judgment and decision-marking biases [J]. International Journal of Physical Distribution & Logistics Management, 2007, 37 (8): 631 – 669.

[53] Cattani K, Gilland W, Heese H S. Boiling frogs: Pricing strategies for a supplier adding a direct channel that competes with the traditional channel [J]. Production and Operations Management, 2006, 15 (1): 40 – 56.

[54] Celuch K, Bantham J H, Kasouf C J. The role of trust in buyer-seller conflict management [J]. Journal of Business Research, 2011,

64 (10): 1082 – 1088.

[55] Chao G H, Iravani S M R, Savaskan R C. Quality improvement incentives and product recall cost sharing contracts [J]. Management Science, 2009, 55 (7): 1122 – 1138.

[56] Chen C, Zhang J, Delaurentis T. Quality control in food supply management: An analytical model and case study of the adulterated milk incident in China [J]. International Journal of Production Economics, 2014, 152 (1): 188 – 199.

[57] Chen F. Salesforce incentives market information, and production/inventory planning [J]. Management Science, 2005, 51 (1): 60 – 75.

[58] Chen J, Zhao X, Shen Z. Risk mitigation benefit from backup suppliers in the presence of the horizontal fairness concern [J]. Decision Science, 2015, 46 (4): 663 – 696.

[59] Chen J V, Yen D C, Rajkumar T M, Tomochko N A. The antecedent factors on trust and commitment in supply chain relationships [J]. Computer Standards & Interfaces, 2011, 33 (3): 262 – 270.

[60] Chen P. Origin of the division of labour and a stochastic mechanism of differentiation [J]. European Journal of Operational Research, 1987, 30 (3): 246 – 250.

[61] Chen Y, Su X, Zhao X. Modeling Bounded rationality in capacity allocation games with the quantal response equilibrium [J]. Management Science, 2012, 58 (10): 1952 – 1962.

[62] Chiang W K. Product availability in competitive and cooperative dual-channel distribution with stock-out based substitution [J]. European Journal of Operational Research, 2010, 200 (1): 111 – 126.

[63] Chiang W K, Chhajed D, Hess J. Direct marketing, indirect profits: A strategic analysis of dual-channel supply chain design [J]. Management Science, 2003, 29 (1): 1 – 20.

[64] Chiang W K, Monahan G E. Managing inventories in a two-echelon dual-channel supply chain [J]. European Journal of Operational Research, 2005, 162 (2): 325 – 341.

[65] Chin W W. How to write up and report PLS analyses [M]. Handbook

of Partial Least Squares. New York: Springer Berlin Heidelberg, 2010.

[66] Chopra S, Meindl P. Supply Chain Management – Strategy, Planning, and Operation [M]. Beijing: Tsinghua University Press, 2001.

[67] Chow S, Holden R. Toward an understanding of loyalty: The oderating role of trust [J]. Journal of Managerial, 1997, 9 (3): 275 – 299.

[68] Coase R. The nature of the firm [J]. Economica, 1937, 4: 386 – 405.

[69] Cohen J. Statistical power analysis for the behavioral sciences [M]. New York: Academic Press, 1988.

[70] Coleman J S. Foundations of Social Theory [M]. Cambridge, MA: Harvard University Press, 1994.

[71] Cox J, Friedman D, Gjerstad S. A tractable model of reciprocity and fairness [J]. Games and Economic Behaviour, 2007, 59 (1): 17 –45.

[72] Cressman R. The Stability Concept of Evolutionary Game Theory: A Dynamic Approach [M]. Springer, Berlin Heidelberg New York, 1992.

[73] Croson R, Donohue K. Behavioral causes of the bullwhip effect and the observed value of inventory information [J]. Management Science, 2006, 52 (3): 323 –336.

[74] Cumbers A, Chapman K. MacKinnon D. Learning, innovation and regional development: A critical appraisal of recent debates [J]. Progress in Human Geography, 2002, 26 (3): 293 –311.

[75] Cui T H, Raju J S, Zhang Z J. Fairness and channel coordination [J]. Management Science, 2007, 53 (8): 1303 – 1314.

[76] Dan J K. An investigation of the effect of online consumer trust on expectation, satisfaction, and post-expectation [J]. Information Systems & e – Business Management, 2012, 10 (2): 219 –240.

[77] Darby M, Kami E. Free competition and the optimal amount of fraud [J]. Journal of Law and Economics, 1973, 16 (1): 67 –88.

[78] Dawkins R. The Selfish Gene [M]. Oxford: Oxford University

Press, 1976.

[79] Denize S, Young L. Concerning trust and information [J]. Industrial Marketing Management, 2007, 36 (7): 968 –982.

[80] Dixit A, Skeath S. Games of Strategy [M]. W. W. Norton & Company, Inc. , 2003.

[81] Dasgupta P. Trust as a Commodity in Trust: Making and Breaking Cooperative Relations [M]. Edited by D. Gambetta. Oxford: Basil Blackwell, 1988.

[82] Doney P M, Cannon J P. An examination of the nature of trust in buyer-seller relationships [J]. Journal of Marketing, 1997, 61 (2): 35 –51.

[83] Doney P M, Cannon J P, Mullen M R. Understanding the influence of national culture on the development of trust [J]. Academy of Management Review, 1998, 23 (3): 601 –620.

[84] Dumrongsiri A, Fan M, Jain A, Moinzadeh K. A supply chain model with direct and retail channels [J]. European Journal of Operational Research, 2008, 187 (3): 691 –718.

[85] Dur R, Sol J. Social interaction, co-worker altruism, and incentives [J]. Games and Economic Behavior, 2010, 69 (2): 293 – 301.

[86] Dyer J H, Chu W. The determinants oftrust in supplier-automaker relationships in the U. S. , Japan, and Korea [J]. Journal of International Business Studies, 2000, 31 (2): 259 –285.

[87] Ebert T. Facets oftrust in relationships: A literature synthesis of highly ranked trust articles [J]. Journal of Business Market Management, 2009, 3 (1): 65 –84.

[88] Fehr E, Fischbacher U. The nature of human altruism [J]. Nature, 2003, 425: 785 –791.

[89] Fehr E, Gächter S. Altruistic punishment in humans [J]. Nature, 2002, 415: 137 –140.

[90] Fehr E, Schmidt K M. A theory of fairness, competition, and cooperation [J]. Quarterly Journal of Economics, 1999, 114 (3): 817 –868.

[91] Fischbacher U, Gächter S. Social preferences, beliefs, and the dy-

namics of freeriding in public goods experiments [J]. American Economic Review, 2010, 100 (1): 541 – 556.

[92] Fombrun C, Shanley M. What's in a name? Reputation building and corporate strategy [J]. Academy of Management Journal, 1990, 33 (2): 233 – 258.

[93] Frazier G L, Maltz E, Antia K D, Rindfleisch A. Distributor sharing of strategic information with suppliers [J]. Journal of Marketing, 2009, 73 (4): 31 – 43.

[94] Friedman D. Evolutionary games in economics [J]. Econometrica, 1991, 59 (3): 637 – 666.

[95] Fudenberg D, Maskin E. The folk theorem in repeated games with discounting or with incomplete information [J]. Econometrica, 1986, 54 (3), 533 – 554.

[96] Fudenberg D, Levine D. Theory of Learning in Games [M]. Cambridge, MA: MIT Press, 1998.

[97] Fudenberg D, Tirole J. Learning-by-doing and market performance [J]. Bell Journal of Economics, 1983, 14 (2): 522 – 530.

[98] Fukuyama F. Trust: The Social Virtues and the Creation of Prosperity [M]. New York: Free Press, 1995.

[99] Gächter S, Herrmann B, Thöni C. Trust, voluntary cooperation, and socio-economic background: Survey and experimental evidence [J]. Journal of Economic Behavior & Organization, 2004, 55 (4): 505 – 531.

[100] Gadde L E, Hakansson H. The changing role of purchasing: reconsidering three strategic issues [J]. European Journal of Purchasing & Supply Management, 1994, 1 (1): 27 – 35.

[101] Gale J, Binmore K, Samuelson L. Learning to be imperfect: The ultimatum game [J]. Games and Economic Behavior, 1995, 8: 56 – 90.

[102] Ganesan S. Determinants of long-term orientation in buyer-seller relationships [J]. The Journal of Marketing, 1994, 58 (2): 1 – 19.

[103] Gao T, Sirgy M J, Bird M M. Reducing buyer decision-making uncertainty in organizational purchasing: Can supplier trust, commit-

ment, and dependence help? [J]. Journal of Business Reseach, 2005, 58 (4): 397 –405.

[104] Ge Z, Hu Q. Who benefits from altruism in supply chain management? [J]. American Journal of Operational Research, 2012, 2 (1): 59 –72.

[105] Gefen D, Pavlou P A. The boundaries of trust and risk: The quadratic moderating role of institutional structures [J]. Information Systems Research, 2012, 23 (3): 940 –959.

[106] Geyskens I, Steenkamp J – B, Kumer N. Generalizations about trust in marketing channel relationships using meta-analysis [J]. International Journal of Research in Marketing, 1995, 15: 223 – 248.

[107] Gino F, Pisano G. Toward a theory of behavioral operations management [J]. Manufacturing & Operations Service Management, 2008, 10 (4): 676 –691.

[108] Gintis H. Solving the puzzle of prosociality [J]. Rationality and Society, 2003, 15 (2), 155 –187.

[109] Gintis H. Behavior: Punishment and cooperation [J]. Science, 2008, 319 (5868): 1345 –1346.

[110] Gintis H, Bowles S, Boyd R, Fehr E. Explaining altruistic behavior in humans [J]. Evolution and Human Behavior, 2003, 24 (3): 153 –172.

[111] Greig F, Bohnet I. Is there reciprocity in a reciprocal-exchange economy? Evidence of gendered norms from a slum in Nairobi, Kenya [J]. Economic Inquiry, 2008, 46 (1): 77 –83.

[112] Grewal R, Tansuhaj P. Building organizational capabilities for managing economic crisis: The role of market orientation and strategic flexibility [J]. Journal of Marketing, 2001, 65 (2): 67 –80.

[113] Gulati R. Does familiarity breed trust? The implications of repeated ties for contractual choice in alliances [J]. Academy of Management Journal, 1995, 38 (1): 85 –112.

[114] Hair J F, Ringle C, Sarstedt M. PLS – SEM: Indeed a silver bullet [J]. Journal of Marketing Theory and Practice, 2011, 19 (2): 139 –152.

[115] Hair J F, Sarstedt M, Ringle C M, Mena J A. An assessment of the use of partial least squares structural equation modeling in marketing research [J]. Journal of the Academy of Marketing Science, 2012, 40 (3): 414 – 433.

[116] Handfield R B, Behctel C. The role of trust and relationship structure in improving supply chain responsiveness [J]. Industrial Marketing Management, 2002, 31 (4): 367 – 382.

[117] Hardin R. Trusting Person, Trusting Institutions in Strategy and Choice [M]. Edited by Richard J. Zeckhauster. Cambridge, MA: MIT Press: 1991: 185 – 209.

[118] Haselhuhn M P, Schweitzer M E, Kray L, Kennedy J A. Perceptions of high integrity can persist after deception: How implicit beliefs moderate trust erosion [J]. Journal of Business Ethics, 2017, 145 (1): 215 – 225.

[119] Hayes A F. Beyond Baron and Kenny: Statistical mediation analysis in the new millennium [J]. Communication Monographs, 2009, 76 (4): 408 – 420.

[120] Hemmert M, Kim D, Kim J, Cho B. Building the supplier's trust: Role of institutional forces and buyer firm practices [J]. International Journal of Production Economics, 2016, 180: 25 – 37.

[121] Hennart J F. The Transaction cost theory of joint veutures: An empirical study of Japanese subsidiaries in the United States [J]. Management Science, 1991, 37 (4): 483 – 497.

[122] Henrich J, Boyd R, Bowles S, Camerer C, Fehr E, Gintis H, McElreath R. In search of homo economicus: behavioral experiments in 15 small-scale societies [J]. American Economic Review, 2001, 91 (2): 73 – 78.

[123] Henseler J, Ringle C M, Sinkovics R R. The use of partial least squares path modeling in international marketing [J]. Advances in International Marketing, 2009, 20 (4): 277 – 319.

[124] Heide J B, John G. Do norms matter in marketing relationships? [J]. Journal of Marketing, 1992, 56 (4): 32 – 44.

[125] Hewett K, Bearden W O. Dependence, trust, and relational behavior on the part of foreign subsidiary marketing operations: Im-

plications for managing global marketing operations [J]. Journal of Marketing, 2001, 65 (4): 51 – 66.

[126] Hirshleifer J. Evolutionary models in economics and law: Cooperative versus conflict strategies [J]. Research in Law and Economics, 1982, 4: 1 – 60.

[127] Hofbauer J, Sigmund K. The Theory of Evolution and Dynamical Systems [M]. Cambridge: Cambridge University Press, 1988.

[128] Ho T – H., Zhang J. Designing pricing contracts for boundedly rational customers: Does the framing of the fixed fee matter? [J]. Management Science, 2008, 54 (4): 686 – 700.

[129] Hottman C, Redding S J, Weinstein D. Quantifying the sources of firm heterogeneity [J]. Quarterly Journal of Economics, 2016, 131 (3): 1291 – 1364.

[130] Houston M B, Johoson S A. Buyer-supplier contracts versus joint ventures: Determinants and consequences of transaction structure [J]. Journal of Marketing Research, 2000, 37 (1): 1 – 15.

[131] Hsieh C C, Liu Y T. Quality Investment and inspection policy in a supplier-manufacturer supply chain [J]. European Journal of Operational Research, 2010, 202 (3): 717 – 729.

[132] Hung T W, Chen P T. On the optimal replenishment in a finite planning horizon with leading effect of setup costs [J]. Journal of Industrial and Management Optimization, 2010, 6 (2): 425 – 433.

[133] Huo B, Wang Z, Tian Y. The impact of justice on collaborative and opportunistic behaviors in supply chain relationships [J]. International Journal of Production Economics, 2016, 177: 12 – 23.

[134] Jaber M Y, Bonney M. Lot sizing with learning and forgetting in set-ups and in product quality [J]. International Journal of Production Economics, 2003, 83 (1): 95 – 111.

[135] Jaber M Y, Bonney M. Economic manufacture quantity model with lot-size dependent learning and forgetting rates [J]. International Journal of Production Economics, 2007, 108 (1): 359 – 367.

[136] Jeffrey H J, Putman A O. The irrationality illusion: A new paradigm for economics and behavioral economics [J]. Journal of Behavioral Finance, 2013, 14 (3): 161 – 185.

[137] Jøsang A, Keser C, Dimitrakos T. Can We Manage Trust? [M]. Springer: Berlin Heidelberg, 2005.

[138] Kahneman D, Tversky A. Prospect theory: An analysis of decision under risk [J]. Econometrica, 1979, 47 (2): 263 - 292.

[139] Kahneman D, Knetsch J L, Thaler R. Fairness as a constraint on profit seeking: entitlements in the market [J]. American Economic Review, 1986, 76 (4): 728 - 741.

[140] Katok E, Wu D Y. Contracting in supply chains: A laboratory investigation [J]. Management Science, 2009, 55 (12): 1953 - 1968.

[141] Krishnan R, Martin X, Noorderhaven N G. When does trust matter to alliance performance? [J]. Academy of Management Journal, 2006, 49 (5): 894 - 917.

[142] Kim S. Sequential action and beliefs under partially observable DSGE environments [J]. Computatinal Economics, 2012, 22 (2): 251 - 259.

[143] Kim W C, Mauborgne R A. Fair progress: Managing in the knowledge economy [J]. Harvad Business Review, 1997, 75 (4): 65 - 75.

[144] Kim Y H, Wemmerlov U. Does a supplier's operational competence translate into financial performance? An empirical analysis of supplier-customer relationships [J]. Decision Sciences, 2015, 46 (1): 101 - 134.

[145] Kock N. WarpPLS 3.0 User Manual [EB/OL]. Laredo, Texas: Script Warp Systems. Retrieved April 10, 2012 http://www.scriptwarp.com/warppls/

[146] Korsgaard M A, Brower H H, Lester S W. It isn't always mutual: A critical review of dyadic trust [J]. Journal of Management, 2015, 41 (1): 47 - 70.

[147] Krause D R, Hanfield R B, Tyler B B. The relationships between supplier development, commitment, social capital accumulation and performance improvement [J]. Journal of Operation Management, 2007, 25 (2) : 528 - 545.

[148] Kreps D M. Game Theory and Economic Modelling [M]. Oxford:

Claredon Press, 1990.

[149] Kumar N, Radhakrishman S, Rao R C. Private label vendor selection in a supply chain: Quality and clientele effects [J]. Journal of Retailing, 2010, 86 (2): 148 –158.

[150] Kwon I – W. G, Suh T. Factors affecting the level of trust and commitment in supply chain relationships [J]. Journal of Supply Chain Management, 2004, 40 (2): 4 –14.

[151] Kyung K K, Seung –Hoom P, Sung Y Y, Sung K K. Inter-organizational cooperation in buyer-supplier relationships: Both perspectives [J]. Journal of Business Research, 2010, 63 (8): 863 –869.

[152] Laaksonen T, Pajunen K, Kulmala H I. Co-evolution of trust and dependence in customer-supplier relationships [J]. Industrial Marketing Management, 2008, 37 (8): 910 –920.

[153] Laaksonen T, Jarimo T, Kulmala H I. Cooperative strategies in customer-supplier relationships: The role of interfirm trust [J]. International Journal of Production Economics, 2009, 120 (1): 79 –87.

[154] Lambert D M, Emmelhainz M A, Gardner J T. Developing and implementing supply chain partnerships [J]. The International Journal of Logistics Management, 1996, 7 (2): 1 –17.

[155] Lane C, Bachmann R. The social constitution of trust: Supplier relations in Britain and Germany [J]. Organization Studies, 1996, 17 (3): 365 –395.

[156] Lee J N, KimY G. Effect of partnership auality on IS outsourcing success: Conceptual framework and empirical validation [J]. Journal of Management of Information Systems, 1999, 15 (4): 29 –61.

[157] Lewicki R J, Bunker B B. Trust in relationships: A Model of Development and Decline [M]. San Francisco: Jossey – Bass, 1995: 133 –173.

[158] Li Y, Su Z, Liu Y. Can strategic fiexibility help firms profit from product innovation? [J]. Technovation, 2010, 30 (1): 300 – 309.

[159] Liu B, Zhang R, Xiao M. Joint decision on production and pricing

for online dual channel supply chain system [J]. Applied Mathematical Modelling, 2010, 34 (12): 4208 –4218.

[160] Liu Y, Luo Y, Liu T. Governing buyer-supplier relationships through transactional and relational mechanisms: Evidence from China [J]. Journal of Operations Management, 2009, 27 (4): 294 –309.

[161] Lockström M, Lei L. Antecedents to supplier integration in China: A partial least squares analysis [J]. International Journal of Production Economics, 2013, 141 (1): 295 –306.

[162] Luhmann N. Familiarity, Confidence, Trust: Problems and alternatives [J]. In D. Gambetta (ed) Trust: Making and breaking cooperative relations, 2000, 6: 94 – 107.

[163] Lui S S, Ngo H. The role of trust and contractual safeguards on cooperation in non-equity alliances [J]. Journal of Management, 2004, 30 (4): 471 –485.

[164] Lusch R. Sources of power: Their impact on intrachannel conflict [J]. Journal of Marketing Resources, 1976, 13 (4): 382 –390.

[165] MacKinnon D, Lockwood C M, Williams J. Confidence limits for the indirect effect: Distribution of the product and resampling methods [J]. Multivariate Behavioral Research, 2004, 39 (1): 99 –128.

[166] Madhok A. Opportunism and trust in joint venture relationships: An exploratory study and a model [J]. Scandinavian Journal of Management, 1995, 11 (1): 57 –74.

[167] Mariana L, Paola D A, Miguel A F. Beneficial effects of human altruism [J]. Journal of Theoretical Biology, 2011, 289 (4): 12 – 16.

[168] Mayer R C, Davis J H, Schoorman F D. An integration model of organizational trust [J]. Academy of Management Review, 1995, 20 (3): 709 –734.

[169] Maynard Smith J. Evolution and the Theory of Games [M]. Cambridge: Cambridge University Press, 1982.

[170] McKnight D H, Norman L C. What trust means in e-commerce customer relationships: An interdisciplinary conceptual typology [J].

International Journal of Electronic Commerce, 2002, 6 (2):
35 – 59.

[171] Meqdadi O, Johnsen T E, Johnsen R E. The role of power and trust in spreading sustainability initiatives across supply networks: A case study in the bio-chemical industry [J]. Industrial Marketing Management, 2017, 62: 61 – 76.

[172] Ming Y, Grabot B, Houé R. A typology of the situations of cooperation in supply chains [J]. Computers & Industrial Engineering, 2014, 67 (1): 56 – 71.

[173] Mishra D P, Heide J B, Cort S G. Information asymmetry and levels of agency relationships [J]. Journal of marketing Research, 1998, 35 (3): 277 – 295.

[174] Mohr J, Spekman R. Characteristics of partnership success: Partnerships attributes, communication behavior, and conflict techniques [J]. Strategic Management Journal, 1994, 15 (2): 135 – 152.

[175] Montet C, Serra D. Game Theory and Economics [M]. New York: Palgrave Macmillan, 2003.

[176] Morgan R M, Hunt S D. The Commitment-trust theory of relationship marketing [J]. Journal of Marketing, 1994, 58 (3): 20 – 38.

[177] Much R. Socialogical Theory: From the 1950s to the Present [M]. Chicago: Nelson Hall Publishers, 1993.

[178] Murray J D. Mathematical Biology: An Introduction [M]. Springer, 2002.

[179] McEvlly B, Zaheer A, Fudge Kamal D. Mutual and exclusive: Dyadic sources of trust in interorganizational exchange [J]. Organization Science, 2017, 28 (1): 74 – 92.

[180] Nagle T T, Holden R K. The Strategy and Tactics of Pricing: A Guide to Profitable Decision Making [M]. Englewood Cliffs, NJ: Prentice Hall, 2002.

[181] Narasimhan R, Nair A, Griffith D A, Arlbjorn J S, Bendoly E. Lock-in situations in supply chains: A social exchange theoretic study of sourcing arrangements in buyer-supplier relationships [J].

Journal of Operations Management, 2009, 27 (5): 374 - 389.

[182] Narayanan S, Narasimhan R, Schoenherr T. Assessing the contingent effects of collaboration on agility performance in buyer-supplier relationships [J]. Journal of Operations Management, 2015, 33 (1): 140 - 154.

[183] Nelson R R, Winter S G. An Evolutionary Theory of Economic Change [M]. Cambridge, MA: Harvard University Press, 1982.

[184] Nunnally J C, Bernstein I H. Psychometric Theory (3rd ed.) [M]. New York: McGraw - Hill, 1994.

[185] Nguyen T V. Learning to trust: A study of interfirm trust dynamics in Vietnam [J]. Journal of World Business, 2005, 40 (2): 203 - 221.

[186] Norman P M. Protecting knowledge in strategic alliances: Resource and relational characteristics [J]. Journal of High Technology Management Research, 2002, 13 (2): 177 - 202.

[187] North D. Economic performance through time [J]. American Economic Review, 1994, 84 (3): 359 - 368.

[188] Nowak M A, Sigmund K. Evolution of indirect reciprocity by image scoring [J]. Nature, 1998, 393: 573 - 577.

[189] Nyhan R C. Increasing affective organizational commitment in public organizations [J]. Review of Public personnel Administrative, 1999, 19 (3): 58 - 72.

[190] Nyaga G N, Whipple J M, Lynch D F. Examining supply chain relationships: Do buyer and supplier perspectives on collaborative relationships differ? [J]. Journal of Operations Management, 2010, 28 (2): 101 - 114.

[191] Ortmann A, Fitzgerald J, Boeing C. Trust, reciprocity, and social history: A re-examination [J]. Experimental Economics, 2000, 3: 81 - 100.

[192] Oghazi P, Rad F F, Zaefarian G, Beheshti H M, Mortazavi S. Unity is strength: A study of supplier relationship management integration [J]. Journal of Business Research, 2016, 69 (11): 4804 - 4810.

[193] Özer Ö, Zheng Y, Chen K - Y. Trust in forecast information sharing [J]. Management Science, 2011, 57 (6): 1111 - 1137.

[194] Özer Ö, Zheng Y, Ren Y. Trust, trustworthiness, and information sharing in supply chains bridging China and the United States [J]. Management Science, 2014, 60 (10): 2435 – 2460.

[195] Özer Ö, Subramanian U, Wang Y. Information sharing, advice provision, or delegation: What leads to higher trust and trustworthiness [J]. Management Science, 2018, 64 (1): 474 – 493.

[196] Paterson I, Maguire H, Al – Hakim L. Analysing trust as a means of improving the effectiveness of the virtual supply chain [J]. International Journal of Networking and Virtual Organizations, 2008, 5 (3): 325 – 348.

[197] Pavlou P. Instituon-based trust in interorganizational exchange relationships: The role of online B2B marketplace on trust formation [J]. Journal of Strategic Information Systems, 2002, 11 (3/4): 215 – 243.

[198] Pavlou P, Gefen D. Building efective online marketplaces with institution-based trust [J]. Information Systems Research, 2004, 15 (1): 37 – 59.

[199] Perks H, Easton G. Strategic alliances: Partner as customer [J]. Industrial Marketing Management, 2000, 29 (4): 327 – 338.

[200] Pianka E R. Evolutionary Ecology [M]. HarperCollins Publishers, 2011.

[201] Polinsky A M, Shavell S. Mandatory versus voluntary disclosure of product risks [J]. Journal of Law, Economics, and Organization, 2012, 28 (2): 360 – 379.

[202] Prajogo D, Olhager J. Supply chain integration and performance: The effects of long-term relationships, information technology and sharing, and logistics intergration [J]. Interantioal Journal of Production Economics, 2012, 135 (1): 514 – 522.

[203] Preacher K J, Hayes A F. Asymptotic and resampling strategies for assessing and comparing indirect effects in multiple mediator models [J]. Behavior Research Methods, 2008, 40 (3): 879 – 891.

[204] Rabin R. Incorporating fairness into game theory and economics [J]. American Economic Review, 1993, 83 (5): 1281 – 1302.

[205] Ratnasingam P. Trust in inter-organizational exchanges: A case

study in business to business electronic commerce [J]. Decision Support Systems, 2005, 39 (3): 525 – 544.

[206] Raut R D, Bhasin H V, Kamble S S. Analysing the effect of uncertain environmental factors on supplier-buyer strategic partnership (SBSP) by using structural equation model (SEM) [J]. International Journal of Procurement Management, 2012, 5 (2): 202 – 228.

[207] Reinartz W, Haenlein M, Henseler J. An empirical comparison of the efficacy of covariance-based and variance-based SEM [J]. International Journal of Research in Marketing, 2009, 26 (4): 332 – 344.

[208] Ring P S, Van de Ven A H. Developmental process of cooperative interorganizational relationships [J]. Academy of Management Review, 1994, 19 (1): 90 – 118.

[209] Robb D J, Xie B, Arthanari T. Supply chain and operations practice and performance in Chinese furniture manufacturing [J]. International of Production Economics, 2008, 112 (2): 683 – 699.

[210] Roldán J L, Sánchez – Franco M J. Variance-based structural equation modeling: Guidelines for using partial least squares in information systems research [M]. In Mora eds. Research Methodologies, Innovations and Philosophies in Software Systems Engineering and Information Systems, 2012: 193 – 221.

[211] Rotemberg J J. Expected firm altruism, quality provision, and brand extensions [J]. Marketing Science, 2013, 32 (2): 325 – 341.

[212] Roth A, Erev I. Learning in extensive form games: Experimental data and simple dynamic models in the intermediate term [J]. Game and Economic Behavior, 1995, 8: 163 – 212.

[213] Rubinstein A. Perfect equilibrium in bargaining model [J]. Econometrica, 1982, 50 (1): 115 – 129.

[214] Sako M, Helper S. Determinants of trust in supplier relations: Evidence from the automotive industry in Japan and the United States [J]. Journal of Economic Behavior & Organization, 1998, 34

(3): 387 –417.

[215] Samuelson P A. Altruism as a problem involving group versus individual selection in economics and biology [J]. The American Economic Review, 1993, 83 (2): 143 –148.

[216] Schelling T. The Strategy of Conflict [M]. Cambridge: Harvard University Press, 1960.

[217] Schilke O, Cook K S. Sources of alliance partner trustworthiness: Integrating calculative and relational perspectives [J]. Strategic Management Journal, 2015, 36 (2): 276 –297.

[218] Schotter A. The Economic Theory of Social Institution [M]. Cambridge: Cambridge University Press, 1981.

[219] Schoorman F D, Mayer R C, Davis J H. An integrative model of organizational trust: Past, present, and future [J]. Academy of Management Review, 2007, 32 (2): 344 –354.

[220] Schweitzer M E, Ho T – H, Zhang X. How monitoring influences trust: A tale of two faces [J]. Management Science, 2018, 64 (1): 253 –270.

[221] Shi K, Jiang F, OuYang Q. Altruism and pricing strategy in dual-channel supply chains [J]. American Journal of Operations Research, 2013, 3 (4): 402 –412.

[222] Shimizu K, Hitt M A. Strategic flexibility: Organizational preparedness to reverse ineffective strategic decisions [J]. The Academy of Management Executive, 2004, 18 (4): 44 –59.

[223] Shin J. How does free riding on customer service affect competition? [J]. Marketing Science, 2007, 26 (4): 488 –503.

[224] Smith M J, Desjardins M. Learning to trust in the competence and commitment of agents [J]. Autonomous Agents and Multi – Agent Systems, 2009, 18 (1): 36 –82.

[225] Simpson P M, Judy A S, Thomas L B. A model of value creation [J]. Industrial Marketing Management, 2002, 30 (1): 119 –134.

[226] Smith V L. Method in experiment: Rhetoric and reality [J]. Experimental Economics, 2002, 5 (2): 91 –110.

[227] Smet F, Aeyels D. Clustering conditions and the cluster formation

process in a dynamical model of multidimentsional attracting agents [J]. Journal of Applied Dynamical Systems, 2012, 11 (1): 392 –415.

[228] Smith J, Donald W. The effects of organizational defferences and trust on the effectiveness of selling partner relationships [J]. Journal of Marketing, 1997, 61 (1): 3 –21.

[229] Sobel M E. Some new results on indirect effects and their standard errors in covariance structure models [J]. Sociological Methodology, 1986, 16: 159 –186.

[230] Song M, Benedetto A D, Zhao Y S. The antecedents and consequences of manufacturer-distributor cooperation: An empirical test in the U. S. and Japan [J]. Journal of the Academy Marketing Science, 2008, 36 (2): 215 –233.

[231] Sosik J J, Kahai S S, Piovoso M J. Silver bullet or voodoo statistics? A primer for using the partial least squares data analytic technique in group and organization research [J]. Group & Organization Management, 2009, 34 (1): 5 –36.

[232] Straub D, Boudreau M C, Gefen D. Validation guidelines for IS positivist research [J]. Communications of the Association for Information Systems, 2004, 13 (24): 380 –427.

[233] Stevenson M, Spring M. Flexibility from a supply chain perspective: Definition and review [J]. International Journal of Operations & Production Management, 2007, 27 (7): 685 –713.

[234] Su X. Bounded rationality in newsvendor models [J]. Manufacturing & Service Operations Management, 2008, 10 (4): 566 –589.

[235] Suh T, Kwon G. Matter over mind: When specific asset investment affects calculative trust in supply chain partnership [J]. Industrial Marketing Management, 2006, 35 (2) : 191 –201.

[236] Tamayo – Torres I, Ruiz – Moreno A, Verdu A J. The moderating effect of innovative capacity on the relationship between real options and strategic flexibility [J]. Industrial Marketing Management, 2010, 39 (7): 1120 –1127.

[237] Tang C S. A review of marketing-operations interface model: From co-existence to coordination and collaboration [J]. International

Journal of Production Economics, 2010, 125 (1): 22 –40.

[238] Tang C, Tomlin B. The power of flexibility for mitigating supply chain risks [J]. International Journal of Production Economics, 2008, 116 (1): 12 –27.

[239] Taylor A, MacKinnon D, Tein J. Tests of the three-path mediated effect [J]. Organizational Research Methods, 2008, 11 (2): 241 –269.

[240] Tejpal G, Garg R K, Sachdeva A. Trust among supply chain partners: A review [J]. Measuring Business Excellence, 2013, 17 (1): 51 –71.

[241] Tirole J. The Theory of Industrial Organization [M]. Cambridge, MA: MIT Press, 1988.

[242] Trivers R. The evolution of reciprocal altruism [J]. Quarterly Review of Biology, 1971, 46 (1): 35 –57.

[243] Tsai D M. An optimal production and shipment policy for a single-vendor single-buyer integrated system with both learning effect and deteriorating items [J]. International Journal of Production Research, 2011, 49 (3): 903 –922.

[244] Tsai W, Ghoshal S. Social capital and value creation: The role of intrafirm networks [J]. Academy of Management Journal, 1998, 41 (4): 464 –476.

[245] Tsay A A, Lovejoy W S. Quantity flexibility contracts and supply chain performance [J]. Manufacturing & Service Operations Management, 1999, 1 (2): 89 –111.

[246] Tyre M J, Orlikowski W J. The episodic process of learning by using [J]. International Journal of Technology Management, 1996, 11 (7/8): 790 –798.

[247] Uzzi B. The souce and consequences of embeddedness for the economic performance of organizations: The network effect [J]. American Sociologocal Review, 1996, 61 (4): 674 –698.

[248] Van Damme E. Stability and Perfection of Nash Equilibria [M]. Berlin: Springer – Verlag, 1991.

[249] Vega – Redondo F. Economics and the Theory of Games [M]. Cambridge: Cambridge University Press, 2003.

[250] Vilasuso J, Minkler A. Agency costs, asset specificity, and the capital structure of the firm [J]. Journal of Economic Behavior & Organization, 2001, 44 (1): 55 – 69.

[251] Wang Q, Craighead C W, Li J J. Justice served: Mitigating damaged trust stemming from supply chain disruptions [J]. Journal of Operations Management, 2014, 32 (6): 374 – 386.

[252] Wang E T G, Wei H L. Interorganizational governance value creation: Coordinating for information visibility and flexibility in supply chains [J]. Decision Science, 2007, 38 (4): 647 – 674.

[253] Weibull J. Evolutionary Game Theory [M]. Cambridge, MA: MIT Press, 1995.

[254] Williams J, MacKinnon D P. Resampling and distribution of the product methods for testing indirect effects in complex models [J]. Structural Equation Modeling, 2008, 15 (1): 23 – 51.

[255] Williamson O E. Markets and Hierarchies: Analysis and Antitrust Implications [M]. New York: Free Press, 1975.

[256] Williamson O E. The Economic Institutions of Capitalism [M]. New York: Free Press, 1985.

[257] Wu M Y, Weng Y C, Huang I C. A study of supply chain partnerships based on the commitment-trust theory [J]. Asia Pacific Journal of Marketing and Logistics, 2012, 24 (4): 690 – 707.

[258] Xiao T, Yu G. Supply chain disruption management and evolutionarily stable strategies of retailers in the quantity-setting duopoly situation with homogeneous goods [J]. European Journal of Operational Research, 2006, 173 (2): 648 – 668.

[259] Xie G, Wang S Y, Lai K K. Quality improvement in competing supply chains [J]. Interantioal Journal of Production Economics, 2011, 134 (1): 262 – 270.

[260] Yao D Q, Yue X, Wang, X, Liu J J. The impact of information sharing on a returns policy with the addition of a direct channel [J]. International Journal of Production Economics, 2005, 97 (2): 196 – 209.

[261] Yilmaz C, Sezen B, Ozdemir O. Joint and interactive effects of trust and (inter) dependence on relational behaviors in long-term

channel dyads [J]. Industrial Marketing Management, 2005, 34 (3): 235 – 248.

[262] Young H P. Individual Strategy and Social Structure: An Evolutionary Theory of Institute [M]. Princeton: Princeton University Press, 1998.

[263] Young H P. The dynamics of social innovation [J]. Proceedings of the National Academy of Sciences, 2011, 108 (4): 21285 – 21291.

[264] Young – Ybarra C, Wiersema M. Strategic flexibility in information technology alliances: The influence of transaction cost economics and social exchange theory [J]. Organization Science, 1999, 10 (4): 439 – 459.

[265] Zaheer A, Mcevily B, Perrone V. Does trust matter? Exploring the effects of inter-organizational and inter-personal trust on performance [J]. Organization Science, 1998, 9 (2): 141 – 159.

[266] Zaheer A, Fudge Kamal D. Creating trust in piranha-infested waters: The confluence of buyer, supplier and host country contexts [J]. Journal of International Business Studies, 2011, 42 (1): 48 – 55.

[267] Zahra S A, Nambisan S. Entrepreneurship and strategic thinking in business ecosystems [J]. Business Horizons, 2012, 55 (3): 219 – 229.

[268] Zhang M J. Information systems, strategic flexibility and firm performance: An empirical investigation [J]. Journal of Engineering and Technology Management, 2005, 22 (3): 163 – 184.

[269] Zhao X, Huo B, Flynn B, Yeung J. The impact of power and relationship commitment on integration between manufacturers and customers in a supply Chain [J]. Journal of Operations Management, 2008, 26 (3): 368 – 388.

[270] Zhou H, Benton Jr W C. Supply chain practice and information sharing [J]. Journal of Operations Management, 2007, 25 (6): 1348 – 1365.

[271] Zhou K Z, Zhang Q, Sheng S, Xie E, Bao Y. Are relational ties always good for knowledge acquisition? Buyer-supplier exchanges in

China [J]. Journal of Operations Management, 2014, 32 (3): 88 – 98.

[272] Zhou N, Zhuang G J, Yip L S. Perceptual difference of dependence and its impact on conflict in marketing channels in China: An empirical study with two-sided data [J]. Industrial Marketing Management, 2007, 36 (3): 309 – 321.

[273] Zhu Q, Feng Y, Choi S – B. The role of customer relational governance in environmental and economic performance improvement through green supply chain management [J]. Journal of Cleaner Production, 2017, 155 (2): 46 – 53.

[274] Zucker L G. Production of trust: institutional sources of economic structure [J]. Research in Organizational Behavior, 1986, 8 (1): 53 – 111.

[275] 柏庆国, 徐贤浩. 带学习效应的双渠道供应链库存策略研究 [J]. 中国管理科学, 2015, 23 (2): 59 – 69.

[276] 蔡建华. 精益物流中供应链信任机制的构建——以丰田公司为例 [J]. 经济导刊, 2011, 8: 94 – 96.

[277] 曹玉玲, 李随成. 企业间信任的影响因素模型及实证研究 [J]. 科研管理, 2011, 32 (1): 137 – 146.

[278] 陈春花, 马明峰. 组织内的信任与控制: 一个理论模型 [J]. 南开管理评论, 2006, 9 (2): 102 – 105.

[279] 陈俊霖, 赵晓波, 宋亚楠, 陈建铭. 一类供应链中考虑公平关切的学习效应行为实验研究 [J]. 运筹与管理, 2015, 24 (2): 20 – 28.

[280] 陈凌峰, 王志强, 周文慧. 建设大规模定制能力——基于供应链学习视角 [J]. 科学学与科学技术管理, 2013, 34 (10): 161 – 170.

[281] 陈瑞义, 琚春华, 盛昭瀚, 江烨. 基于零售商自有品牌供应链质量协同控制研究 [J]. 中国管理科学, 2015, 23 (8): 63 – 74.

[282] 陈伟, 潘成蓉. 供应链企业间知识共享的创新效应分析——关系和信任导向下的实证研究 [J]. 技术经济与管理, 2015, 5: 26 – 30.

[283] 陈叶烽. 社会偏好的检验: 一个超越经济人的实验研究 [D].

杭州：浙江大学，2010.

[284] 陈叶烽，叶航，汪丁丁. 信任水平的测度及其对合作的影响：来自一组实验微观数据的证据 [J]. 管理世界，2010，4：54-64.

[285] 陈学彬. 博弈学习理论 [M]. 上海：上海财经大学出版社，1999.

[286] 崔鎏，陈剑，肖勇波. 行为库存管理研究综述及前景展望 [J]. 管理科学学报，2011，14 (6)：96-108.

[287] 陈志祥. 敏捷供应链供需协调绩效关联分析与实证研究 [J]. 管理科学学报，2005，8 (1)：78-87.

[288] 丹尼尔·斯普尔伯. 市场的微观结构——中间层组织与厂商理论 [M]. 张军，译. 北京：中国人民大学出版社，2002.

[289] 杜少甫，杜婵，梁樑，刘天卓. 考虑公平关切的供应链契约与协调 [J]. 管理科学学报，2010，13 (11)：41-48.

[290] 符加林. 企业声誉效应对联盟伙伴机会主义行为约束研究 [D]. 杭州：浙江大学，2008.

[291] 弗朗西斯·福山. 信任——社会美德与创造经济繁荣 [M]. 彭志华，译. 海口：海南出版社，2001.

[292] 高维和，刘勇，陈信康，江晓东. 协同沟通与企业绩效：承诺的中介作用与治理机制的调节作用 [J]. 管理世界，2010，11：76-93.

[293] 葛泽慧，孟志青，胡奇英. 竞争与合作——数学模型及供应链管理 [M]. 北京：科学出版社，2011.

[294] 郝臣. 信任，合约与网络组织治理机制 [J]. 天津社会科学，2005，5 (5)：64-67.

[295] 贺峰，宋华，刘林艳. 信任和学习对供应链竞争力的影响——基于中国汽摩配件产业的实证研究 [J]. 经济管理，2010，7：134-140.

[296] 贺京同，那艺. 传承而颠覆：从古典、新古典到行为经济学 [J]. 南开学报（哲学社会科学版），2007，2：122-130.

[297] 贺盛瑜. 虚拟企业中伙伴信任关系的建立与发展 [J]. 软科学，2003，17 (4)：85-87.

[298] 胡保玲. 营销渠道成员间相互依赖关系的行为影响 [J]. 华中科技大学学报（社会科学版），2008，22 (5)：53-57.

[299] 胡宝荣. 国外信任研究范式：一个理论述评 [J]. 学术论坛, 2013, 12：129 – 136.

[300] 胡继灵. 供应链的合作与冲突管理 [M]. 上海：上海财经大学出版社, 2007.

[301] 黄少安, 韦倩. 利他经济学研究评述 [J]. 经济学动态, 2008, 4：98 – 101.

[302] 黄小原. 供应链运作—协调、优化与控制 [M]. 北京：科学出版社, 2007.

[303] 戢一鸣. 供应链合作的信任驱动 [J]. 兰州大学学报（社会科学版）, 2009, 37 (4)：94 – 97.

[304] 科林·凯莫勒. 行为博弈——对策略互动的实验研究 [M]. 贺京同, 等译. 北京：中国人民大学出版社, 2006.

[305] 李国锋, 孟亚男. 我国部属高校科技活动综合评价 [J]. 研究与发展管理, 2013, 25 (2)：95 – 106.

[306] 李辉, 李向阳, 徐宣国. 基于信任的供应链伙伴关系维系管理方法研究 [J]. 管理工程学报, 2007, 21 (4)：72 – 79.

[307] 李辉, 李向阳, 孙洁. 供应链伙伴关系管理问题研究现状评述及分析 [J]. 管理工程学报, 2008, 22 (2)：148 – 151.

[308] 李建标, 李朝阳. 信任是一种冒险行为吗？——实验经济学的检验 [J]. 预测, 2013, 32 (5)：39 – 43.

[309] 李建斌, 罗晓萌, 许明辉. 引入投机信任危机的供应链优化策略 [J]. 管理工程学报, 2014, 28 (2)：137 – 144.

[310] 李凯, 刘智慧, 苏慧清, 陈安平. 买方抗衡势力对上游企业质量创新的影响——基于零售商 Stackelberg 竞争的分析 [J]. 运筹与管理, 2014, 23 (6)：274 – 280.

[311] 李丽君, 黄小原, 庄新田. 双边道德风险条件下供应链的质量控制策略 [J]. 管理科学学报, 2004, 8 (1)：42 – 47.

[312] 李良. 供应链成员关系若干问题研究 [D]. 成都：西南交通大学, 2004.

[313] 李亮, 卢捷琦, 季建华. 不同信任阈值下规避需求不确定风险的多种管理模式比较研究 [J]. 工业工程与管理, 2014, 19 (4)：73 – 80.

[314] 李随成, 尹洪英. 基于 Q 学习的供应链分销系统最优订货策略研究 [J]. 控制与决策, 2005, 20 (12)：1404 – 1407.

[315] 李忆，司有和．关系情境、供应商承诺与合作效应的实证研究 [J]．管理工程学报，2009，23（2）：148－151．

[316] 李忆，张俊岳，刘小平．供应链合作关系调节效应研究——基于成熟企业与新创企业的对比 [J]．科技进步与对策，2013，30（8）：95－101．

[317] 李永飞，苏秦，童键．基于客户质量需求的供应链协调研究 [J]．软科学，2012，26（8）：136－140．

[318] 李壮阔．供应链节点企业间信任行为的进化博弈 [J]．工业工程，2008，11（2）：37－40．

[319] 梁雪红．制度干预与诚信选择研究——以我国奶业为例 [D]．北京：中国农业大学，2015．

[320] 林方，黄慧君．供应链上下游企业完全依赖关系的稳定性研究 [J]．工业工程，2007，10（1）：43－47．

[321] 林强，那仁高娃，许文婷．面向过程的供应链企业合作信任机制研究 [J]．天津大学学报（社会科学版），2012，5：193－197．

[322] 林英晖．供应链企业间信任建立的信号博弈 [J]．上海大学学报（自然科学版），2007，13（2）：216－220．

[323] 刘凤良，周业安，陈彦斌，于泽．行为经济学：理论与扩展 [M]．北京：中国经济出版社，2008．

[324] 刘刚．企业的异质性假设——对企业本质和行为的演化经济学解释 [M]．北京：中国人民大学出版社，2005．

[325] 刘浩华．打造弹性供应链 [J]．中央财经大学学报，2007，11（5）：63－68．

[326] 刘浩华．供应链风险管理 [M]．北京：中国物资出版社，2009．

[327] 刘丽文．企业供需链中的合作伙伴关系问题 [J]．计算机集成制造系统，2001，7（8）：27－32．

[328] 刘强，苏秦．供应链质量控制与协调研究评析 [J]．软科学，2010，24（12）：123－127．

[329] 刘益，李垣，杜旖丁．基于资源风险的战略联盟结构模式选择 [J]．管理科学学报，2003，6（4）：34－42．

[330] 刘益，钱丽萍，尹健．供应商专项投资与感知的合作风险：关系发展阶段与控制机制的调节作用研究 [J]．中国管理科学，

2006, 14 (1): 30 – 36.

[331] 刘咏梅, 李立, 刘洪莲. 行为供应链研究综述 [J]. 中南大学学报 (社会科学版), 2011, 17 (1): 80 – 88.

[332] 刘作仪, 查勇. 行为运作管理: 一个正在显现的研究领域 [J]. 管理科学学报, 2009, 12 (4): 64 – 74.

[333] 吕绪华. 电子商务中虚拟社区信任问题博弈模型研究 [J]. 武汉理工大学学报 (信息与管理工程版), 2007, 29 (3): 96 – 98.

[334] 马克斯·韦伯. 经济与社会 [M]. 林荣远, 译. 北京: 商务印书馆, 1998.

[335] 倪得兵, 李蒙, 唐小我. 考虑利他主义的古诺模型研究 [J]. 中国管理科学, 2009, 17 (1): 89 – 94.

[336] 尼克拉斯·卢曼. 信任: 一个社会复杂性的简化机制 [M]. 瞿铁鹏, 李强, 译. 上海: 上海人民出版社, 2005.

[337] 聂辉华. 声誉、契约与组织 [M]. 北京: 中国人民大学出版社, 2009.

[338] 牛景春, 申利民. 基于声誉的供应链企业直接信任评估模型 [J]. 计算机集成制造系统, 2015, 21 (10): 2732 – 2738.

[339] 潘文安, 张红. 供应链伙伴间的信任、承诺对合作绩效的影响 [J]. 心理科学, 2006, 29 (6): 1502 – 1506.

[340] 青木昌彦. 比较制度分析 [M]. 周黎安, 译. 上海: 上海远东出版社, 2001.

[341] 任大鹏. 农产品质量安全法律制度研究 [M]. 北京: 社会科学文献出版社, 2009.

[342] 盛昭瀚, 蒋德鹏. 演化经济学 [M]. 上海: 上海三联书店, 2002.

[343] 石岿然, 盛昭瀚, 马胡杰. 双边不确定性条件下制造商质量投资与零售商销售努力决策 [J]. 中国管理科学, 2014, 22 (1): 51 – 58.

[344] 寿志钢, 苏晨汀, 杨志林, 周南. 零售商的能力与友善如何影响供应商的关系行为 [J]. 管理世界, 2008, 2: 97 – 109.

[345] 孙玉玲, 石岿然, 张琳. 库存能力约束下损失规避型零售商的鲜活农产品订货决策 [J]. 系统工程理论与实践, 2013, 33 (12): 3020 – 3027.

[346] 汤大为, 王红卫. 强化学习算法在供应链环境下的库存控制中

的应用 [J]. 管理学报, 2005, 2 (3): 358 – 361.

[347] 汤世强, 季建华. 论交易成本与供应战略合作伙伴关系 [J]. 工业工程与管理, 2003, 8 (4): 6 – 10.

[348] 唐纳德·鲍尔索克斯, 等. 供应链物流管理 [M]. 马士华, 等译. 北京: 机械工业出版社, 2004.

[349] 王利, 游益云, 代杨子. 基于生命周期供应链企业间信任影响因素实证研究 [J]. 工业工程与管理, 2013, 18 (2): 6 – 11.

[350] 王强, 储昭昉. 依赖、信任和承诺对第三方物流整合及其绩效的影响: 基于中国的实证研究 [J]. 中国软科学, 2012, 12: 133 – 145.

[351] 王世磊, 严广乐, 王贞. 逆向物流的演化博弈分析 [J]. 系统工程学报, 2010, 25 (4): 520 – 525.

[352] 王雯, 傅卫平, 王更生, 郝良. 具有学习能力的供应链系统的复杂动力学 [J]. 机械工程学报, 2011, 47 (8): 175 – 182.

[353] 王先甲, 周鑫. 包含信任的供应链预测信息共享问题研究 [J]. 软科学, 2014, 28 (7): 110 – 113.

[354] 王晓玉, 晁钢令. 组织间信任与组织间人际信任的作用比较——来自中国家电分销渠道的实证分析 [J]. 经济管理, 2005, 8: 37 – 44.

[355] 王迅, 陈金贤. 供应链合作关系互惠机制与合约机制的演化分析 [J]. 运筹与管理, 2008, 17 (5): 26 – 31.

[356] 温承革, 于凤霞. 供应链企业信任关系的培育途径 [J]. 中国软科学, 2003, 10: 84 – 86.

[357] 吴江华, 翟昕. 基于学习效应的供应链信息共享研究 [J]. 运筹与管理, 2011, 20 (3): 10 – 17.

[358] 谢卓君. 供应链信任对其绩效影响的实证研究 [M]. 广州: 华南理工大学出版社, 2012.

[359] 肖条军. 博弈论及其应用 [M]. 上海: 上海三联书店, 2004.

[360] 熊焰. 信任, 控制机制与供应商绩效关系研究 [J]. 管理评论, 2010, 22 (9): 113 – 120.

[361] 徐刚, 秦进. 服务关系对供应链信息分享和信任决策的影响研究 [J]. 运筹与管理, 2015, 24 (5): 11 – 17.

[362] 许科, 刘永芳. 有限理性计算观: 对理性计算和非理性态度的整合 [J]. 心理科学, 2007, 30 (5): 1193 – 1195.

[363] 许民利，王俏，欧阳林寒．食品供应链中质量投入的演化博弈分析 [J]．中国管理科学，2012，20（5）：131 – 141．

[364] 徐腾健，柏庆国，张玉忠．带学习效应的二级易变质产品供应链的最优策略研究 [J]．系统工程理论与实践，2013，33（5）：1167 – 1174．

[365] 许淑君，马士华．供应链企业间的信任机制研究 [J]．工业工程与管理，2000，6：5 – 8．

[366] 许淑君，马士华．我国供应链企业间的信任危机分析 [J]．计算机集成制造系统，2002，8（1）：51 – 53．

[367] 亚当·斯密．道德情操论 [M]．蒋自强，等译．北京：商务印书馆，1997．

[368] 鄢章华，滕春贤，刘雷．供应链信任传递机制及其均衡研究 [J]．管理科学，2010，23（6）：64 – 71．

[369] 杨静．供应链内企业间的信任的产生机制及其对合作的影响——基于制造业企业的研究 [D]．杭州：浙江大学，2006．

[370] 杨露露，薛霄，鲁保云．基于计算实验的集群式供应链协同采购影响因素研究 [J]．计算机应用研究，2015，32（2）：456 – 460．

[371] 叶航，陈叶烽，贾拥民．超越经济人：人类的亲社会行为与社会偏好 [M]．北京：高等教育出版社，2013．

[372] 杨慧，周晶，易余胤．供应链上机会主义行为的演化博弈分析 [J]．运筹与管理，2005，14（5）：55 – 58．

[373] 叶飞，徐学军．供应链伙伴关系间信任与关系承诺对信息共享与运营绩效的影响 [J]．系统工程理论与实践，2009，29（8）：36 – 49．

[374] 叶飞，徐学军．供应链伙伴特性、伙伴关系与信息共享的关系研究 [J]．管理科学学报，2009，12（4）：115 – 128．

[375] 叶飞，薛运普．供应链伙伴间信息共享对运营绩效的间接作用机理研究——以关系资本为中间变量 [J]．中国管理科学，2011，19（6）：112 – 125．

[376] 殷茗，赵嵩正．动态供应链协作信任机制研究 [M]．西安：西北工业大学出版社，2009．

[377] 殷茗，赵嵩正．专用资产投资与供应链协作信任、合作意图之间的动态差异性关系研究 [J]．科研管理，2009，30（1）：65 –

70.

[378] 于辉. 供应链合作与企业应急管理 [M]. 重庆：重庆大学出版社，2009.

[379] 曾敏刚，吕少波，吴倩倩. 政府支持、信任与供应链外部整合的关系研究 [J]. 中国管理科学，2014，22 (12)：48 - 55.

[380] 曾文杰，马士华. 信任和权力对供应链协同影响的实证研究 [J]. 武汉理工大学学报（信息与管理工程版），2011，33 (2)：314 - 319.

[381] 张国兴，高晚霞，管欣. 基于第三方监督的食品安全监管演化博弈模式 [J]. 系统工程学报，2015，30 (2)：153 - 164.

[382] 张纪会，徐军芹. 适应性供应链的复杂网络模型研究 [J]. 中国管理科学，2009，17 (2)：76 - 79.

[383] 张维迎. 博弈论与信息经济学 [M]. 上海：上海三联书店，上海人民出版社，1996.

[384] 张维迎. 博弈与社会 [M]. 北京：北京大学出版社，2013.

[385] 张维迎，柯荣柱. 信任及其解释：来自中国的跨省调查分析 [J]. 经济研究，2002，10：59 - 70.

[386] 张五常. 企业的契约性质 [M]. 北京：北京大学出版社，2003.

[387] 张旭梅，陈伟. 基于知识交易视角的供应链伙伴关系与创新绩效实证研究 [J]. 商业经济与管理，2012，2：34 - 43.

[388] 张旭梅，张玉蓉，朱庆，张慧涛，吴庆. 供应链企业间的知识市场及其交易模型研究 [J]. 管理工程学报，2008，22 (3)：79 - 83.

[389] 张缨. 信任、契约及其规制 [M]. 北京：经济管理出版社，2004.

[390] 詹姆斯·科尔曼. 社会理论的基础 [M]. 邓方，译. 北京，社会科学文献出版社，1999.

[391] 翟学伟. 诚信、信任与信用：概念的澄清与历史的演进 [J]. 江海学刊，2010，5：107 - 114.

[392] 赵道政，韩敬稳，秦娟娟. 基于转换成本的供应链成员讨价还价能力研究 [J]. 中国管理科学，2010，18 (4)：79 - 85.

[393] 赵晗萍，蒋家东，冯允东. 基于 GA - RL 的进化博弈求解主从博弈结构的供应链协调问题 [J]. 系统工程理论与实践，

2010, 30 (4): 667 –672.

[394] 郑也夫. 信任: 合作关系的建立与破坏 [M]. 北京: 中国城市出版社, 2003.

[395] 周飞, 陈钦兰, 沙振权. 网络信任建立过程的客户关系学习对供应链合作关系价值实证研究 [J]. 华侨大学学报 (哲学社会科学版), 2015, 2: 61 –70.

[396] 朱立龙, 尤建新. 非对称信息供应链质量信号传递博弈分析 [J]. 中国管理科学, 2011, 19 (1): 109 –118.

[397] 朱庆华, 窦一杰. 绿色供应链中政府与核心企业进化博弈模型 [J]. 系统工程理论与实践, 2007, 27 (12): 85 –89.

[398] 朱新球, 苏成. 应对供应链风险的弹性供应链机制研究 [J]. 北京工商大学学报 (社会科学版), 2010, 25 (6): 45 –48.

[399] 庄贵军, 周筱莲, 周南. 零售商与供应商之间依赖关系的实证研究 [J]. 商业经济与管理, 2006, 176 (6): 20 –25.

后 记

哲学家康德曾说过："有两样东西，对它们的盯凝愈深沉，在我心里唤起的敬畏与赞叹就愈强烈，这就是头顶的星空和心中的道德律。""仰望星空""坚守道德"，无疑是朴素的行为，但其蕴含着生命美学——天道的永恒与轮回。如果"仰望"和"坚守"有精神同义词的话，我们认为那应是"诚实、守诺、信任……"，诸如之类。

我们对供应链信任的思考始于 2012 年，本书是过去五年来研究工作的一个阶段性总结。传统意义上，中国社会曾普遍被认为是一个低信任度的社会，许多研究结果也证实了这一点。近年来，商业诚信问题成为制约我国企业发展的一个重要因素。如何解释信任困境？信任是怎样产生和演变的？哪些因素影响信任的发展？信任对组织设计和制度安排具有何种影响？这些都是摆在理论研究者面前的重要问题，引起了心理学、经济学、社会学、政治学、管理学等众多学科的广泛关注。面对信任研究这一宏大而又复杂的课题，我们将目标聚焦于供应链企业信任。

尽管国内外学者关于供应链管理的研究工作在如火如荼地展开，但对于供应链企业信任主要还是集中在经验分析。这些经验分析扩展了我们对信任的认识，然而，由于缺乏理论上的深入探讨，对供应链企业信任的基础、形成和发展等根本性问题的认识并不十分清晰。本书正是在这种现实与理论背景下，从系统演化的角度探索供应链企业信任的形成机制。贯穿于本书的一个核心思想是，信任不仅表现为一种结构和关系，也表现为一个过程和机制。

本书以演化博弈理论为主要研究工具，同时也借鉴了行为经济学和其他学科的研究方法和思路。这不仅是因为当前各个学科之间相互交融，彼此渗透，纯粹的单一学科的研究难以适应复杂多样的经济社会现象，而且演化经济学与其他学科有着天然的"互补性"，一种方法的采用会使另一方法更有说服力。此外，本书试图将模型研究和实证分析统一起来，改变长期以来两类研究方法相互割裂的状态，这也是对作者自身的知识结构、思维惯性和认知能力的一次挑战。

信任研究已成为社会科学众多学科之间，以及社会科学与自然科学之间跨学科研究的重点领域，尤其是对于现时现地的中国，市场机制正深刻地改变参与者的博弈规则和社会结构，信任研究的重要性更加凸显。在某种程度上，本书是对已有研究成果的梳理与整合。当然，在此基础上，本书包含了作者对供应链企业信任这一理论问题的思考、理解和研究，特别是我们提出了一些新的、以中国本土数据为样本的证据。尽管本书代表了作者对供应链信任的努力思考，但我们仍感觉诚惶诚恐，如履薄冰。

本书的撰写过程中，得到了许多帮助，对此我们心存感激。首先要感谢导师盛昭瀚教授，跟随老师学习演化经济学多年，除了学业的收获，更有人生的启迪。盛老师对事物的洞察，对治学的严谨以及对人生的豁达，使我们深为敬佩，终身受益。感谢南京大学工程管理学院肖条军教授，我们对于演化博弈方法的掌握，得益于和他多年来不间断的学术讨论，这也是人生中值得记忆的美好时光。感谢南京审计大学金融学院的领导和同事们，良好的科研氛围和工作环境，使我们能够全身心投入到科研和教学工作中。此外，要特别感谢研究生姚昕奕、王萍、邵宝玉、欧阳琦、洪美娜、原逸超，这些同学参加了初稿的整理、图表的绘制及文献的校订。感谢我们的家人在繁忙的工作之余兼顾了许多家庭事务，给我们创造了安心于专著写作的环境，当我们心生倦怠时，给予鼓励和鞭策。

本书得到了国家社科基金后期资助项目（批准号：16FGL011）的资助，同时受到国家社科基金重大项目（批准号：12&ZD204）的支持，在出版过程中得到了经济科学出版社的大力支持，在此一并致谢。

自亚当·斯密以来，为人的利己追求正名，蔚为经济学研究的主流。然而，何为"利"、何为"己"这一看似简单的问题，至今未有定论。多少年来，学术界辩驳争论、热议纷纭，但都不能否认这是关于是人、人际合作、人类社会的根本问题。当我们穿越时光隧道，透视人类的历史、现状与未来，一座座精神的里程碑赫然入目，其中，高高矗立的一座丰碑则是"信任"。我们也深信，随着诚信制度的完善和诚信文化和建立，随着越来越多的社会成员道德良知的守望和道德自律的坚守，信任终将与阳光、空气、雨露一起相倚互济，凝成一种人人共有的精神，辽阔、澄明而纯净……

图书在版编目（CIP）数据

供应链企业信任的演化分析与实证研究/石岿然，马胡杰著.
—北京：经济科学出版社，2018.5
国家社科基金后期资助项目
ISBN 978 - 7 - 5141 - 9199 - 8

Ⅰ.①供…　Ⅱ.①石…②马　Ⅲ.①企业 - 供应链管理 -
经济合作 - 研究 - 中国　Ⅳ.①F279.23

中国版本图书馆 CIP 数据核字（2018）第 070889 号

责任编辑：程辛宁
责任校对：郑淑艳
责任印制：邱　天

供应链企业信任的演化分析与实证研究

石岿然　马胡杰　著

经济科学出版社出版、发行　新华书店经销

社址：北京市海淀区阜成路甲 28 号　邮编：100142

总编部电话：010 - 88191217　发行部电话：010 - 88191522

网址：www. esp. com. cn

电子邮件：esp@ esp. com. cn

天猫网店：经济科学出版社旗舰店

网址：http：//jjkxcbs. tmall. com

固安华明印业有限公司印装

710 × 1000　16 开　18 印张　320000 字

2018 年 5 月第 1 版　2018 年 5 月第 1 次印刷

ISBN 978 - 7 - 5141 - 9199 - 8　定价：78.00 元

（图书出现印装问题，本社负责调换。电话：010 - 88191510）

（版权所有　侵权必究　举报电话：010 - 88191586

电子邮箱：dbts@ esp. com. cn）